平安王朝

目崎徳衛

講談社学術文庫

まえがき

光のどかな春の日に

本書では、八世紀末から十世紀末に至る約二百年間の、いわゆる「平安時代」前半の歴史をたどる。

この二百年間のちょうど半ばごろに当たる十世紀の初めに作られた勅撰歌集「古今和歌集《こきんわかしゅう》」に、

ひさかたの光のどけき春の日に　しず心なく花の散《ち》るらむ

という、編者の一人紀友則《きのとものり》の有名な歌がある。のどかに降りそそぐ春の光の中で、なぜかあわただしく散りいそぐ桜の花びら——これは、目に映る自然の一こまを通して無限のなにものかを感じさせる「象徴」の域に達した秀歌であると、かつて吉川幸次郎氏は批評した。文学的評価はしばらく別としても、この三十一文字《みそひともじ》は、日本歴史上の「平安時代」というものを、実にみごとに象徴しているとわたしは思う。

和歌・物語にみられる宮廷貴族たちのあのみやびな姿、京都を中心に、いまも伝わっている文化財の数々は、まさしく「光のどけき春の日」を思い起こさせる。しかし、はなやかな平安京の繁栄のうらでは、律令《りつりょう》体制の解体が休みもなく進んでいた。そのような光と影、明と暗の交錯こそ、平安時代の歴史像そのものである。友則はそれを、詩人の心に直感していたのではなかろうか。

いわゆる「平安時代」は四百年もつづいた。奈良時代が百年にも満たなかったのに比べても、この四百年を一度にとらえることは無理であろう。そこで例えば、八世紀末の光仁《こうにん》・桓《かん》武朝《むちょう》から十世紀前半の宇多《うだ》・醍醐朝《だいごちょう》までの、だいたいにおいて天皇親政がつづいた期間をせまい意味での平安時代、十世紀後半から十一世紀末までの、いわゆる摂関政治《せっかんせいじ》の期間を藤原氏時代、そして十二世紀を院政《いんせい》時代と三分することもできる。近ごろでは、十世紀初めを大きな転換期として、それ以前を奈良時代とともに「律令国家」とし、それ以後を中世国家への過渡期である「王朝国家」とする新しい見方も、有力になりつつある。しかしまた、この「日本の歴史文庫」*のような分け方もできよう。

つまり、律令的な収取体系や官僚機構が、変質しながらまだ完全には崩れ去らず、その頂点に天皇の親政もみられた九、十世紀と、国衙領《こくがりょう》や寄進地系荘園《しょうえん》の発達という新しい社会経済的基礎に立って、摂政《せっしょう》・関白や上皇の変則的な政権が成立した十一、十二世紀とに二分することである。

ゆるやかに時は移り世は変わる

本書であつかう九、十世紀を、さらに細かくながめてみよう。歴史の研究は残された史料の質と量に大きな影響を受けるものだが、この時代の場合、九世紀末までと十世紀以後とでは史料の性質に大きな変化がある。前の時期には、奈良時代初めにできた「日本書紀《にほんしょき》」につづく「続日本紀《しょくにほんぎ》」以下の「六国史《りっこくし》」（政府みずから編集した漢文の正史）が残っている。ところが、最後の「日本三代実録《にほんさんだいじつろく》」が九世紀末までで完結した後は、正史の編集はついに完成しなかったので、代わっていわゆる「記録」（貴族の日記）・「文書《もんじょ》」（役所の書類や個人の手紙類）や和歌・物語などが歴史のおもな材料となる。

「六国史」が政府の公的な文書類を材料としているのに対して、それらはいちじるしく私的なものである。歴史家はそうした史料の性質をわきまえて研究を進めていくのだけれども、できあがる全体像は、どうしてもある程度まで史料の性質に左右される。つまり、右に述べた史料の断層は、この時代の統一した歴史像を作り上げるのにかなりのマイナスとなるのである。

けれども、別の面から見ると、史料の変化は、それ自体が時代転換の様子を示すとも考えられる。つまり、律令制の衰退が、正史編集のような大規模な国家的事業を困難にし、その反面、成熟していく貴族生活が、日記や仮名文を盛んにしたのである。また、九世紀前半までで唐《とう》との国交が打ち切られ、同時に文化上に唐風から国風へと大きな変化が起こったこと

＊本書の原本が収録されたシリーズ。

も、律令制から貴族制へという政治上の変化と、切り離しては考えられない。そのくわしいことは本文で述べるが、ともかく、いろいろな意味で十世紀の初めごろが大きな転換期であったことは間違いない。

しかしこの転換期には、後の源氏《げんじ》と平氏《へいし》の合戦や戦国群雄のあらそいのような激動はなかった。十世紀の三十年代に平将門《たいらのまさかど》と藤原純友《ふじわらのすみとも》が反乱を起こしたが、それも、中央政府を危機におとしいれるにはほど遠かった。社会の根本的な変化は、奥底の流れとしてきわめてひそかに、しかもおだやかに進んでいた。したがって、地方や被支配層の発展あるいは国家体制の転換をはっきりと具体的に示す史料は極端に少ない。このもどかしいまでに悠長で不透明な移り変わりこそ、この時代の特徴である。

さて、平安時代に対しては、昔から二つの相反する見方があった。政治史から見ると、律令制がすでに解体しはじめたのに、支配層がこれを根本的に改革する気力と知恵をなくし、一方、被支配層もまだ新しい体制を作り上げる実力と意識を持つことができない。つまり、国家の衰退期とされた。

ところが、文化史から見ると、和歌・物語・年中行事・大和絵《やまとえ》・寝殿造《しんでんづく》り・大乗仏教《だいじょうぶっきょう》といった独特の古典文化が豊かにきらびやかに成立してくる。それはやがて「源氏物語《げんじものがたり》」のような、世界にほこる古典をほとんど奇跡的に産み出す、文化の上昇期とされた。

しかしこうした二つの見方はともに一面的である。もっと歴史のさまざまな要素を深く分析し、新しくこの過渡的時代の全体像をつかまなければいけない。ところが残念なことに、

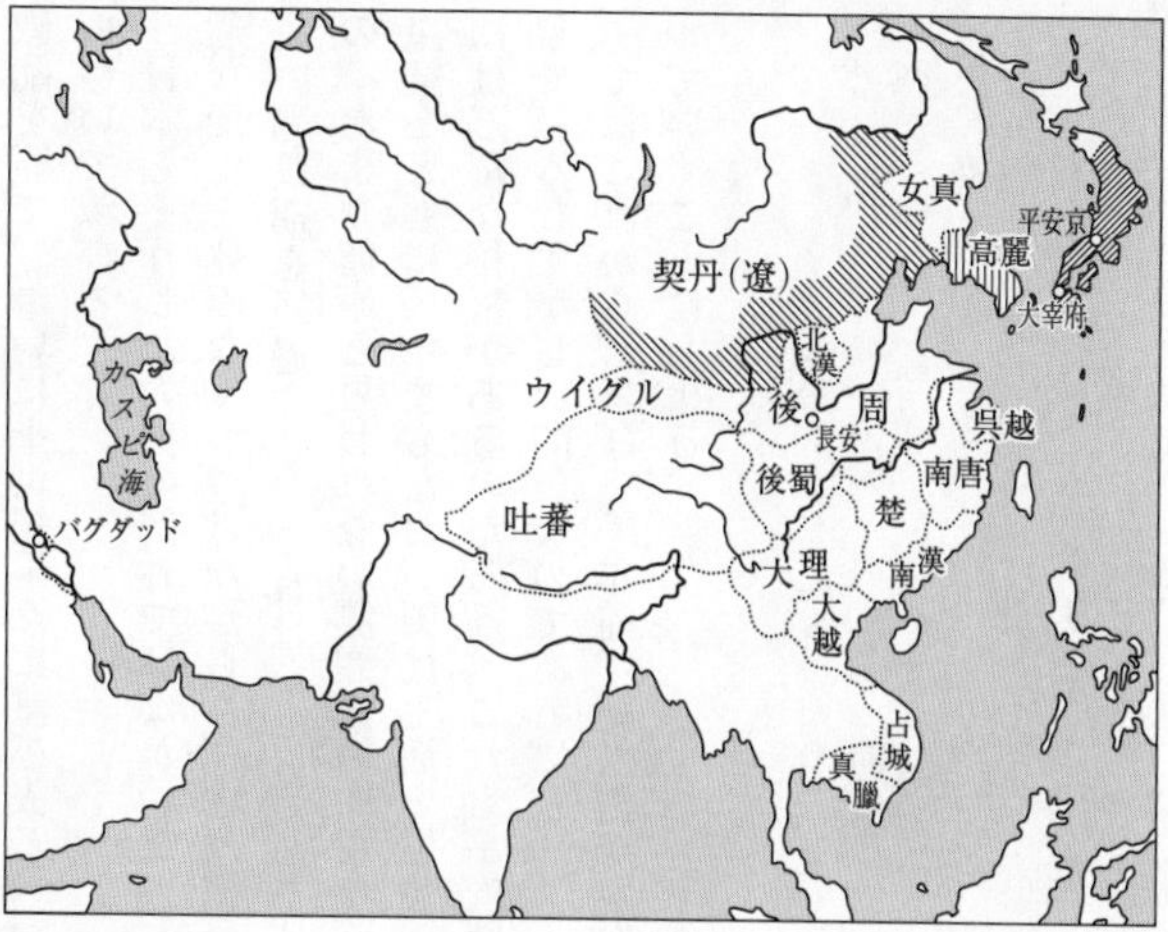

10世紀のアジア

この時代は、戦後ひじょうに進歩した日本史研究の中で、まるで忘れ去られたようにおくれた部分である。むしろ本書を読まれる若い世代に、その開拓が期待される分野であるといってもよい。

下降と分裂の世界史の中で

この時代は世界史的に見ても、古代国家の下降と分裂のありさまが目立つ。八世紀の日本が律令体制を完成させたころには、東の唐、西のサラセンの二大帝国を中心に、活発な国際交流が開かれていた。日本・新羅《しらぎ》・渤海《ぼっかい》など、東アジアの国々も、大唐《だいとう》を中心に密接に結ばれていた。ところが九世紀に入ると、国際社会にもまた急速な解体がはじまる。唐は八世紀後半から中央政府の力が弱まり、地方に軍閥が勢力を伸ばし、九世紀後半の戦乱を経て、ついに十世紀早々に滅び去る。つづいて新羅も渤海も、大唐に殉じたようにあいついで滅びる。

日本もそうした大勢の例外ではなかった。しかし日本では、社会構造の底では世界史に共通な変化を休みなくつづけながらも、古代国家の完全な崩壊と封建社会の出現までには長い長い過渡期を経過する。これはいったいどんな理由によるのだろうか。しかもこの過渡期の、あまり健康と思われない雰囲気の中ではぐくまれた貴族文化が、権力をまったく離れた皇室とともに、いまもなお、国民生活と思想・感情の中に広く深く根をおろしている。そこにはどんな秘密があるのだろう。これも平安時代の歴史があなた方に投げかけ、解答を期待しているむずかしい問いなのである。

ではこれから、ほぼ一千年前、紀友則が「ひさかたの光のどけき……」と詠《よ》んだ世界へ入っていくことにしよう。

目次

平安王朝

第五章　承平・天慶の乱と「天暦の治」

平安王朝

第一章　律令体制崩壊の端緒

1　平安時代の前奏曲

白壁王（光仁天皇）と式家藤原氏

奈良時代後半の社会を不安におとしいれていた異常な仏教政治は、七七〇（宝亀《ほうき》元）年の称徳《しょうとく》天皇の死と、法王道鏡《どうきょう》の追放によって終わりを告げた。時代の方向はがらりと変わる。

第一の大きな変化は、壬申《じんしん》の乱《らん》以後百年目に、皇位がふたたび天智《てんじ》天皇系に移ったことである。天智天皇は中臣《なかとみ》（藤原《ふじわらの》）鎌足《かまたり》を腹心として大化の改新をおこない、律令体制の基礎を作った天皇であった。その古い同盟の再現というわけではないが、鎌足の子孫藤原氏が光仁朝の政府に大きく進出し、律令体制の再建に乗り出した。これが第二の変化である。鎌足の子不比等《ふひと》の四人の子武智麻呂《むちまろ》・房前《ふささき》・宇合《うまかい》・麻呂《まろ》の子孫は、それぞれ南家《なんけ》・北家《ほっけ》・式家《しきけ》・京《きょう》家《け》に分かれたが、その中で光仁《こうにん》・桓武《かんむ》両朝をささえる主軸となったのは、宇合を祖とする式家の人々であった。

光仁天皇は即位のときすでに六十二歳の老境で、在位もわずか十年にすぎなかったから、

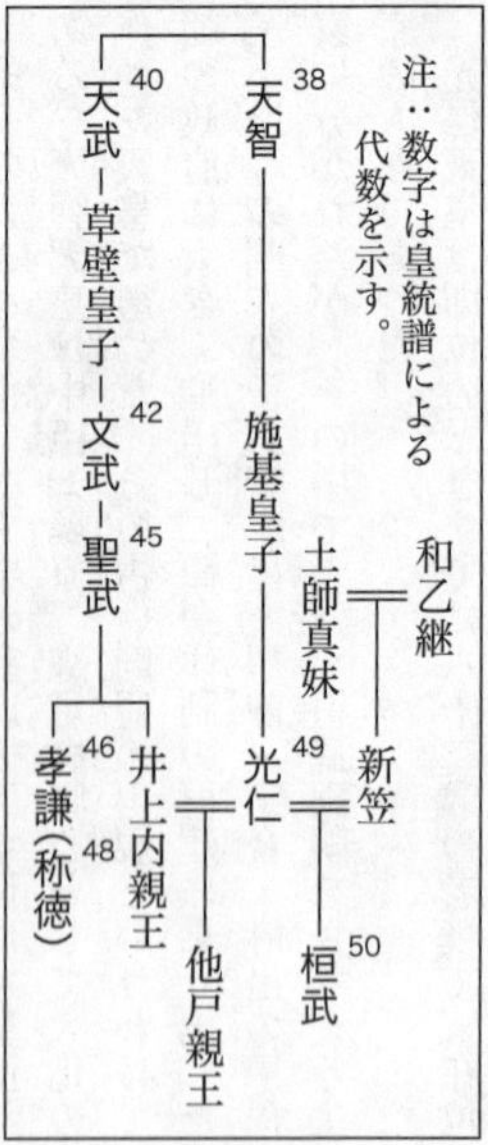

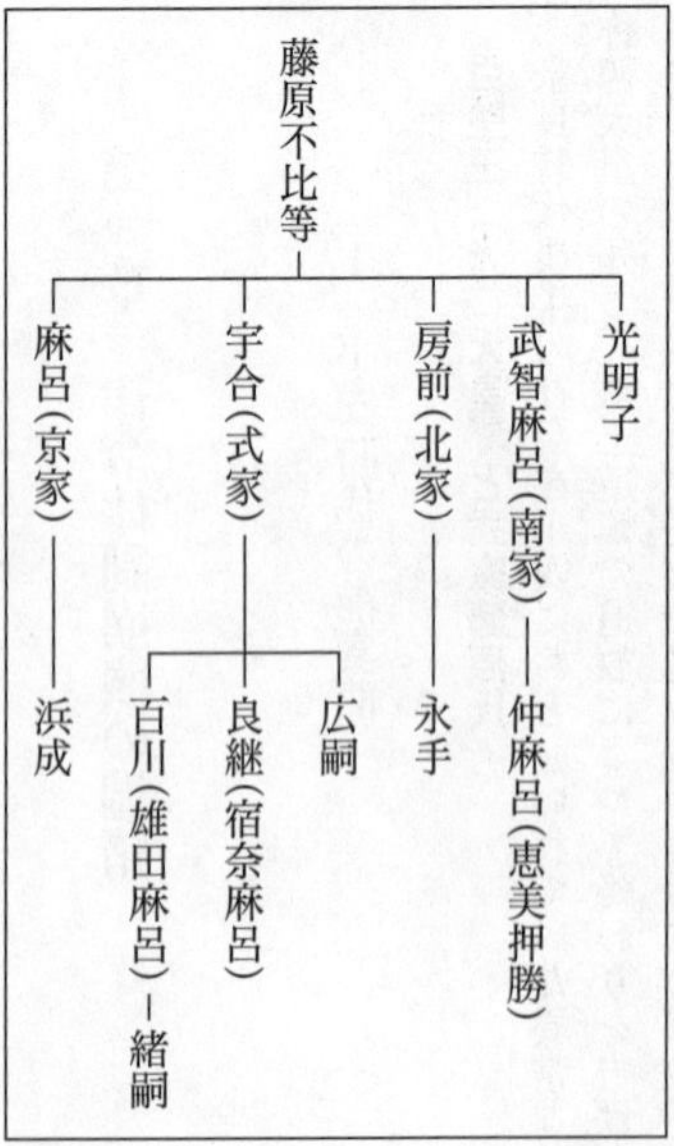

律令体制再建の新しい政治方針はつぎの桓武天皇の時期に本格化する。しかし時代の大きな転換は、むしろ称徳天皇の死とともに起こった。つまり、形の上では、平安時代は七九四（延暦《えんりゃく》十三）年の平安遷都以後になるが、その前奏曲は光仁天皇の即位のときに始まっていたのである。

　五十三歳で亡くなった称徳女帝には皇子《おうじ》がなかった。藤原仲《ふじわらのなか》麻呂《まろ》政権と道鏡政権のもとで久しく雌伏《しふく》していた、式家藤原氏の宿奈麻呂《すくなまろ》・雄田麻呂《おたまろ》らは、かねてからひそかに、皇位継承者をだれにきめるかが、自分たちの政治生命を決すると考えていた。しかし、天武《てんむ》天皇系の皇子が皇位を継ぐという奈良時代の伝統的立場を守る右大臣吉備《きびの》真備《まきび》は、まず天武天皇の孫文室浄三《ふんやのきよみ》を候補にあげ、老齢の浄三が辞退すると、さらにその弟大市《おおち》を推した。ところが、雄田麻呂らはあくまでも天智天皇の孫白壁王《しらかべ》（光仁天皇）を立てようとして、おどろくべき非常手段をとった。立太子の式典に読み上げられる宣命《せんみょう》（詔《みことのり》）を、白壁王の名をしるしたにせものにすりかえたのだ。

謀略はみごとに成功した。宣命使が大極殿《だいごくでん》の庭に立って高らかに宣命を読み上げると、なんと、内定していた文室大市《ふんやのおおち》の代わりに白壁王の名が飛び出した。右大臣真備はただ呆然とするばかりであった。

それは実にクーデターともいうべき劇的な一幕である。白壁王は、壬申の乱に敗れて後久しく日の当たらなかった天智天皇系に生まれた。そして、奈良時代後半の不安な政治情勢の中で、わざと酒におぼれた風をよそおい、ひたすら保身に努めてきた。この老年の白壁王に、思わぬ幸運がころがりこんだのである。

新撰姓氏録。古代の諸氏の系図を集めた書物で、815（弘仁6）年に作られた（書陵部本）

進む再建政策と皇后母子の末路

これより先、白壁王は聖武天皇の皇

女で称徳女帝の異母姉妹に当たる井上《いのえ》内親王と結婚し、他戸《おさべ》王をもうけていたが、このことは、白壁王が皇太子となるための一つの好条件となったようである。というのは、将来この他戸王が皇位を継ぐことになれば、天武天皇系が復活するわけで、それは天智天皇系の即位を快しとしない人々の抵抗を和らげることになるからである。当然のこととして、他戸王は老天皇の皇太子に立てられた。

藤原氏に出し抜かれた右大臣真備は、「長生きすれば恥多し。」と嘆いて引退した。道鏡は下野《しもつけ》の国（栃木県）薬師寺《やくしじ》の別当《べっとう》として都から追放されてしまった。こうして一種のクーデターに成功した式家藤原氏の宿奈麻呂は、良継《よしつぐ》と改名して、祖先鎌足が任ぜられていた内臣《うちつおみ》という特別の官になり、「政《せい》を専《もっぱ》らにして志《こころざし》を得《え》、升降《しょうこう》（人の官職を上げ下げする）自由なり。」といわれるほどの権力をにぎった。その弟雄田麻呂も百川《ももかわ》と改名し、参議となった。この改名は、これまでの政治の退廃を一掃しようとする、はつらつたる革新意欲の表れであろう。

光仁朝の朝廷は、仲麻呂・道鏡時代に罪をこうむった人々を、つぎつぎと元の地位につけ、道鏡時代の乱脈な政治によってむやみにふえていた令外官《りょうげのかん》（令制に規定されていない役所）のうちで不要なものを廃止し、員外国司《いんがいのこくし》（正任《せいにん》の国司のほかに任ぜられた国司）を解任し、中央の役人の定員も減らすなど、律令体制再建の政策を着々と実施した。

しかし政界の裏面には、なお不穏な空気が流れていた。

七七二（宝亀三）年三月、井上《いのえ》皇后《こうごう》の女官らしい裳咋足嶋《もくいのたるしま》という者が、皇后の命を受けて天皇をのろう巫蠱《ふこ》（まじない）をしていたと自首した。このため、皇后は位を追われ、つづいて皇太子他戸王も、一挙に庶人（位を持たない者）の身分に落とされた。ほんとうに皇后が、夫光仁天皇の命を縮めてまで、早くわが子を即位させようとあせったのか、それとも良継・百川らが、天武天皇系を排除するために巫蠱事件をでっちあげたのか、その真相はまったくわからない。

不幸な母子は、翌年さらに大和《やまと》の国（奈良県）宇智《うち》郡に幽閉され、一年半後にいっしょに死んだ。暗殺されたのか自殺したのか、いずれにせよ非業の最期であったにちがいない。

山部新王（桓武天皇）のおいたち

他戸皇太子が廃された半年後の七七三（宝亀四）年一月、三十七歳の働きざかりの山部《やまべ》親王（桓武《かんむ》天皇）が皇太子に立てられた。これが、藤原百川らの予定の筋書であろう。山部親王は光仁天皇の第一皇子で、これまで中務省《なかつかさしょう》の卿《きょう》（長官）の地位にあった。この親王は、後に述べるように、精神的にも肉体的にも抜群にすぐれた皇子であったが、神秘な血統を伝えるべき天皇の位を継ぐには、ほとんど決定的とも思われる悪い条件を持っていた。親王の母方の血筋がいわゆる帰化人系であり、しかも身分がひどく低かったからだ。

親王は、和史《やまとのふひと》乙継《おとつぐ》と土師《はじ》宿禰《のすくね》真妹《まいも》との間に生まれた新笠《にいがき》という女性を母として生まれた。祖父乙継の氏《うじ》「和史《やまとのふひと》」は百済王《くだらおうし》氏系統に属する亡命氏族で、乙継は平城京《へいぜいきょう》のどの役所かの下級官人（役人）らしい。祖母の真妹は、山背《やましろ》の国（京都府）西南部の乙訓《おとくに》郡大枝村あ

新笠皇太后陵

たりに住んでいたとおもわれる豪族土師氏《はじし》の娘である。

乙継と真妹の二人が結ばれた縁も、またその娘の新笠が白壁王（光仁天皇）の寵愛《ちょうあい》を受けるようになったきっかけも、まったくわかっていない。ただ、壬申の乱（六七二年）で天智天皇系の皇統が絶ち切られ、近江京《おうみきょう》が廃墟《はいきょ》となった後、政治的にまったく活躍できない天智天皇系の皇子が、廃都のすぐ西に接する山背の国に荘家《しょうけ》（土地と家）を構えて、動揺する世を避けていたことは十分に考えられる。山部王は父白壁王の荘《しょう》か母新笠の家か、とにかく山背の国の田舎で生まれ育ったのではないかと、村尾次郎氏はいう。山部王のすぐれた体力・気力は、このような田園の自然と低い母系という健康な条件によって作られたものかもしれない。

このことは桓武朝の雄大な諸政策を産み出す原動力として、日本歴史の大きなプラスになるのだけれども、皇太子になる資格という点では、ほとんど致命的なマイナスであった。深謀遠慮の参議藤原百川は、祖先鎌足が中大兄皇子《なかのおおえのおうじ》に望みをかけたように、光仁老帝に代わって律令体制再建を力強く推進できる人として、早くから山部親王に注目していた。そして、かなり強引な手を打って、ほかの候補者をおさえ、光仁天皇にも決心させたらしい。

桓武天皇は、このような悪条件を排して自分を擁立《ようりつ》してくれた百川の功を、終生感謝していた。そこで百川の死後、その遺児緒嗣《おつぐ》をしきりに引き立てて、二十九歳の若さで参議に昇進させた。天皇はその異例の昇進をあやしむ貴族たちに向かって、「緒嗣《おつぐ》の父（百川《ももかわ》）なかりせば、予《われ》いかにして帝位《ていい》を践《ふ》むをえんや。」と涙を流して告白している。

桓武天皇の即位と氷上川継の謀反

山部親王はこうして皇太子となった。さらに七八一（天応《てんおう》元）年、父のゆずりを受けて即位し、弟の早良《さわら》親王が皇太子となった。

しかし、天武系皇親の抵抗はしつこく、天皇の地位は不安に満ちていた。これより先天皇は、まだ皇太子だった七七七（宝亀八）年末、病気になって久しくなおらなかった。それは、非業の死をとげた井上内親王らの怨霊《おんりょう》のたたりとして恐れられたらしい。百川は手をつくして皇太子の回復に努めた。しかしその百川も、七七九（宝亀十）年四十八歳の若さでなくなり、皇太子はもっとも有力な味方を失った。

その死の直前に、他部皇太子と名乗って世間をまどわす男が周防《すおう》の国（山口県）に現れた。この男は取るに足りない詐欺師にすぎなかった。しかし他戸皇太子の名をかたる者が現れ、それに世間がまどわされたのは、あの暗い事件が、まだ人々の記憶から消え去っていないためだった。

はたして、桓武天皇即位の半年あまり後に、一

藤原百川の自署（天理大学附属天理図書館）

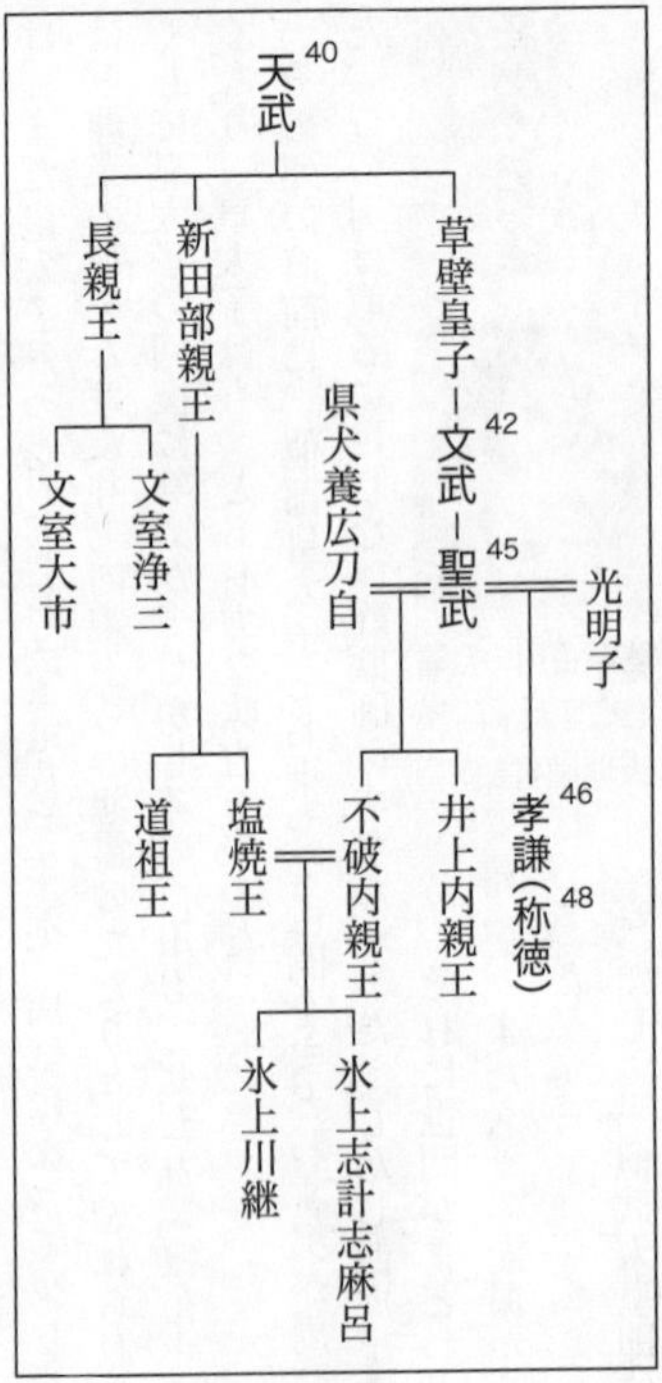

つの陰謀が発覚した。七八二（延暦元）年閏《うるう》正月のある夜、武装して内裏《だいり》に潜入しようとした大和乙人《やまとのおとひと》という者を警備兵が捕えて尋問すると、乙人は、主人氷上川継《ひがみのかわつぐ》が十日後を期してクーデターを企てていることを白状した。川継はいち早く逃走したが、大和の国で捕えられ、計画は未然にふせがれた。

川継は天武天皇の孫で、その父の塩焼《しおやき》王、母の不破《ふわ》内親王（井上内親王の妹）、おじの道祖《ふなど》王、兄弟の氷上志計志麻呂《ひがみのしげしまろ》はそろってしつこく天皇の位をねらい、そのたびに失敗した。そんな異常な家系の生き残りであった。光仁天皇の喪中のことであったから、川継はからくも死罪をまぬがれて遠流《おんる》（遠い国へ追放すること）に処せられ、数十名の者が罪をこうむった。

天武天皇系の抵抗はこの事件を最後にようやく跡を絶ち、桓武天皇の専制的な権力が確立した。ここから新しい時代がようやく本格的に開けてくる。

2　桓武朝の権力と政治姿勢

専制的な力に立つ桓武天皇

すでに述べたように、光仁朝《こうにんちょう》の約十年は、四分の一世紀にわたる桓武朝《かんむちょう》治世の前奏曲だった。したがって、桓武朝の諸政策には、すでに光仁朝で着手されたものが多い。

しかしいまはそれらの細かいことよりも、ただちに桓武朝政治の主体と、その対象となった地方の実態について述べ、さらに長岡《ながおか》・平安《へいあん》二京の建設と、蝦夷征討《えみしせいとう》という二つのクライマックスに、なるべく詳しくふれることにしよう。

いったい桓武天皇は、ただ独り大権力をほしいままにした、いわゆる「専制君主」であったかどうか、まずこれが問題である。これを桓武朝の太政官《だいじょうかん》（政府）の最高首脳（公卿《くぎょう》）の構成から調べてみよう。

前代の光仁朝では、老天皇の即位を成功させた勢いをかって、いっせいに政治の中心に進出した藤原氏が、強い推進力となっていた。ところが桓武朝になると、かなり他氏とのバラ

百済王氏の氏寺だった百済寺の跡（枚方市）。礎石だけが残っている

ンスがとれてきた。たしかに藤原氏は、いぜんとして根強い勢力を維持してはいたが、功臣百川《ももかわ》が亡くなり、北家《ほっけ》の魚名《うおな》、京家《きょうけ》の浜成《はまなり》、式家《しきけ》の種継《たねつぐ》らが次々に失脚したり暗殺されたりしたためである。

桓武朝前半の公卿の上席にすわっていたのは、南《なん》家《け》の是公《これきみ》・継縄《つぐただ》と北家の小黒麻呂《おぐろまろ》だったが、いずれもひたすら天皇のごきげんとりに懸命だった。たとえば継縄は、淀川岸の交野《かたの》を本拠とする帰化人系の豪族百済王氏《くだらおうし》の娘明信《めいしん》を妻にし、百済王氏の豪富を利用して都の内外にいくつかの別荘を構えていたが、そこに桓武天皇のたびかさなる遊猟をむかえては歓待に努めた。そのうえ、妻の明信も桓武天皇の後宮《こうきゅう》（きさきの宮殿）を取締まる尚侍《ないしのかみ》を勤め、信任がはなはだ厚かった。

小黒麻呂も、富豪としてきこえた山背《やましろ》の国の帰化人系の豪族秦島麻呂《はたのしままろ》の娘を妻とし、財宝をたてまつったり、大宴会をもよおしたりして天皇に奉仕した。

桓武朝の後半になると、太政官の上席は、神王《みわおう》・壱志濃王《いしのおう》の二皇親《こうしん》が占めた。皇親であるから天皇と気持ちが通じ合うだけではない。二人とも六十歳をこえた老人で、しかも神王は淡白な人がらであったたし、壱志濃王もつねに昔語りをしては天皇をなぐさめていたという。

天皇の意志に逆らうほどの強力な存在は、桓武朝を通じてまったくみられなかった。

天皇は、公卿最高位の左大臣には、最後までだれも昇進させなかった。律令体制本来の政治方式は、公卿が会議によってえた結論を天皇に奏上して後施行するものだったが、桓武朝では、とくに天皇の最高意志が一本強くつらぬかれていた。桓武天皇の権力の大きさは、ほとんど専制的といってもいいほどであった。歴代の天皇の中で、こうした専制君主はまれである。

はじめて帰化人系の公卿が生まれる

さて、そうした専制君主の場合、その巨大な権力がどのように賢明に、あるいは無謀に発揮されるかによって、支配されるすべての人々の幸不幸は大きく分かれる。桓武天皇の場合は果たしてどのようにその力が発揮されただろうか。

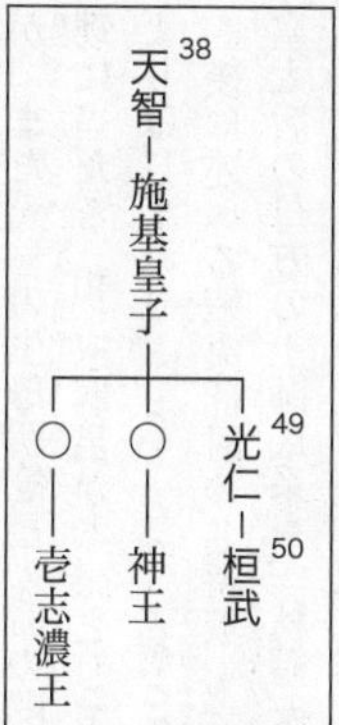

天皇は、紀《き》・大伴《おおとも》・石川《いしかわ》・大中臣《おおなかとみ》・多治比《たじひ》など、古くからの有力氏族をバランスよく登用した。これは伝統的な朝廷の在り方で、天皇はいちおうこれに忠実だったわけである。
しかしその反面、天皇個人の意志による異例の人事も目立つ。とくに天皇の祖母紀橡姫《きのとちひめ》の関係で紀氏

が、また天皇の生母新笠皇太后《にいがさこうたいごう》の関係から、帰化人系氏族の躍進がみられた。新笠皇太后の甥《おい》に当たる和家麻呂《やまとのやかまろ》が参議として公卿の中に加わった時には、「蕃人《ばんじん》の相府《しょうふ》に入るはこれよりはじまれり。」と、人々はおどろきの目をみはったという。

後に述べる蝦夷征討《えみしせいとう》の名将坂上田村麻呂《さかのうえのたむらまろ》や参議菅野真道《すがののまみち》も帰化人系であった。また新笠皇太后の母方の土師《はじ》氏系も、秋篠安人《あきしののやすひと》などの参議を出した。

桓武天皇は死の直前に真道と安人をよんで後事を託し、若い皇太子を補佐させようとしている。これは二人が有能な政治家だったからで、単に血縁だけの理由ではない。また備前《びぜん》(岡山県)の豪族出身の和気清麻呂《わけのきよまろ》も、道鏡《どうきょう》の怒りにふれて流されていた大隅《おおすみ》の国(鹿児島県)から光仁朝《こうにんちょう》の初めに召し返されてはいたが、これを本格的に抜擢《ばってき》して、長岡・平安二京の建設に手腕をふるわせたのは桓武天皇である。清麻呂の誠実な人がらと抜群の企画能力を高く評価したためである。田村麻呂といい清麻呂といい、人材を見ぬく天皇の眼力は冴《さ》えていた。

自壊作用をともなった再建のエネルギー

しかし、このような専制的な君主の常として、その後宮はにぎやかだった。平安時代とくにその中期は、藤原氏がむすめを後宮に送りこんで、その産んだ皇子を皇位につけることによって政権をにぎるという、いわゆる「外戚《がいせき》政治」が時代の特徴となる。桓武天皇はもとより外戚に動かされるようなことはなかったが、のちに藤原氏について説く準備として、ここで後宮について説明しておこう。

律令の中には「後宮職員令」という規定があって、それによると天皇には正妻である皇后のほかに、妃《ひ》・夫人《ぶにん》・嬪《ひん》という三段階のきさきがあり、これらの后妃に奉仕するために内侍司など十二の女官の役所が設けられていた。しかし奈良時代の天皇は病弱であったり、女帝がつづいたりしたので、後宮が本格的に整備されたのは桓武朝である。ところがその際、妃や夫人と別に女御《にょうご》という名称のきさきがあらわれる。女御は古い中国のきさき名、日本よみにすれば「みやすんどころ」（御息所）であるが、これは律令には規定されていない存在である。なぜこんな存在ができたかといえば、おそらく妃・夫人などの選定は、本人の容色よりも氏の勢力のバランスなどを基にしておこなわれたらしいので、それにとらわれずに天皇個人が眼にかなった女性を召すことが起こり、便宜上女御の称が与えられたのであろう。つまり桓武天皇の専制的な意志が令の制度をはみ出した一例ともいえる。

桓武朝よりものちのことになるが、藤原氏や源氏など有力な氏のむすめが女御として後宮に入るようになり、しかもその腹から生まれた皇子が位を継ぎ、女御から立后（皇后となる）することも多くなって、女御は自然に皇后に次ぐ地位に向上する。そして、女御の下にはそれよりも劣った家がらの女性が更衣《こうい》として召されることになる。更衣も日本よみにすればやはり「みやすんどころ」である。いっぽう、令制の妃・夫人・嬪は平安中期以後全く任じられなくなった。

さて桓武天皇の皇后・妃・夫人は、皇子・皇女を産んだ者だけでも二十人以上もいた。皇后藤原乙牟漏は、光仁朝の功臣良継の娘で、安殿親王（平城天皇）・神野親王（嵯峨天皇）を産み、藤原百川の娘旅子も大伴親王（淳和天皇）を産んだ。そのほかの母から生まれた皇子・皇女は合わせて三十五人にも上る。

このおおぜいの皇子・皇女をそれぞれ適当に待遇するために要する費用は巨額に上る。それは、遷都《せんと》・征討の二大事業とともに、桓武朝の財政にひびを入れるまでになった。

親王・内親王は一品《いっぽん》から四品《しほん》までの位に叙せられる（内親王の多くは無品《むほん》であったが）。一品親王には八十町の位田《いでん》、八百戸の封戸《ふこ》、そのほかの封禄が令の規定によって与えられることになっていたが、故竹島寛氏がその収入を合計して稲の束数に換算したところによると、約十二万束《そく》になる。二品以下は段階的に少なくなるが、無品親王でも節会《せちえ》（儀式・宴会）のとき賜る禄その他合わせて二万四千束相当となる。

故竹島寛氏の計算によると、一品親王の十二万束は庶民の男千五百人くらいの生活費に当たる。多くの皇子・皇女に対する国費の支出は大きかった。つまり、桓武天皇の絶大な権威と強烈なエネルギーとは律令体制の再建を力強く推し進めたが、しかしその力はまた、この体制を解体させる一つの契機としても作用したことになる。歴史はしばしばこのような皮肉な進み方をするものである。

怠ける役人はどしどし処分

次に桓武朝の政治姿勢はどうだったろうか。

光仁朝の十年間に政治情勢はおちつき、綱紀の粛正はいちおう成功した。しかし次節に述べるように、律令体制の基礎はむしろ根本的な動揺をはじめていた。

桓武天皇はこのことを強く自覚し、きびしい態度で施政を開始している。例えば即位後二カ月目の七八一（天応《てんおう》元）年六月に、征東大使藤原小黒麻呂《ふじわらのおぐろまろ》のひきいる蝦夷《えみし》征討軍が、賊の首領がまだ山野に潜伏しているのを掃討もせず、敵の首七十余りを切ったくらいで帰還を申請した。天皇はそれを責め、「たとえそんな旧例があっても、朕《われ》は取らぬぞ。」と詔して、申請を却下した。

またつづいて大宰帥藤原浜成《だざいのそちふじわらのはまなり》に対して、「なんじは歴任《れきにん》した官職《かんしょく》で善政《ぜんせい》の聞こえがない。」と断定し、情容赦もなく、その地位を員外帥《いんがいのそち》に引き下げ、実務から切り離してしまった。浜成は氷上川継《ひがみのかわつぐ》の妻の父に当たり、後に川継の謀反に連座するから、この叱責には裏面の事情があったのかもしれないが、天皇の思い切った決断に貴族たちは目をみはっておどろき、恐れおののいたに違いない。

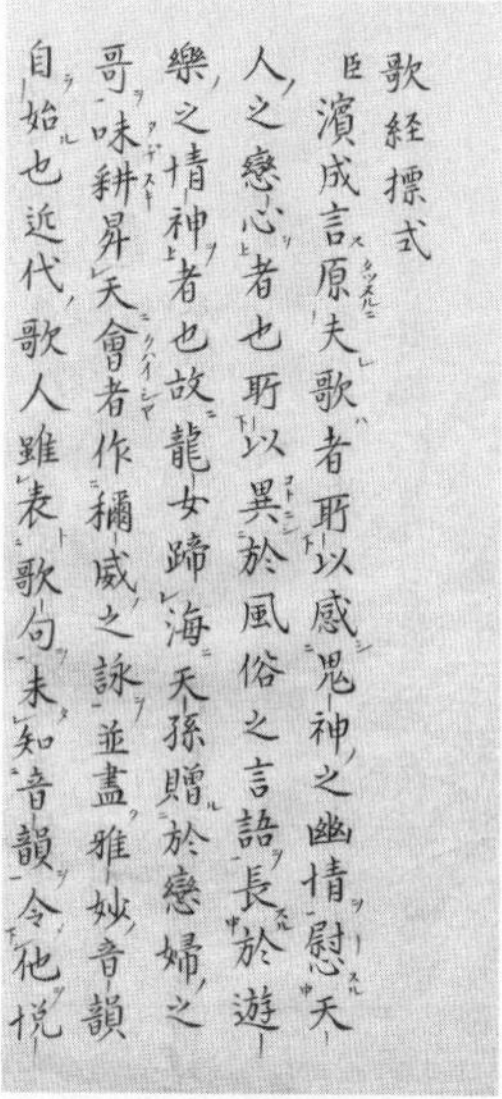
歌経標式
臣濱成言原夫歌者所以感鬼神之幽情慰天
人之戀心者也所以異於風俗之言語長於遊
樂之情神者也故龍女歸海天孫贈於戀婦之
哥味耕昇天會者作稱威之詠並盡雅妙音韻
自始也近代歌人雖表歌句未知音韻令他悦

藤原浜成は「歌《か》経標式《きょうひょうしき》」の著者としても有名（内閣文庫本）

寺院・僧尼にあい次ぐ禁令

聖武天皇以来、歴代の仏教崇拝のために、万事寛大にあつかわれていた平城京《へいぜいきょう》の寺院勢力にも、いちだんと徹底した取締まりが加えられた。仏教に対して桓武朝が発した禁令は実に多い。まず僧侶の行状に次のような法令があい次いで出された。

国分寺僧《こくぶんじそう》の補欠としてみだりに僧侶を公認してはならない。みだりに山林に入って人をのろってはならない。仏事のとき、みだりに悲しげな声を高く出してはならない。かってに檀越《だんおち》（寺院の経営を助ける有力者）を定めてその許に出入りしたり、霊験《れいげん》めかして民衆をたぶらかしてはならない。僧侶が子を持ち、その子が親の蔭《おん》（おかげ）で出身するなどはもってのほかだから、みな還俗《げんぞく》させてしまえ。破戒の僧尼や生業を営む僧は寺に住まわせるな、などなど。

これは、道鏡《どうきょう》政権のもとで乱れていた仏教界の粛正を図ったもので、出家の本分を忘れた僧侶にとっては、まことに住みにくい世になった。しかし、もとより天皇は仏教そのものを弾圧したのではない。

さらに七八三（延暦二）年六月、寺院の経済活動に対して巨弾が放たれた。かってに道場を建てること、および田地や宅地・園地（畑）を寺に寄進、売却した者は厳罰に処するというのだ。

これは、もともと僧尼令《そうにりょう》に明文があって、なにも新しい禁令ではなかった。しかし、称徳天皇と道鏡による崇仏政治ではこの令が極端に無視され、社会不安を巻き起こしていたので、桓武天皇は改革を実行したのである。そして、同年十二月には、京内諸寺があくどい高利貸的な方法で百姓（農民）の土地を手に入れ、生活にこまった百姓を他国に逃亡させるのはけしからぬ、役所がこれを黙認するのも許せない、もし禁止を破ったなら、役人は解任し、財貨は政府に没収する、というきびしい勅を下した。

これらの処置は、天平《てんぴょう》時代の墾田永年私財法《こんでんえいねんしざいほう》以来おこなわれてきた寺院の土地集積に、大打撃をあたえるねらいだった。これによって、次節で述べるように、寺院の経済力はいちじ急激に衰えていく。

このように、奈良時代後半以来の積年の病弊を否定する意欲はさかんであった。ではそれは、はたして律令体制の完全な再建をもたらしえたであろうか。

3　律令体制の矛盾

公地公民制の崩壊が表面に

桓武朝《かんむちょう》は、律令体制の底にひそんでいた根本的矛盾が集中的に表面化した時期である。しかし、実はこの矛盾は奈良時代後半すでに深刻化していた。桓武朝がこれと積極的に対決し、活発に法令を発布したので、矛盾の実態が急にはっきりと浮かび上がったのである。

光仁朝《こうにんちょう》の民力休養方針を一歩進めて、矛盾の根本にメスを入れようとした桓武朝の基本方針は、ふつうに律令体制の「再建」といわれている。しかしそれを文字どおりの再建政策とみてよいかどうかは、問題なのである。たしかに、政策の目標は令制再建であったにもかかわらず、結果的にはむしろ令制の大幅修正となり、以後数世紀にわたる令制の変貌《へんぼう》・解体への道を開くこととなった。

では、律令体制に現れた根本的矛盾というのはなにか。それは、体制の基礎である公地公民制が崩壊しはじめたことである。まず、公民（口分田《くぶんでん》を耕作し、租《そ》・庸《よう》・調《ちょう》などを納める農民）の浮浪・逃亡が激増していた。そのおもな原因は、公民に課せられる負担が重すぎたためである。ことに、正税《しょうぜい》（国郡の正倉《しょうそう》に納められた稲）の一部をさいて春、農民に貸しつけ、秋、五割の利息をつけて返納させる「公出挙《くすいこ》」が問題であった。それは、もともと食糧の不足する季節に貧民の必要を満たしてやる制度であったのに、奈良時代後半から強制的な付加税に変化していた。その高利の返済に苦しむ農民は、家や田を売って他郷に移動しなければならなかった。

また、正丁《せいてい》（成年男子）に課せられる人頭税（個人を対象とする税）である調（絹・綿など土地の産物を納める）と庸（一年に十日間の労役に従う代わりに布・米などを納める）が、各地の生産事情とうまく合わなくなった。しかもこれには都へ運搬する義務までついていて、遠い国々では往復数十日も要するから、農民にとっては重い負担である。そのうえ、雑徭《ぞうよう》（国司《こくし》の命によって年間六十日を限って無償の労役をする）・衛士《えじ》（兵役）・仕丁《じちょう》（三年間京に上って官庁の雑役をする）・雇役《こえき》（強制的に割り当てられる有償労働）などが農民の苦しみを倍加した。

桓武朝はこの農民の苦しみを救うために公出挙の利息を五割から三割に減じ、雑徭の日数を半減して三十日以内とした。また、辺境を除く諸国では農民を兵士にすることをやめ、代わりに郡司《ぐんじ》の子弟を選抜して「健児《こんでい》」とし、この少数精鋭の力で国衙《こくが》（国司の役所）を警備させることにした。

このようなかなり思い切った対策を打ち出したことは、桓武朝の政治が改革への意欲にあふれていたことを示している。しかしまた、次節に述べる遷都《せんと》・征夷《せいい》の二大事業によって、諸国の農民の疲弊がその極に達したためにとった、やむをえない処置ともいえる。これらの処置によって、公民の生活が大幅に楽になり、浮浪・逃亡の傾向がなくなった形跡はみられないからである。

浮浪・逃亡の公民と政府の苦慮

浮浪・逃亡する公民はどうして生きたのだろうか。その多くは、奈良時代後半から急に増加しはじめた寺院・貴族の「荘園《しょうえん》」の労働力として開墾や耕作に従い、そこに新しい生活の場をみいだした。七八〇（宝亀《ほうき》十一）年の伊勢《いせ》の国の太政官への報告によれば、この国の農民で雑徭に応ずる者があまり少ないので、諸郡に命じて調査したところ、逃亡して計帳《けいちょう》（調・庸を課する台帳）から除かれたり、死亡といつわって実は荘園で働いている者などが、一千人も発見されたという。伊勢の国司はこれらをみな本籍に組み入れたので、その分だけ大幅に調・庸の収入が増加した。

この報告を受けた政府は、あらためて全国に浮浪人の調査を命じ、本籍地にもどることを望まない者は移動先の計帳にのせる便法を励行した。この処置は桓武朝にも受け継がれた。しかし摘発に当たった国司の中には、ひとたび計帳にのせて口分田を支給しておきながら、翌年また逃亡したことにしてその口分田を流用するといった手のこんだ不正をはたらく者もあり、七八五（延暦四）年、この便法も中止しなければならなかった。

ついに、七九七（延暦十六）年からは、計帳とは別に「浮浪帳」を作成して、浮浪人身分を黙認したままで、調・庸だけは容赦なく取り立てることにした。しかしこれではあまりひどすぎるので、やがて八一一（弘仁《こうにん》二）年になると、浮浪人にも公民に準じて凶年には調・庸免除の恩典を与えることになる。

結局、政府はしだいに現実と妥協して公民と浮浪人の差別をなくしながら、税収の確保に努めなければならなかったのである。

富豪層の擡頭と班田収授の崩壊

こうした多数の公民の窮乏と反対に、「殷富《いんぷ》の百姓」とか「富饒《ふじょう》の輩《ともがら》」などとよばれる有力農民が現れてきた。つまり、律令の公地公民制によっておさえられていた貧富の差が目立ってきたのである。これらの新興有力農民の生態は、たとえば奈良《なら》薬師《やくし》寺の僧景戒《きょうかい》が八二二（弘仁十三）年ごろに著した「日本霊異記《にほんりょういき》」の、次のような説話によって知ることができる。

讃岐《さぬき》の国（香川県）の郡司の妻に田中広虫女《たなかのひろむしめ》という者がいた。八人の子を産み、馬・牛・

奴婢《ぬひ》・稲銭《とうせん》・田畑など大きな財産を持っていた。貪欲《どんよく》非道のしたたか者で、酒を水増しして高く売りつけたり、升目をごまかしたり、十倍・百倍の高い利息を取り立てたりした。そのあくどさにしてやられた多くの貧民が、家をすてて逃亡した。ところが、広虫女はこうした悪業《あくごう》の報いで、死後、上半身が牛の形に生まれ変わる。そのあさましく変わりはてた姿を見ておどろき恐れた家族が、罪をつぐなうために遺産を三井寺《みいでら》（滋賀県）・東大寺《とうだいじ》に寄進した。それは、「牛七十頭、馬三十頭、治田《ちでん》（開墾した田）二十町、稲四千束《そく》」その他おびただしい額だった。

　これはもちろんフィクションだろう。しかしこんなふうに巨富を積む富豪たちが各地に現れたことは、フィクションどころではなく現実であった。このころ、これまで地方でもっとも

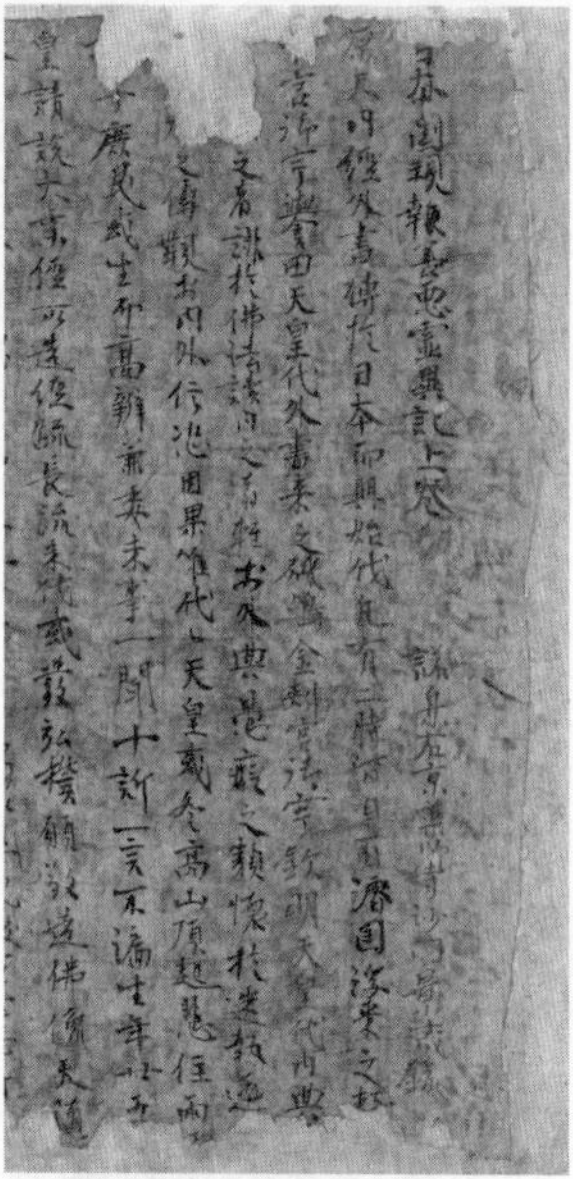

「日本霊異記」（興福寺本）

由緒ある氏《うじ》が代々継承していた郡司の職を、譜代《ふだい》（家がら）よりも才能によって選任することにしたり、また譜代を重んずることにもどしたり、朝廷の方針がしきりに動揺するのも、農民の階層が流動しつつあった現実を反映している。

新興勢力は、つてを求めて都へ出て、衛府《えふ》（朝廷を警備する軍隊）の舎人《とねり》（下級武官）などになる。何年か勤めると位《くらい》などをもらって故郷に錦《にしき》を飾り、さらに故郷で郡司《ぐんじ》・軍毅《ぐんき》（軍団の幹部）などに任ぜられる。こうしてうまく白丁《はくてい》（位を持たない者）の身分を脱すると、調・庸などの負担をまぬがれることができるわけだ。これを「勘籍人《かんじゃくにん》」といったが、その数は年を追って増加した。かれらは、その富力をもって貧民の田地を手に入れ、また貴族・寺院と結びついて荘園の開発・経営を引き受けたりして、ますます勢いを増していった。

公民の、このような貧富の差を抑制するはずの班田《はんでん》収授のペースも、桓武朝に至ってみだれはじめた。貴族・寺院・富豪の土地所有欲に妨げられたからである。七八六（延暦五）年には、なお型どおりに六年目の班田がおこなわれ、このときに作成された田図は、奈良時代に作成された三種の図とともに「四《し》証図《しょうず》」として、長く国衙《こくが》（国司の役所）に保存される土地台帳となった。しかし、次の七九二年になると、畿内《きない》では班給する口分田《くぶんでん》が不足して、男子に優先的に班給した残りを女子分とし、奴婢《ぬひ》の口分田は停止しなければならなかった。

次の班田はおくれて八〇〇（延暦十九）年となってしまったので、ついに以後は十二年に一回施行することに改められた。これは次の平城朝で令制にもどったものの、畿内では八一〇（弘仁《こうにん》元）年、八二八（天長《てんちょう》五）年とさらに実施間隔がのびた。その後八七九（元慶《がんぎょう》三）年ごろに着手したが、数年たっても完了しなかったようで、これを最後に畿内の班田はほとんど絶えてしまう。

畿外の国々では、九世紀末までに、多いところでは五、六回の班田が実施されたらしいが、それも、十世紀に入ればほとんど消滅する。つまり桓武朝は、その懸命の努力にもかかわらず、班田収授制が崩壊するきっかけを作ったのである。

国司督励の太政官十六条

困難な地方行政を乗り切るために、桓武朝は国家の出先機関である国司に対する監督をきびしくした。七八六（延暦五）年四月、諸国の調・庸の未進《みしん》（納めないこと）によって国用が欠け、物資が民間にだけ流通して国庫に乏しくなったのは、国司・郡司の怠慢によるものであるとして、かれらの成績を評定する基準を定めよという勅が出された。そこで太政官《だいじょうかん》は基準十六条を定めた。

まず、よい国司とは、善政をおこなって戸口を増すこと、農業を奨励して国庫を充実させること、さまざまな物資を期限内に中央へ送ること、国内を戒めて盗賊を出さないこと、誤った裁判や汚職のないこと、治安をきびしくすることなど八条である。就任三年以内に右のうち二条以上の効果がはっきりした国司は、位を昇進させる。

反対に悪い国司とは、貪欲《どんよく》で不公平なこと、ずるく立ち回って名誉を求めること、酒におぼれ遊びにふけって、百姓の生活をかきみだすこと、国司の一族にかってな行動を許し、わいろを公然と受けること、公民の逃亡が多いのに摘発しないことなど八条で、その一条にでも当てはまれば、解任するというのである。

このような基準はすでに奈良時代に立てられていたが、桓武朝はこれに賞罰規定を加えて

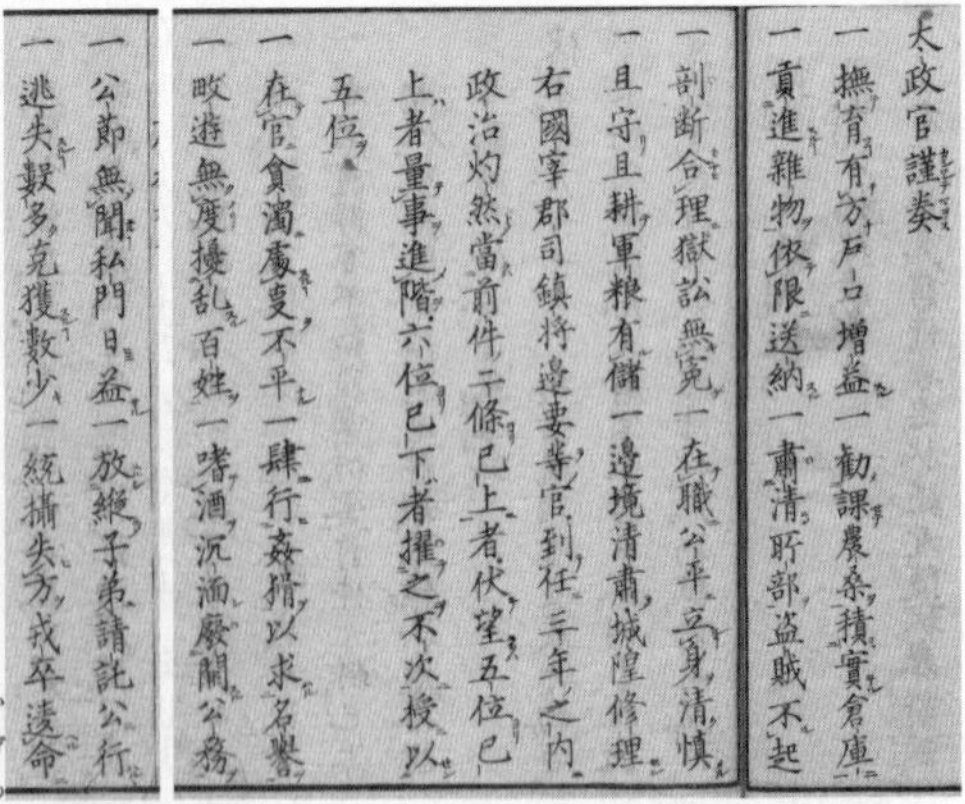
太政官謹奏
一 撫育有方戸口増益 一 勧課農桑積實倉庫
一 貢進雜物依限送納 一 肅清所部盜賊不起
一 剖断合理獄訟無冤 一 在職公平立身清慎
一 且守且耕軍粮有儲 一 邊境清肅城隍修理
右國宰郡司鎮将邊要等官到任三年之内
政治灼然當前件二條已上者伏望五位已
上者量事進階六位已下者擢之不次授以
五位
一 在官貪濁處事不平 一 肆行姦猾以求名誉
一 畋遊無度擾乱百姓 一 嗜酒沉湎廢闕公務
一 公節無聞私門日益 一 放縦子弟請託公行
一 逃失數多克獲數少 一 統摂失方戎卒違命

「類聚《るいじゅう》三代格《だいきゃく》」にしるされた国司の成績評定16ヵ条（内閣文庫本）

きびしく国司の自覚を促したのである。

しかし、苛酷な収奪と公私混同の不正をはたらく国司は、依然として多かった。したがってかれらが任期満ちて交替するときには、しばしば紛糾が起こった。交替のさいには、後任の国司に事務を引き継いで、在任中不正がなかったことを証明する「解《げ》由状《ゆじょう》」という文書を後任から発行してもらい、帰京してこれを太政官に提出することになっていた。その手続きを完了する期限は百二十日だったが、紛糾が起こってかたづかないと、期限後も前任者は任地を離れられず、したがって後任も任務につけないのである。

こうした国務の停滞に手を焼いた政府は、七九七（延暦十六）年ごろ「勘解由使《かげゆし》」という独立の役所を設けて、交替事務を監督させることにした。そして、もし紛糾が長引いたばあいには、解由状なしにいちおう交替させ、勘解由使が厳密に帳簿と現物を照合して、不足分を前任者から取り立てることにした。

また八〇三（延暦二十二）年には、国司交替に関する法令をとりまとめて「交替式《こうたいしき》」という法令集を編集した。

このようにいろいろ苦心したにもかかわらず、海千山千の国司・郡司の抵抗によって、地方行政の改革に十分な成果を上げることはどうしてもできなかった。

手におえなくなった国司・郡司の抵抗

国司・郡司の私欲がもっとも露骨に現れた、この時期特有の現象に「神火」がある。それは正税《しょうぜい》を納めてある諸国の正倉《しょうそう》が焼失することで、神さまに罪をなすりつけて「神火」などといったが、実は放火である。奈良時代末期に、武蔵《むさし》の国（埼玉県）入間《いるま》郡、下総《しもうさ》の国（茨城県）猿島郡《さしまぐん》、上野《こうずけ》の国（群馬県）緑野《みとの》郡など、主として東国の郡倉《ぐんそう》からはじまった。七七三（宝亀《ほうき》四）年に、放火犯人を捕えたらみせしめとして処刑せよ、との太政官符が発せられた。しかし、犯人を捕えることは困難だった。神火のうちには、国司・郡司が不正行為をごまかすために放火した場合もあったろう。新興の富豪が放火によって郡司を罪におとしいれて、自分がその後任になろうとたくらんだ場合もあったろう。あるいは国司・郡司の悪政をにくむ農民の行為もあったのだろう。

七八六（延暦五）年、今後正倉が焼失した場合には、神火か人火かを問題にせず、ともかく正倉管理の責任者である国司・郡司に現物を弁償させることにした。それは国司を解任し、郡司の譜代を絶つ処罰よりも、より現実的な対策だった。しかし、後の嵯峨《さが》朝《ちょう》にも、上総《かずさ》の国（千葉県）夷灊《いしみ》郡で正倉六十棟（穎稲《えいとう》五十七万束）、常陸《ひたち》の国（茨城県）新治《にいはり》郡で十三棟（穀九千九百九十石）といった大火が記録されている。もっともその後の時代になると、国司は放火などをせずとも公然と不正をはたらき、私腹をこやすことができたので、神火はもう史料に現れない。

要するに、桓武朝の政治はきわめて意欲的であり、現実的であったにもかかわらず、しかも律令体制の文字どおりの再建は不可能だった。それは、その直面した社会が大きな曲がり角にきていたためである。また、これから述べる遷都《せんと》と征夷《せいい》の二大事業が、途方もない国力の大消耗となったからでもある。

4 長岡京の暗い影

あわただしい遷都

七八四（延暦三）年五月、中納言藤原小黒麻呂《ふじわらのおぐろまろ》、同藤原種継《ふじわらのたねつぐ》らが山背《やましろ》の国に出張して、乙訓《おとくに》郡長岡村の地を視察した。その結果、七代にわたった平城京《へいぜいきょう》を捨てるという大計画がはじめて公表された。平城京の人々の大きなショックをよそに、ひとたび公表された後の実施ぶりは敏速をきわめた。

六月十日、種継以下数名を造長岡宮使《ぞうながおかぐうし》に任命して、都市計画と宮殿造営を担当させる。十二日、その土地の神である賀茂大神《かものおおかみ》に使節を立てて、神助を祈る。同時に手回しよく、今年度の調《ちょう》・庸《よう》を長岡に運ぶよう、諸国に命令する。二十三日、諸国の正税《しょうぜい》六十八万束《そく》を公卿たちにあたえて、邸宅新築の費用に当てさせる。二十八日、新京の区域に入る百姓への補償を取り決める。

こういう調子で工事は急ピッチで進められ、十一月十一日に早くも桓武《かんむ》天皇は長岡の新宮に移った。遷都をひかえて平城京の空気はあわただしくなり、どさくさまぎれの盗賊や放火がしきりに起こっていたので、ぐずぐずしていて、人心の動揺が増すことを恐れたのだろう。翌七八五年正月元日、新造成った大極殿《だいごくでん》（大内裏《だいだいり》の正殿《せいでん》）で朝賀《ちょうが》（新年の祝い）の儀式が盛大におこなわれた。

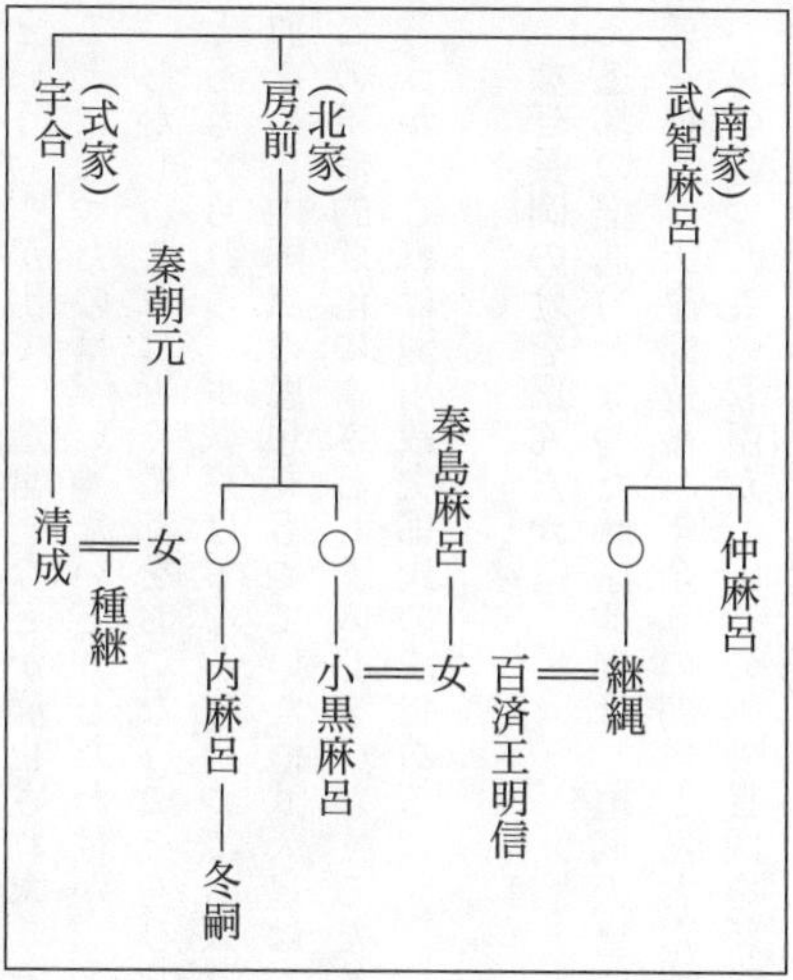

桓武天皇は、七代七十余年繁栄した平城京を、なぜ捨て去らねばならなかったのだろうか。故喜田貞吉氏は、この遷都を「歴史上もっともわけのわからない現象の一つである。」といっている。七八二（延暦元）年四月、民の生活が疲弊しているからいっさいの土木工事をやめ、政府の費用を節約して国庫を充実する、

という詔《みことのり》が出て、造宮省《ぞうぐうしょう》などが廃止された。それなのに、わずか二年後に平城京を捨てることになったのは、いったいどうしたわけか、というのである。

しかし、これは近く遷都をおこなうことをひそかに決意して、わざとむだをはぶいたのだとも考えられる。平城京は、なんといっても天武《てんむ》天皇系とともに栄えた都である。帰化人の血をひき中国風の思想をもっていた桓武天皇は、みずからを新しい王朝の創始者と自負し、この革命的変化にふさわしく人心を一新するために、都を移すことを念願としたのではなかろうか。これは滝川政次郎氏の説である。

なぜ長岡の地を選んだか

遷都の推進力となった藤原種継は、桓武天皇の恩人百川《ももかわ》の甥《おい》である。かれは天皇の厚い信任を得て、天皇即位後二年余りの間にとんとん拍子に出世した。

息の合ったこの君臣が、山背の国の長岡を新京の地に選んだのには理由がある。種継の母はその国の豪族秦朝元《はたのちょうげん》の娘であった。

秦氏《はたし》は、秦《しん》の始皇帝《しこうてい》の子孫の弓月君《ゆづきのきみ》が百二十県の民をひきいて応神《おうじん》天皇の世に渡来したという伝承を持つ、古い新羅系《しらぎけい》帰化人である。かれらは、奈良《なら》山と木津《きづ》川によって政治の中心大和《やまと》の国とへだてられている山背の国に住みついた。賀茂《かも》・松尾《まつのお》・稲荷《いなり》などはみな秦氏によって祭られた神社である。秦氏はすぐれた土木技術を用いて葛野《かどの》川に大きな堰《せき》を造るなどして、数百年間にわたって山城盆地を開発し、豊かな地方豪族に成長した。そのかくれた経済力は想像以上に大きかったようである。遷都をおこなうにあたって、天皇と種継は秦氏の財力にそうとう大きな期待をかけたにちがいない。もっとも、一国の首都の建設が、この豪族の援助だけをたよりとしておこなわれたのでないことは、いうまでもなかろう。

種継が、帰化人系の秦氏と関係が深かっただけでなく、前に述べたように（一九ページ）、天皇の母系和氏《やまとし》も帰化人百済王氏《くだらおうし》の一族だった。その百済王氏の本拠は長岡京の近くの交野《かたの》（枚方市《ひらかた》）である。また、これも前に述べたように、右大臣藤原《ふじわらの》継縄《つぐただ》、大納言藤原小黒麻呂《ふじわらのおぐろまろ》の妻もそれぞれ百済王氏・秦氏だった。つまり、天皇をはじめとする桓武朝の中心人物は、そろって長岡の地と縁が深かったのである。秦氏の財力だけをたよりにしたというよりも、そうした山背の国の帰化人系氏族との結びつきが、おのずから長岡の地を選ばせたとみるのが自然であろう。

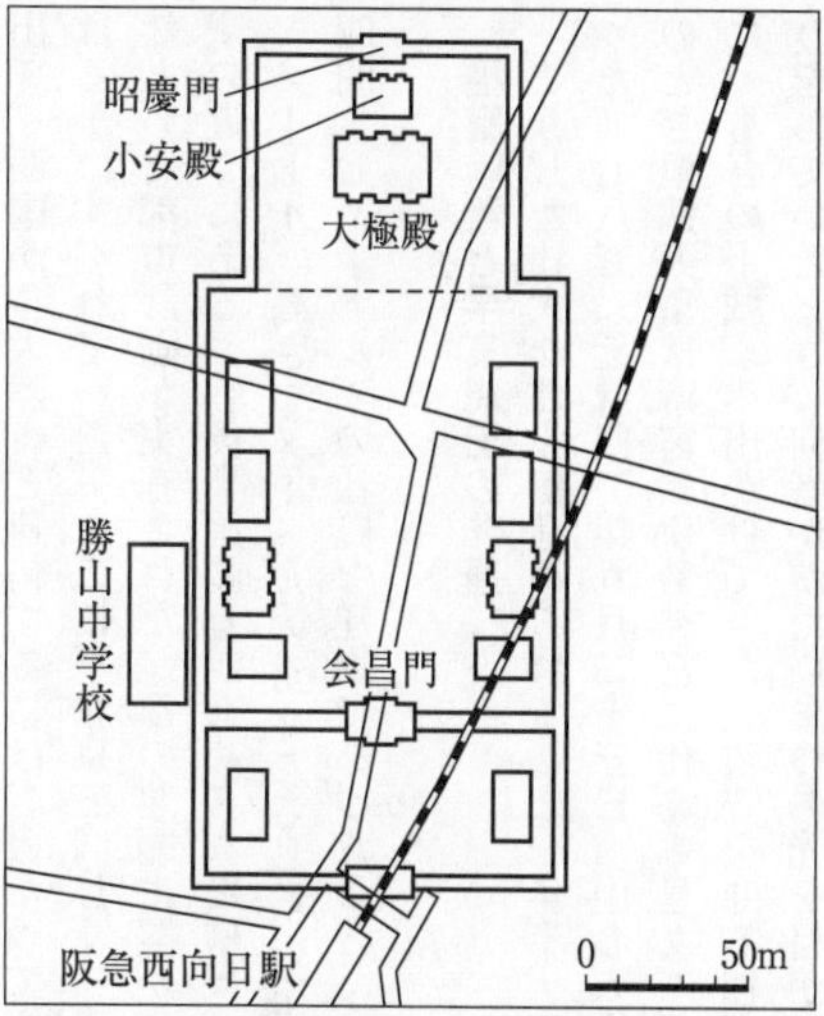

長岡京の位置（京都府教委「長岡宮跡」による）

長岡京は山城盆地の西南端を占め、淀川《よど》の水運によって難波《なにわ》の港に出て、西国から大陸へと連絡するには、いたって便利な要地である。この点、平城京《へいぜいきょう》よりもはるかにすぐれていた。ここに平城京と同じく、唐都長安《とうとちょうあん》にならって、碁盤《ごばん》の目のように整然とした都市計画が実施された。都の北端に置かれた大内裏の跡は、現在の阪急電鉄西向日《にしむこう》駅の近くにある。戦後発掘調査が進められた結果、大極殿が東西四十二メートル、南北二十二メートル、高さ二メートルの堂々たる基壇《きだん》の上に立つ、正面九間（十六メートル）、側面四間（七メートル）の壮麗な建物であったこと、などが明らかとなっている。

種継暗殺と早良親王の非運

こうした壮大な建設が進められること一年半、事業は突然致命的な痛手を受けることになった。七八五（延暦四）年九月二十三日、中心人物の種継《たねつぐ》が、非業の死を遂げたからだ。そのとき桓武天皇は斎宮《さいぐう》（伊勢神宮に仕える皇女）朝原《あさはら》内親王が伊勢《いせ》に向かうのを見送るために、もとの平城京へ出かけていた。留守を守る種継が、たいまつをかざして長岡京中の見回りをしていたとき、何者かがたいまつの光を目がけて矢を放った。種継は二本の矢に体を射抜かれ、四十九歳で死んだ。

急報を受けた天皇は、ただちにはせ帰って、犯人大伴継人《おおとものつぐひと》・同竹良《たから》・佐伯高成《さえきのたかなり》らを捕えた。取調べの結果、暗殺の一ヵ月前に病死した中納言大伴家持《おおとものやかもち》が、大伴・佐伯両氏によびかけて暗殺計画を進めていたこと、また皇太子の早良《さわら》親王も陰謀に関係している、ということが判明した。

ただちに一党を切り、下手人二名を山崎の河原に引き出して首をはね、おおぜいの人々を流罪にした。そして二十八日深夜、早良親王は乙訓寺《おとくにでら》に幽閉され、ついで船に乗せられて淡《あわ》路島《じしま》に送られることになった。親王は憤激して飲食をたち、ついに途中で死んだが、遺体は無慈悲にも淡路まで運ばれて葬られた。一ヵ月後、桓武天皇の第一皇子安殿《あて》親王が皇太子に立てられた。

大伴・佐伯両氏は、大化改新以前から朝廷に仕えていた名門である。武勇の伝統を誇る両氏は、律令制を打ち立てこれを運営する新しいタイプの官僚として擡頭《たいとう》してきた藤原氏に対して、根深い敵意をいだいていた。家持は「万葉集《まんようしゅう》」の代表的歌人として、繊細な感情を表現した歌を多く残していることでもわかるように、陰謀家タイプではない。しかしかれは、大伴氏の族長であったために、奈良時代にもいくたびか陰謀事件に巻きこまれる悲劇的な運命をもっていた。

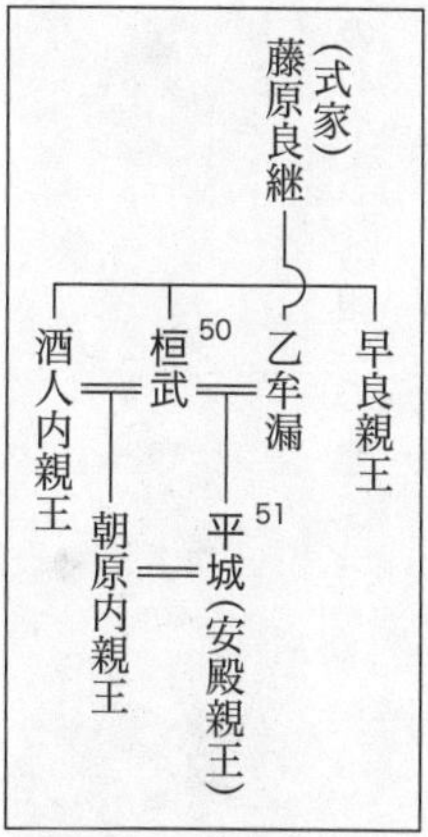

種継暗殺は、年老いた家持が、氏族の運命をかけてみずから計画したものであったかどうか、疑わしい。早良親王がこのクーデターに加わっていたことは、いっそう疑わしい。むしろ断食による親王の痛ましい最期は、無実の罪に対する精いっぱいの抗議だったのではなかろうか。少なくとも桓武天皇には親王へのひどい処

家持の自署（名前の2字だけが自筆）

置について後ろめたい気持ちが残り、当時の人々も割り切れない感じをいだいたようである。
　後に、早良親王の怨霊《おんりょう》がしつこく宮廷を悩ますことになるが、それは、このあやまちの報いであろう。

5　平安の祈りをこめた都造り

次々と早良親王のたたり

　種継《たねつぐ》の暗殺によって長岡京《ながおかきょう》の建設は急にのろくなった。しかしともかく、七八六（延暦五）年七月には、太政官の建物がほぼできあがり、八月ごろには、新築の宮殿ではなやかな祝宴が開かれた。長岡京はまがりなりにも完成に近づきつつあった。それなのに、七九二（延暦十一）年、十年間も苦心した新京が突然放棄されてしまう。なぜこのような途方もないむだが行われたのか。喜田氏も、これを長岡京に関するもう一つの大きな疑問に数えた。

　この疑問に対する答えはなお確定していない。一つの理由は、長岡の地が水害を受けやすかったことであり、また帝都としては狭すぎたこともある。しかしさらに大きな理由は、怨《おん》霊《りょう》への恐怖であった。このころ宮廷には、凶事が次々に起こる。七八八年から七九〇年にかけて、夫人《ぶにん》藤原旅子《ふじわらのたびこ》・新笠《にいがさ》皇太后・乙牟漏《おとむろ》皇后が次々に亡くなった。つづいて皇太子安殿《あて》親王が発病した。病名は「風病《ふうびょう》」で、これはノイローゼか躁鬱病《そううつびょう》のような病気らしい。やがて占いによって、この病気は早良《さわら》親王のたたりと判明した。

早良親王の死後に起こったさまざまな不幸がすべて亡霊のたたりであったのかと思い当たって、朝廷は激しいショックを受けた。ただちに諸陵頭調使主《しょりょうのかみつきのおみ》らを淡路《あわじ》の国につかわして親王の霊をなぐさめたが、それくらいでたたりが消えようとは思われなかった。長岡京をめぐる悲劇の記憶は、あまりにも強烈だったからである。ここで不吉な陰影のつきまとう長岡京を、思い切って捨てることを天皇に進言したのは、和気清麻呂《わけのきよまろ》であった。清麻呂はいわばいまの京都の産みの親である。

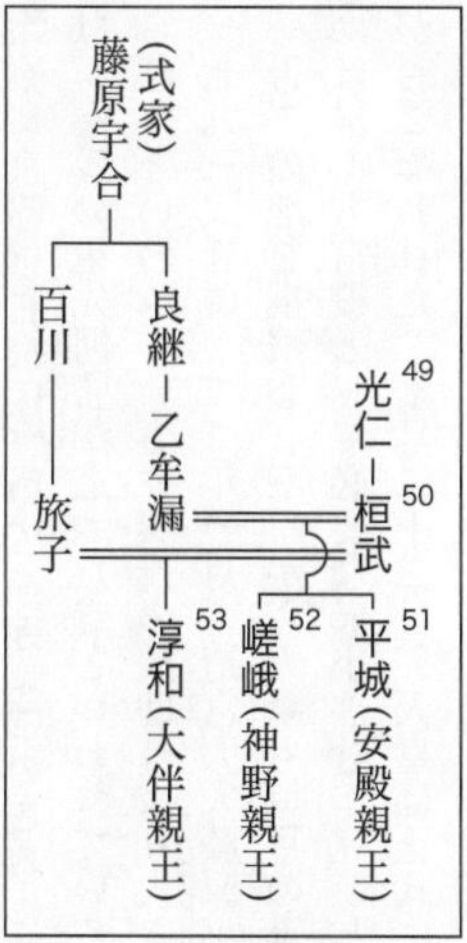

高らかな唱和「平安楽土、万年の春」　桓武《かんむ》天皇は、大好きな鷹狩《たかがり》にかこつけて、京都盆地の北方、葛野《かどの》郡にある右大臣継縄《つぐただ》の別荘へ出かけ、あたりの地形をくわしく視察した。

そこは、これまで長岡京の建設を援助してきた秦氏《はたし》の本拠地である。日本彫刻の代表的名作として知られる弥勒思《みろくし》惟像《ゆいぞう》のある太秦《うずまさ》（京都市右京区）の広隆寺《こうりゅうじ》（このころには現在の位置とすこし離れた場所にあった）は、秦氏の祖先河勝《かわかつ》が造った寺といわれている。また平安京《へいあんきょう》の大内裏《だいだいり》も河勝の邸宅跡に定められたといわれている。秦氏の援助はより大きくなったはずだ。

七九三（延暦十二）年一月、造宮大夫《ぞうぐうだいぶ》藤原小黒麻呂《ふじわらのおぐろまろ》らが正式に葛野《かどの》郡宇太《うだ》村（双ケ丘《ならびがおか》北方一帯）の地を視察し、三月から天皇も毎月のように出かけては建設を督励した。翌年の六月には早くも宮殿として必要な最小部分が完成し、諸国から徴発した人夫五千人によって清掃がおこなわれた。十月二十二日、天皇は正式に新京に移る。

> この国は山河《さんが》襟帯《きんたい》（ぐるりと取り巻き）、自然《おのずから》に城《しろ》をなす。この形勝により、新しき号《な》を制《さだ》むべし。よろしく山背《やましろ》の国を改めて山城《やましろ》の国となすべし。又子来《しらい》の民《たみ》、謳歌《おうか》の輩《ともがら》、異口同辞《いくどうじ》に号《なず》けて「平安京《へいあんきょう》」といえ。

この有名な詔《みことのり》が出されたのは、このときのことである。山背という国名は、長らく都のあった大和《やまと》の国の背面を意味するから、いま都の所在地となった国名としてはふさわしくない。そこで同じ発音で文字だけ改めて「山城」とした。「子来の民」とは、中国の古典「詩《し》経《きょう》」に出ることばで、子が親を慕うように民が帝王の徳を慕うことをいう。「帝徳を慕い、世の栄えをよろこぶ人々は、口々に『平安京』とよべ。」と景気づけをして、京名を定めたわけである。

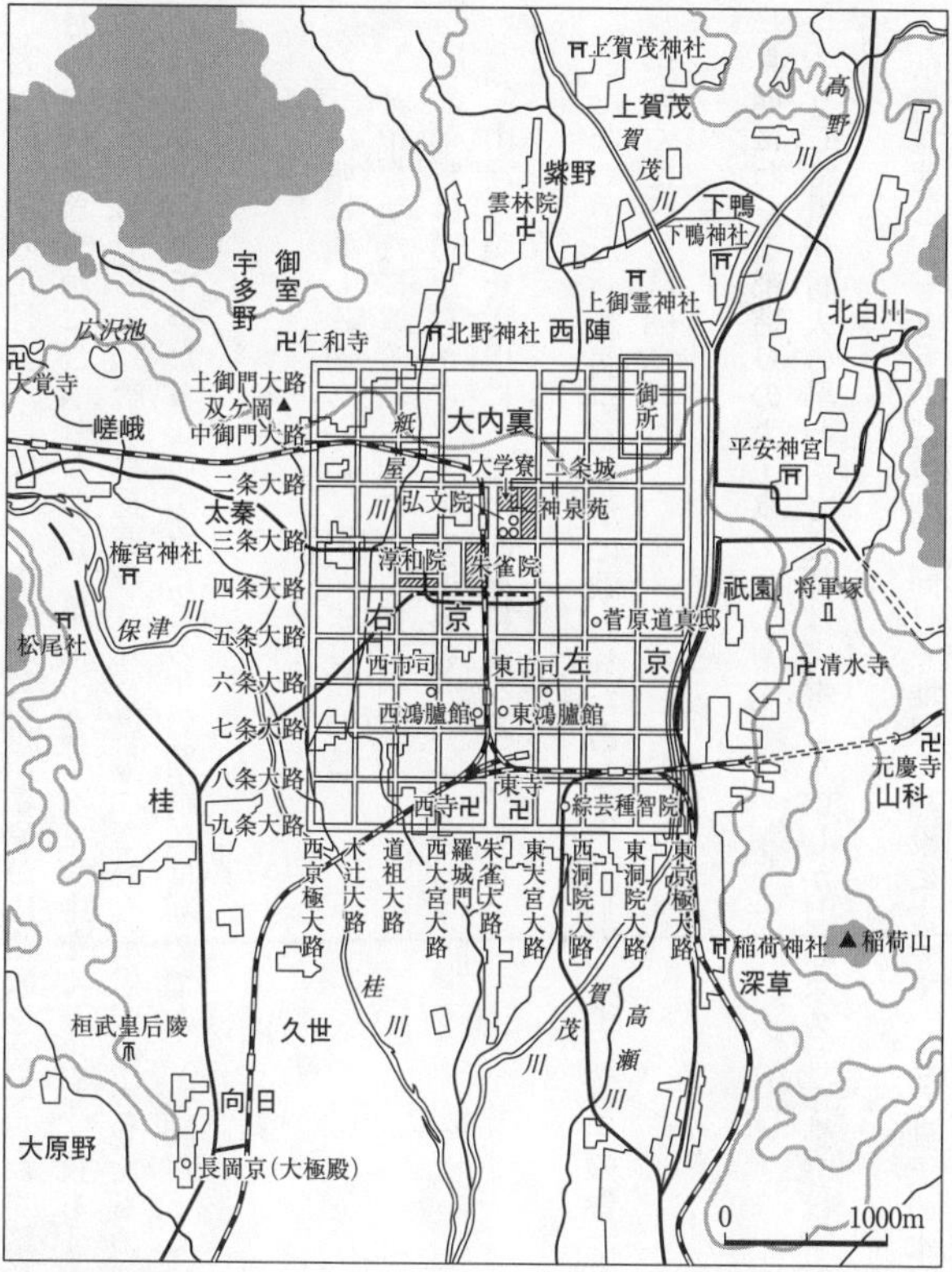
上賀茂神社
上賀茂
高野川
賀茂川
紫野
雲林院
下鴨
下鴨神社
上御霊神社
宇多野
御室
北白川
広沢池
仁和寺
北野神社
西陣
大覚寺
土御門大路
双ケ岡
御所
嵯峨
中御門大路
紙屋川
大内裏
大学寮
二条城
平安神宮
二条大路
太秦
弘文院
神泉苑
三条大路
梅宮神社
淳和院
朱雀院
四条大路
祇園
将軍塚
保津川
右京
菅原道真邸
松尾社
五条大路
西市司
東市司
左京
清水寺
六条大路
西鴻臚館
東鴻臚館
七条大路
元慶寺
八条大路
東寺
山科
桂
西寺
綜芸種智院
九条大路
西京極大路
木辻大路
道祖大路
西大宮大路
羅城門
朱雀大路
東大宮大路
西洞院大路
東洞院大路
東京極大路
稲荷神社
稲荷山
深草
桂川
賀茂川
高瀬川
桓武皇后陵
久世
向日
大原野
長岡京(大極殿)
0
1000m

平安京の位置

翌七九五年の正月十六日には、貴族たちがにぎやかに踏歌《とうか》を演奏した。踏歌というのは、月明の夜にぎやかに合唱しながら、足拍子をとって宮中をくり出し、夜もすがら京の町々を踊り回る行事である。唐《とう》の都長安《ちょうあん》の「元宵燃灯《げんしょうねんとう》」という風俗が伝わったもので、天武朝《てんむちょう》ころにはもう行われていたらしい。ただこの年の踏歌には、めでたい歌詞がとくに新しく作られた。

山城《やましろ》は楽しみ顕《あき》らかに　旧来《ふるく》より伝《つた》わる
帝都《ていと》新たに成《な》るは　もっとも憐《あわれ》むべし
郊野《こうや》は道平らかに　千里も望《のぞ》まれ
山河《さんが》は美を擅《ほしいまま》にして　四周に連《つら》なる

こんなめでたい歌詞が高らかに歌われたあとに、「平安楽土、万年の春」というリフレーンがいくたびも高唱された。

長期にわたる都造りの大工事

こうして電光石火の早わざで遷都は実現した。しかし新京の都市造りは、むしろこれからである。

京都盆地は、もともと琵琶湖と同じく地盤の陥没によってできた湖沼の水が、沖積世《ちゅうせきせい》には

大内裏

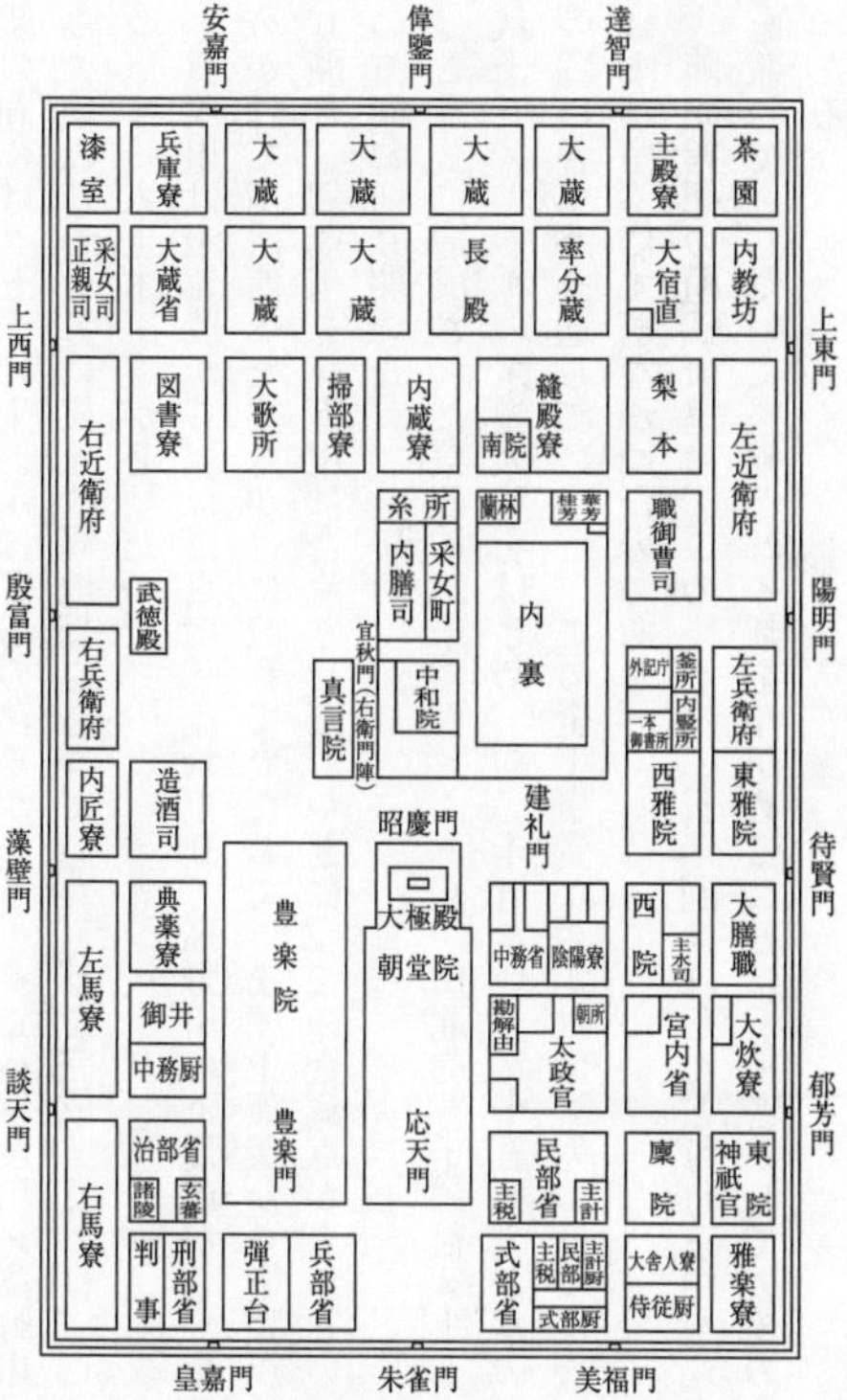

むずかしい読み方

兵庫寮＝ひょうごりょう
主殿寮＝とのもりょう
正親司＝おおきみのつかさ
采女司＝うねめのつかさ
率分蔵＝りつぶんぞう
内教坊＝ないきょうぼう
図書寮＝ずしょりょう
大歌所＝おおうたどころ
掃部寮＝かもんりょう
内蔵寮＝くらりょう
縫殿寮＝ぬいとのりょう
近衛府＝このえふ
兵衛府＝ひょうえふ
外記庁＝げきちょう
内匠寮＝たくみりょう
馬　寮＝まりょう
豊楽院＝ぶらくいん
朝堂院＝ちょうどういん
陰陽寮＝おんようりょう
大膳職＝だいぜんしき
大炊寮＝おおいりょう
神祇官＝じんぎかん
弾正台＝だんじょうだい
大舎人寮＝おおとねりりょう
雅楽寮＝うたりょう
（「官職要解」による）

いって引き、土砂が堆積《たいせき》してできたのである。地形は北東から南西にかけてしだいに低くなり、東南は宇治市の西方に近年まで残っていた巨椋《おぐら》の池に達する。上賀茂《かみがも》あたりと今の京都駅の間には、五十メートルほどもの落差がある。そこへ賀茂《かも》川・高野《たかの》川・桂《かつら》川などが流れ込み、いたるところに支流や湿地帯を造っていた。都を完成するには、これらの河川の流路を改修する大土木工事が必要だった。

賀茂川は上賀茂から、ほぼ真南へ流れ下り、高野川は下賀茂から、今の京都駅のあたりをめがけて南南西へたすきがけに流れていたので、まず上賀茂から下賀茂に向かって水路を切り開き、賀茂川を高野川に合流させた。つぎに、この合流点から新しい賀茂川の水路を真南の方向に切り開いた。

こうして造成された東西約四千六百メートル、南北約五千三百メートルの土地に、道幅約八十五メートルの朱雀大路《すざくおおじ》をはじめ、約三十五ないし二十五メートルの各大路《おおじ》をつくり、その間に各小路《こうじ》を通していった。この全工事量からすれば、先のはなばなしい遷都宣言も、実はまだ序幕にすぎなかったのである。

陣頭指揮の桓武天皇は、この後も四、五年間はほとんど毎月京中を巡幸した。工事の督励を兼ねて、しだいに整備される都をながめることは、王者としてのこの上もない楽しみであったろう。

しかし、さすがに桓武朝も後半になると、長年の大事業による息切れはかくしようもなくなった。重要な儀式・政務をおこなう「朝堂院《ちょうどういん》」とともに大内裏の中心をなす「豊楽院《ぶらくいん》」

（大宴会場）さえ、七九九年になってもまだ完成しなかった。やがて小黒麻呂の後任の造宮大夫として計画の推進者となっていた和気清麻呂の死、打ちつづく災害、国家財政の破綻などが重なって、つぎのように事業の遂行にとどめをさす時がくる。

徳政の議論と工事の打ち切り

八〇五（延暦二十四）年十二月、参議藤原緒嗣《ふじわらのおつぐ》と同菅野真道《すがののまみち》が、天皇の御前で「天下の徳《とく》政《せい》（よい政治）」を議論した。若い緒嗣はずばりといった。

いま天下の苦しむところは、軍事（蝦夷征討《えみしせいとう》）と造作《ぞうさ》（都造り）です。この二つを停止すれば、百姓の生活は安らかになります。

これは、桓武朝の生命ともいうべき二大事業に対する、まっこうからの否定である。緒嗣は捨て身の勇気をふるったのだ。この勇気をささえたものは、おそらく貴族層の多数意見であった。さらにその背後には、長年の重い負担にうちひしがれた農民の姿があったにちがいない。

長老の真道は、緒嗣の主張に強硬に反論した。しかし、年老いた天皇は緒嗣の批判をすなおに受け入れた。ただちに造宮職《ぞうぐうしき》を廃止したのである。

平安京の建設工事は、ここで未完成のままに打ち切られたのであった。碁盤の目のような道路網も計画どおりに全部貫通したのではなかったらしい。また、たとえ道路だけはできても、その両側がたちまち人家で埋められるはずもなかった。ある史料によると、遷都から三十年くらい後の京中の町数は五百八十余町で、都制の総町数の半分にも足らなかった。幅八十五メートルの朱雀大路もいたるところに草がしげり、牛馬を放し飼いにする者さえあった。また、低湿地であるため、溝川があふれて大路・小路がどろんこになることもよくあった。貴族が邸内に水を引き込んで大きな庭池を造るには便利であったが、逆に邸内の汚物を外に流し出す不始末も起こった。政府はしばしば禁令を出し、弾正台《だんじょうだい》の役人が巡回して取り締まった。

とくに低湿な右京南部は、はじめから人家もまばらであった。禁止されている水田も営まれ、せりやはすが栽培されたりして、「京にいなかあり」のことばどおり、一種の田園都市の風景だったらしい。

美しい柳並木、にぎわう東西の市

とはいえ、目抜き通りはやはり壮麗だったにちがいない。いま、年代の多少の食い違いを許していただくことにして、平安京南端に立って北の方を見渡したとしよう。正面には、羅《ら》城門《じょうもん》の二層の楼門《ろうもん》が、広く高い石造りの基礎の上にそびえている。その門をくぐると、朱雀大路の両側に植えられた柳の並木が、

大路《おおじ》に　沿《そ》いてのぼれる　青柳《あおやぎ》が花や　青柳《あおやぎ》が花や
青柳《あおやぎ》が　撓《しな》いを見れば　いまさかりなりや　いまさかりなりや

という催馬楽《さいばら》（当時の雅《が》楽《がく》の一種）の歌詞そのままに、花のように美しく風にそよいでいる。

左右に、東寺《とうじ》・西寺《さいじ》のみどりのいらかをながめながら進む。平安京の中にはじめから建立された寺院は、この二つの官寺だけである。平城京《へいぜいきょう》の大寺院が政治を混乱させた弊害にかんがみ、それらの寺院は新京への移転を許されなかったのである。平安京づくりに功のあった和気清麻呂《わけのきよまろ》のゆかりの神護寺《じんごじ》や、蝦夷征討の将軍坂上《さかのうえの》田村麻呂《たむらまろ》の建てた清水寺《きよみずでら》などの古い寺院もみな郊外にある。

羅城門の三彩釉鬼瓦

やがて東西にのびる七条大路のかなたから、東市《ひがしのいち》か西市《にしのいち》かのざわめきが聞こえてくる。東市は月の前半に五十の店を開き、西市は月の後半に三十の店を開く。市司《いちのつかさ》の役人が正午に市を開くと、人々がむらがり集まり、日没前に、鼓《こ》を合図に解散するのである。

商品の公定値段は十日目ごとにきめられた。市で物を売ることができるのは、「市人《いちびと》」という登録された商人である。その資格がどうして与えられたかわからないが、とかく有力貴族と結びついて御用をつとめる傾向もあった。売られる品物は、あしぎぬ、うすもの・にしきなどの衣料、米・麦・塩・海藻《かいそう》・干し魚などの食料品、太刀《たち》・弓箭《ゆみや》などの武器、みの・かさ・くし・墨・筆・針などの日用品、そのほかさまざまである。

四条から三条までの西側には、朱雀院《すざくいん》という離宮の広大なながめがひらけ、ときどきおこなわれる儀式や宴会の日には、きらびやかな行列が出入りする。

右手には大学寮《だいがくりょう》とその別曹《べっそう》（寄宿舎）があって、若い学生《がくしょう》が気負った様子で歩いている。大学寮の奥には天然の湖沼を取り込んで造られた唐風の庭園「神泉苑《しんぜいえん》」がある。若いころには、大原野《おおはらの》・北野《きたの》・栗前野《くりさきの》といった郊外の原野で、勇ましいスポーツの鷹狩に疲れを知らなかった桓武天皇も、晩年にはこの静かな庭園を愛して、五年間に二十回も三十回も行幸している。

歩みを進めての最後は、正面に、大内裏の正門「朱雀門《すざくもん》」の、眉を圧する二層瓦《かわら》ぶきの偉容を仰ぎ見ることになる。

この壮麗な都城《とじょう》の建設には、前節に述べたさまざまな矛盾に悩む古代国家がまだ秘めていた巨大なエネルギーが、集中的に注ぎ込まれていた。わたしたちはそのようにエネルギーを集中し、爆発させる政治力を、桓武天皇とその朝廷が持っていたことを記憶しておこう。そうした政治力がまったくゆるみ、そのエネルギーが燃えつきるまでに、これから四百年以上もの長い歳月が流れるのである。

6　桓武朝の蝦夷征討

蝦夷の郡司呰麻呂、反乱を起こす

光仁朝《こうにんちょう》の終わりに近い七八〇（宝亀《ほうき》十一）年、東北の辺境に一大事が起こったという飛報が、朝廷をおどろかせた。陸奥《むつ》の国上治《かみち》郡の郡司伊治公呰麻呂《いじのきみあざまろ》が、とつじょ俘軍《ふぐん》（降伏した蝦夷からなる軍隊）をひきいて反乱を起こし、陸奥国府の多賀《たが》城（現在の宮城県多賀城市）の北方にある伊治《いじ》城（現在の宮城県栗原郡）を襲って按察使《あぜち》（陸奥・出羽両国の最高行政官）紀広純《きのひろずみ》を殺したのである。

これより先七七四（宝亀五）年に、海岸地帯の蝦夷が北上《きたかみ》川の河口に近い桃生《ものお》城（現在の宮城県桃生郡）に侵入し、以来騒然としていた辺境の情勢は、ここに破局に達した。この後辺境で展開された激しい軍事行動は、遷都とならんで、桓武朝のもう一つのハイライトである。いったいこの征討は桓武朝が積極的に引き起こしたものか、それとも蝦夷側の動きを受けて立ったものなのか。

陸奥の国の開拓がはじめられてからすでに年久しかった。仙台《せんだい》平野から南には十ばかりの郡が設けられ、「蝦夷《えみし》」とよばれる土着民と、「柵戸《さくこ》」とよばれる東国地域からの武装移民とは、概して平和に共存していた。しかし奈良時代末期になると、蝦夷の集団をひきいて律令《りつりょう》政府の支配に服していた各地の「俘囚《ふしゅう》」（服属した蝦夷）の長は、しだいに大きな勢力に成長し、いつまでも異民族として軽侮《けいぶ》されている立場に不満をいだくようになった。

これに対して、朝廷側がとくに強硬方針を打ち出していた様子はない。むしろ長い間の平和な開拓方針が、光仁朝に至って限界に突き当たったのであろう。つまり動乱は蝦夷社会の成長から、起こるべくして起こったのだ。そして奇妙なことに、動乱のきっかけを作った伊治公呰麻呂は、軍事行動が本格化してから後はまったく歴史に現れないが、このことは、蝦夷の反抗が呰麻呂個人の問題でなかったことを示している。

さて、殺された按察使紀広純に従っていた陸奥介《むつのすけ》大伴真綱《おおとものまつな》は、呰麻呂と特別に親しい関係でもあったものか、呰麻呂はこれを多賀城まで護送した。多賀城は辺境支配の中心で、兵器や食糧の大貯蓄があった。急を聞いた柵戸の農民は、先を争って城中にたてこもった。しかし、おくびょう風に吹かれた真綱がひそかに裏門から逃げ出したので、農民もたちまち散り散りになってしまった。

蝦夷は城内に侵入して略奪をほしいままにし、城に火を放った。こうして奈良時代のはじめから苦労して積み重ねた辺境経営の成果は、一挙に失われたのである。

ついに征夷の大動員

光仁天皇の朝廷は、藤原継縄《ふじわらのつぐただ》を、ついで同小黒麻呂《おぐろまろ》を征東大使《せいとうたいし》に任命して、態勢の挽回《ばんかい》をはかった。しかし二人ともおよそ軍事などには不向きなタイプだった。しかも、これまでつねに軍事行動の基地となっていた坂東《ばんどう》諸国は窮乏して、そこから戦意・体力ともに充実した

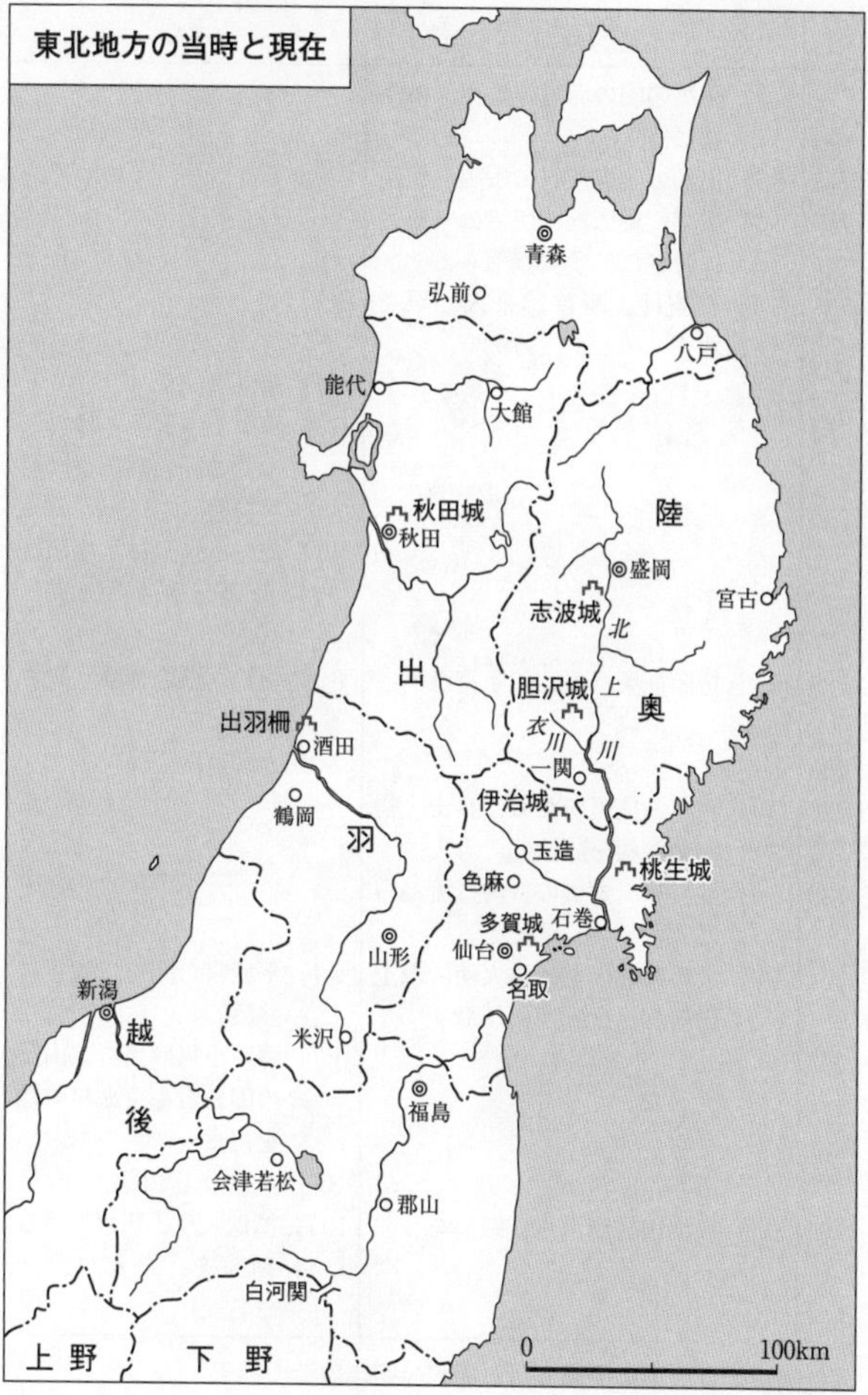
東北地方の当時と現在
青森
弘前
八戸
能代
大館
秋田城
秋田
陸
盛岡
宮古
志波城
北
出
胆沢城
上
奥
出羽柵
衣
川
川
酒田
一関
伊治城
鶴岡
羽
玉造
桃生城
色麻
多賀城
石巻
仙台
山形
名取
新潟
越
米沢
福島
後
会津若松
郡山
白河関
上野
下野
0
100km

年	蝦夷征討	遷都
774	7月 陸奥《むつ》の国の海道の蝦夷《えみし》、桃生《ものお》城《じょう》に侵入	
776	5月 出羽《でわ》の国志波村《しわむら》の蝦夷、反乱	
780	3月 按察使《あぜち》紀広純《きのひろずみ》、伊治公呰麻呂《いじのきみあざまろ》に殺され、多賀城落ちる	
781	6月 征東使、斬首70余人で軍を解く	
782		4月 造宮省廃止
784		5月 藤原小黒麻呂《ふじわらのおぐろまろ》・種継《たねつぐ》・山背《やましろ》の国乙訓《おとくに》郡長岡《ながおか》村を視察
		6月 都城・宮殿の工事開始
		11月 桓武天皇、長岡京に移る
785	8月 持節征東将軍大伴家持《じせつせいとうしょうぐんおおとものやかもち》没《ぼつ》	9月 中納言藤原種継暗殺される
786		7月 太政官院完成
788	3月 明年の征夷のため、兵士・物資の準備を開始	
789	6月 征討軍、蝦夷の将阿弖流為《あてるい》らに大敗	
791	7月 大伴弟麻呂《おおとものおとまろ》を征夷大使、坂上《さかのうえの》田村麻呂《たむらまろ》を副使に任命	9月 平城宮の門を長岡宮に移築
793		1月 藤原小黒麻呂ら、山背の国葛野《かどの》郡宇太《うだ》村の地を視察
		3月 新京の工事開始
794	6月 坂上田村麻呂ら、蝦夷をうつ	10月 桓武天皇、新京に移る
		11月 新京を「平安京」と命名

桓武天皇の２大事業蝦夷征討と遷都対照年表

年	蝦夷征討	遷都
799		2月 造宮大夫《ぞうぐうだいぶ》和気清麻呂《わけのきよまろ》没《ぼつ》
801	9月 征夷大将軍坂上田村麻呂、蝦夷をうつ	
802	1月 田村麻呂、胆沢城造営 4月 阿弖流為ら降参	
805	12月 徳政相論によって、征討中止	12月 造宮職廃止
811	1月 陸奥の国に、和我《わが》・稗縫《ひえぬい》・斯《し》波《わ》の３郡を置く 5月 坂上田村麻呂没 10月 文室綿麻呂《ふんやのわたまろ》、征討を終わる	

桓武天皇の２大事業蝦夷征討と遷都対照年表（つづき）

多数の兵士を集めることはむずかしくなっていた。

こういう不利な情勢の中で即位した桓武《かんむ》天皇は、さだめしみずから兵をひきいて乗り込まんばかりの意気込みであったろう。にもかかわらず、桓武朝二十余年の征夷の前半は、苦戦・敗戦の連続となる。

七八二（延暦元）年六月、大和《やまと》朝廷きっての武勇の名門大伴家持《おおとものやかもち》が、按察使・鎮守将軍に任命された。翌年、蝦夷の地に近い坂東八ヵ国の有位者《ゆういしゃ》や郡司の子弟を五百人ないし千人ずつ選抜して、激しい訓練をすることになった。しかし、つづいて始まった長岡遷都に政治の重点が移り、家持は征討を開始しないうちに死んでしまった（四四ページ参照）。

代わって光仁朝以来の歴戦の勇者百済王俊哲《くだらおうしゅんてつ》が鎮守将軍となった。ところがどうしたことか、かれはまもなく日向権介《ひゅうがのごんのすけ》に左遷された。軍の実権をにぎっていた坂東の豪族出身者と意見が合わず、部下の統率に失敗したためらしい。

種継《たねつぐ》暗殺の衝撃がおさまった七八八（延暦七）年に、ふたたび大規模な征討準備が始まった。軍糧三万五千石を多賀城に運び入れ、東海《とうかい》・東山《とうさん》・北陸《ほくろく》道の国々に命じて、乾飯《ほしい》二万三千余石と塩を陸奥の国に送らせた。さらに東海・東山道の諸国から歩兵・騎兵五万人を大動員し、翌年三月を期して多賀城に集結させることにした。総指揮をとる征東大使は、参議紀《きの》古佐美《こさみ》である。

七八八年十二月、節刀《せっとう》（出征のとき将軍に賜る刀）を賜って征途につく古佐美に、天皇は、「これまで、部下が軍令を忠実に守らず、責任を欠く行動をすることが多かったと聞く。もってのほかである。今後もし副将軍が死刑に相当する罪を犯すことがあったら、逮捕して奏上せよ。軍監《ぐんかん》以下の場合は、法に照らして大使みずから切ってしまえ。坂東の安危はこの一挙にあるのだ。」と、激しい訓令をあたえた。古佐美は果たしてこの激励と期待にこたえただろうか。

征討軍の完敗

七八九年三月、計画どおりに諸国の軍兵は多賀城に集結した。軍は衣川《ころもがわ》を渡って賊地に進み、営《えい》三ヵ所を設けた。ところが、どうしたことか、そこで一ヵ月あまりも空費したので、朝廷はすみやかな出動を指令した。かくて軍はいっせいに行動を開始する。三軍のうち中《ちゅう》・後軍《ごぐん》の兵おのおの二千人が北上川《きたかみ》を渡河して、蝦夷の将阿弖流為《あてるい》の陣に迫り、賊徒三百余人を打ち破り、十四ヵ村八百戸を焼きはらって巣伏村《すぶせ》に進み、ここで前軍《ぜんぐん》と合流しようとした。

ところが前軍は、敵の主力にはばまれて渡河できなかった。とまどう中・後軍に向かって、蝦夷の新手《あらて》八百余人が襲いかかり、敵しかねて退却するところへ、さらに蝦夷四百余人が山を駆け下って背後を突いた。軍は腹背に敵を受けて総崩れとなり、戦死二十五人、負傷二百四十五人、溺死《できし》実に一千三十六人、命からがら逃げ帰った者一千二百五十七人、さんざんの大敗北となった。

蝦夷征討の激戦地の一つ、北上川のほとり平泉付近

敗報は、六月三日に平安京にとどいた。つづいて征東大使紀古佐美は、「戦闘隊も輸送隊もともに疲れはて、状況は進軍にも持久戦にも不利である。ひとまず軍を解散し、糧食を残して非常に備えるほかに方法はない。」との報告を送り、まもなくすごすごと帰京して、節刀を返上した。朝廷はただちに完敗の責任を追及し、副将軍以下が処罰された。ただ、大使古佐美だけが過去の功績に免じるとして罪を許されたのは、天皇の外戚だったからだろうか。

名将坂上田村麻呂の登場

朝廷は平安京の建設を進めるかたわら、七九四（延暦十三）年を目標に、再遠征の計画を立てた。先の苦い経験によってえた教訓がいくつかあった。

まず武具・軍糧の負担を、打ちつづく征討に駆り立てられて疲れきった坂東諸国だけでなく、全国におよぼさねばならないということ。次に、無力の貧民よりも、各地に頭角をあらわしていた富豪農民を兵力として動員しなければならないということ。さらには、とかく政府の方針を守らない坂東の豪族出身者よりも、天皇と密着している帰化人系の人物を将軍にして、かれらの有能にすべてを託そうということなどである。

この最後の方針によって、日向《ひゅうが》の国に流されていた百済王俊哲《くだらおうしゅんてつ》が、罪を許されて返り咲き、また蝦夷征討の主役ともいうべき坂上田村麻呂がさっそうと登場することになる。

坂上氏は、応神《おうじん》天皇の世に来朝した後漢《ごかん》の阿智使主《あちのおみ》を祖先とするという伝承を持った氏族《しぞく》で、伝統的に鷹狩《たかがり》や騎射に長じていた。田村麻呂の父苅田麻呂《かったまろ》も武勇の士だったが、田村麻呂に至っては、「赤面黄鬚《せきめんこうしゅ》（赤ら顔でひげづら）にして、勇力人《ゆうりょくひと》に過ぐ。将帥《しょうすい》の器《うつわ》（大将としての能力）あり。帝（桓武天皇）これを壮《そう》とす。」と、その非凡の風貌《ふうぼう》が正史《せいし》に記されている。

さて、征夷大将軍大伴弟麻呂《おおともものおとまろ》、副将軍百済王俊哲、同坂上田村麻呂にひきいられた十万の大征討軍は、七九四（延暦十三）年、平安京造営のあわただしさをあとにして進発した。そしてこのたびは、斬首《ざんしゅ》四百五十七、捕虜百五十人、捕獲の馬八十五頭、焼きはらった村々七十五という戦果が報告されている。まだ徹底的な勝利ではなかったが、この遠征で田村麻呂はその真価を認められたとみえる。七九六（延暦十五）年、かれは陸奥按察使・陸奥守・鎮守将軍のすべてを兼任することになり、さらに翌年征夷大将軍に任ぜられた。

軍事と行政の全権をゆだねられた田村麻呂は、遠大な総合計画を立てた。百四十キロメートルも離れている伊治《いじ》城と玉造塞《たまつくりのさい》との間に駅を置いて危急に備え、諸国の農民九千人を伊治城に移民し、その耕作する田の地子《じし》（小作料）を軽くして、生活を安定させた。じっくりと持久戦の態勢をととのえたのである。

この盤石の構えを見て、反乱の蝦夷が次々に帰順してくると、田村麻呂はこれを内地に移して、柵戸《さくこ》の移民と蝦夷との対立を緩和していった。

胆沢城の跡は800メートル四方ある

こうした周到な準備の後、八〇一（延暦二十）年二月、田村麻呂は四万の大軍をひきいて蝦夷の奥地に攻め入り、たちまちにして、胆沢《いざわ》から北方の志波《しわ》（岩手県）地方までを征圧し、完全に蝦夷反乱軍の死命を制した。正史「日本後紀《にほんこうき》」が欠けていて、くわしい戦況はわからないが、同年十月、早くも田村麻呂は平安京に帰還している。そのすばやい成功が想像できる。そして、翌八〇二年には胆沢城を築いて征服地を確保し、諸国の浮浪人四千人をここに移した。

　最後まで抵抗した蝦夷の首領阿弖流為《あてるい》・盤具公母礼《いわぐのきみもれ》らは、五百余人をひきいて降参した。田村麻呂は二人を連れて上京し、「このたびはかれらを許し、賊の同類を招き寄せるのに一役買わせるのが上策である。」と、朝廷に命請いをした。しかし公卿《くぎょう》たちは、「蝦夷は野性獣心で反覆《はんぷく》定まらない。せっかくつかまえた者を放つのは、虎《とら》を養って患いを残すようなものだ。」と結論し、田村麻呂に斬首を命じた。二人は河内《かわち》の国（大阪府）杜山《もりやま》で切られた。

　田村麻呂の就任以来のやり方をみると、かれは戦争が上手であっただけでなく、辺境の生活を安定させ、蝦夷たちを心服させる、すぐれた統治能力を持っていたことがわかる。これが大きな成功の秘密であろう。

蝦夷征討の歴史はなにを教えるか

　桓武朝の征夷は、つづいておこなわれた志波城の築城と鎮守府の胆沢城への進出によってほぼ完了した。八〇五（延暦二十四）年に征討が打ち切られ（五四ページ参照）、また八一一（弘仁《こうにん》二）年に田村麻呂が死んだ後にも、文室綿麻呂《ふんやのわたまろ》の征討などがあったが、それはもう余波にすぎない。

　みちのくの辺境には、ふたたび平和な日々がおとずれた。そして陸奥の国・出羽の国はしだいに殺伐な蝦夷のすみかとしてよりも、さいはてのめずらしい風土として、都の人々の目に映るようになっていった。十世紀のはじめに編集された『古今和歌集《こきんわかしゅう》』の中には、九世紀

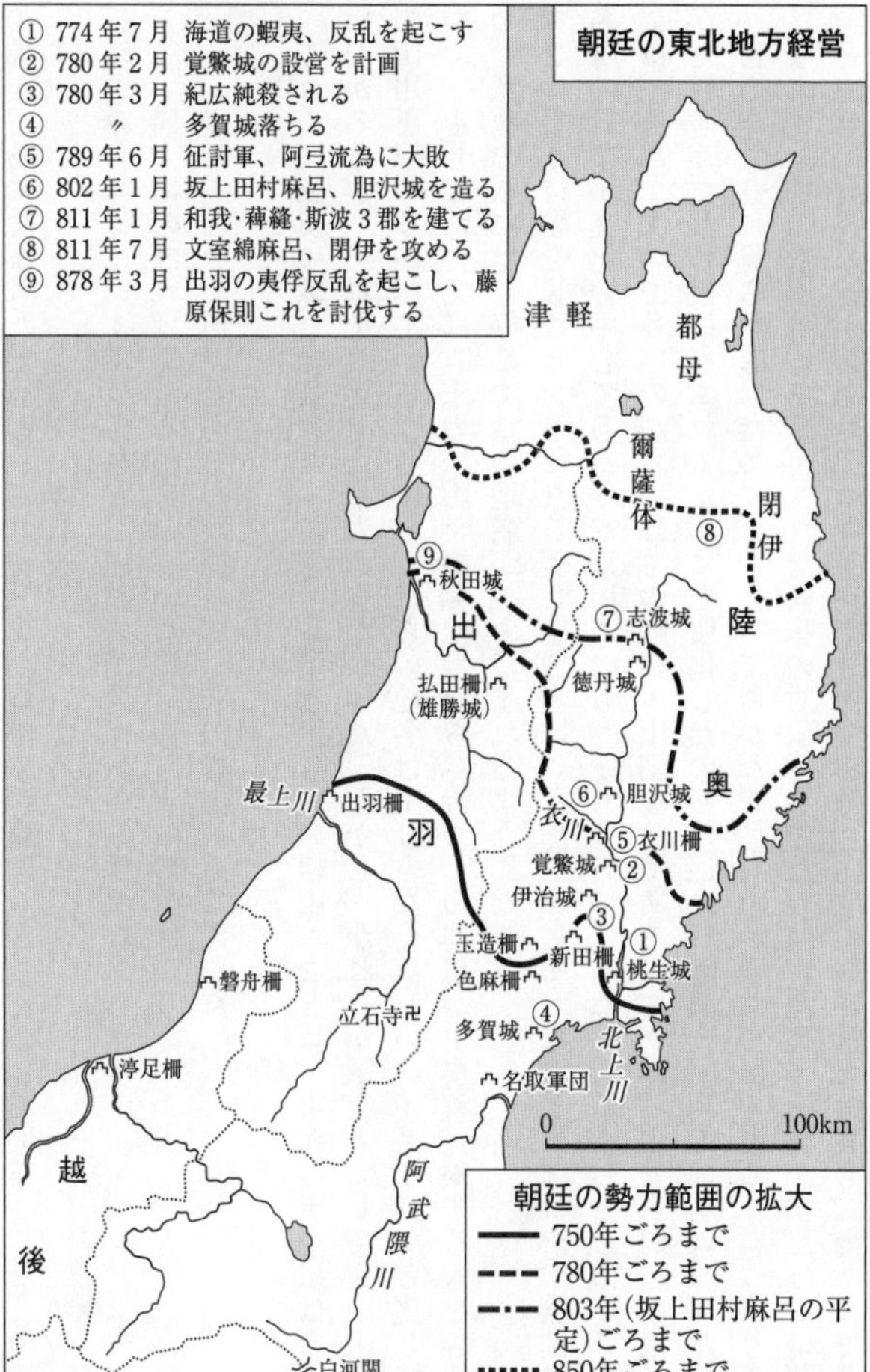
① 774年7月　海道の蝦夷、反乱を起こす
② 780年2月　覚鱉城の設営を計画
③ 780年3月　紀広純殺される
④ 〃　多賀城落ちる
⑤ 789年6月　征討軍、阿弖流為に大敗
⑥ 802年1月　坂上田村麻呂、胆沢城を造る
⑦ 811年1月　和我・薭縫・斯波3郡を建てる
⑧ 811年7月　文室綿麻呂、閉伊を攻める
⑨ 878年3月　出羽の夷俘反乱を起こし、藤原保則これを討伐する
朝廷の東北地方経営
津軽
都母
爾薩体
閉伊
秋田城
出
志波城
陸
徳丹城
払田柵
(雄勝城)
最上川
出羽柵
羽
胆沢城
奥
衣川
衣川柵
覚鱉城
伊治城
玉造柵
新田柵
桃生城
色麻柵
磐舟柵
立石寺
多賀城
北上川
渟足柵
名取軍団
0
100km
越
後
阿武隈川
白河関
朝廷の勢力範囲の拡大
750年ごろまで
780年ごろまで
803年(坂上田村麻呂の平定)ごろまで
850年ごろまで

の前半ごろに詠まれたと思われる陸奥・出羽両国の「東歌《あずまうた》」が多くのっている。

みちのくはいずくはあれど　塩釜《しおがま》の浦《うら》漕《こ》ぐ舟《ふね》の綱手《つなで》かなしも
最上《もがみ》川のぼればくだる稲舟《いなぶね》の　いなにはあらずこの月ばかり
きみをおきてあだし心をわが持たば　末《すえ》の松山浪《まつやまなみ》もこえなん

これら民謡風の歌に詠まれた「塩釜」「最上川」「末の松山」などは、実在の土地にはちがいなかろうが、それを直接見た都人は少なかった。しかし、かれらが歌をとおして遠い未知の山川を思いうかべているうちに、これらの地名は限りもなく美しい「イメージ」と化していく。そしてたとえば「末の松山」の「松」から「待つ」の連想が生まれ、愛する人を「待つ」意味の歌には、好んでこの地名が詠みこまれるようになる。

このように歌を詠むヒントになる美しい地名は、「歌枕《うたまくら》」「名所」などとよばれた。歌枕・名所の分布が文化の中心である平安京周辺にもっとも多いのは当然として、おもしろいことには、それに次いで多いのがさいはての陸奥・出羽なのである。これは、平安京周辺の地名がたやすくだれの目にもふれるために名所化したのとは逆に、陸奥・出羽の地名は、なかなか目のあたりに見られないために、かえって豊かな想像力をかきたてたのだろう。つまりこんなふうに都の人々のエキゾチックな興味の対象となったのは、陸奥・出羽がまだほかの諸国と完全に同質の国土となっていなかった証拠である。内地に移された蝦夷も、後々まで農耕生活になじまず、特異な気風を持ちつづけた。また九世紀後半の陽成朝《ようぜいちょう》になっても、出羽の国では大規模な反乱が起こる。平安時代の後期、東北地方にふたたび半独立の平泉《ひらいずみ》政権が出現する根は、たしかに残っていた。

さて膨大な国費の消耗をまねいた、四分の一世紀にわたる大征討の決算書を、われわれはどのように書いたらよかろうか。あの大消耗をつぐなうに足る土地・人口の拡大、調《ちょう》・庸《よう》収取の増加など、直接の利益はもたらされなかった。むしろ征夷が遷都とともに民生の疲弊をまねき、律令体制の完全な再建を不可能にした損失は大きかった。しかし、もともとこの征討は利益を計算してひき起こされたものではない。それは東北地方が文明世界に入るために経過しなければならなかった試練である。東北はこの苛酷《かこく》な試練を経て、日本の国土・国民の一部として発展する基礎を作った。後世からみれば、それはなにものにも代えがたい歴史的意義であろう。

第二章　宮廷と詩文と密教と

1　平城朝の悪戦苦闘

窮迫した民生の安定

八〇四（延暦二十三）年、桓武《かんむ》天皇は、外戚《がいせき》紀氏《きし》の本拠地和泉《いずみ》（大阪府）・紀伊《きい》（和歌山県）両国へ約二十日間の鷹狩《たかがり》・船遊びの巡幸をした。そしてそれを一生の思い出とするかのように、帰京後まもなく病臥《びょうが》した。

遷都・征夷の二大事業によって危機におちいった財政を立てなおす力は、七十歳に近い天皇にはもう残っていなかった。八〇五（延暦二十四）年末に、あの徳政相論がおこなわれ、若い藤原緒嗣《ふじわらのおつぐ》の痛烈な批判を受け入れて二大事業打ち切りの断を下したとき、老天皇は最後の心の張りを失ったのであろう。

八〇六（大同《だいどう》元）年三月十七日、桓武天皇が亡くなったとき、皇太子安殿《あて》親王は気が狂ったように泣きさけび、ついには失神したので、春宮大夫藤原葛野麻呂《とうぐうのだいぶふじわらのかどのまろ》がむりに手を取って、御殿から退出したという。正史《せいし》「日本後紀《にほんこうき》」のこの記述には、皇太子（平城《へいぜい》天皇）が孝子であることを強調しようとしたわざとらしさが見えるけれども、なおかつ、平城天皇が病的な激情の持ち主であったことがわかる。こうした性格の新帝が、父の四分の一世紀にわたる積極政策のために疲れきった諸国の惨状をいそいで救済しなければならない役割を背負った。これは一つの悲劇である。

平城朝の太政官には、右大臣藤原内麻呂《ふじわらのうちまろ》（北家《ほっけ》）、大納言藤原雄友《かつとも》（南家《なんけ》）以下、藤原氏がふたたび進出した。とくにその推進力の役割を果したのは、徳政相論によって財政緊縮、民生安定政策への転換を決定させた参議藤原緒嗣（式家《しきけ》）である。緒嗣の提案によって「六道観察使《りくどうかんさつし》」という新しい官職が設けられた。観察使は従来の勘解由使《かげゆし》に代わって、七八六（延暦五）年に制定された国司の成績評定基準十六条（三七ページ参照）を励行させる使命を帯びていた。しかもその最大の特徴は、参議という高官をこれに起用したことであった。参議は太政官の最高会議に参加する重い地位ではあるが、どちらかといえばひまな役ところだった。こういう高官をもっともさしせまった使命に動員したのは、朝廷が全力をあげて民生安定に取り組む決意を示したことになる。

「新撰姓氏録」の表（序文）には、緒嗣・園人の名まえが並んでいる（国文学研究資料館蔵）

これから約二年間、諸道の観察使はそれぞれの管轄地域の実態を視察し、多くの適切な意見を朝廷に提出した。中でも活躍のめざましかったのは藤原緒嗣と、後の嵯峨朝にも活躍する藤原園人《そのひと》（北家）である。かれらの提出した意見の中で、第一に多いのは民生を安定させる政策、第二は国司の監督をきびしくする政策だった。

画期的な役所の整理と貴族の抵抗

朝廷は、観察使によって地方行政をひきしめる一方、中央・地方の政治機構にも思い切った縮小政策を実行した。役所の中には社会の実状に合わず有名無実になっているものがかなり多く、八〇八（大同三）年一月、そうした役所がいっきょに十三も廃止、統合された。光仁朝《こうにんちょう》以来、役所の統廃合はおこなわれていたが、それは令制《りょうせい》以外に設けられたものに限られていたから、平城朝が令制の役所を整理したのは画期的なことである。この英断によって六十人余りの上・中級貴族が官職を離れ、多額の国費が節約できた。

さらに「雑色匠手《ぞうしきしょうしゅ》」、つまり各種の技術者・職人の定員が大幅に減らされた。これまで政府機関の中には酒作り・菓子作り、紙・靴《くつ》・櫛《くし》作りなどから、染め物・金銀細工・木工・鍛冶《かじ》など、あらゆる種類の職人がそろっていた。しかしこのころになると、まるきり進歩のない官営工場の製品よりも良質の品が、地方・民間で多く生産され、平安京の市などでたやすく入手できるようになっていた。非能率な技術者・職人をかかえておくよりも、これを整理して、必要品は民間から買い上げるほうが、よほど有利になっていた。

この改革は、役所の統廃合と役人の整理だけではなかった。事務量を調べて、仕事の多い役所には史生《ししょう》という下級役人を大幅に増員した。時服《じふく》・月料《がつりょう》というボーナス的給与や、要劇《ようげき》

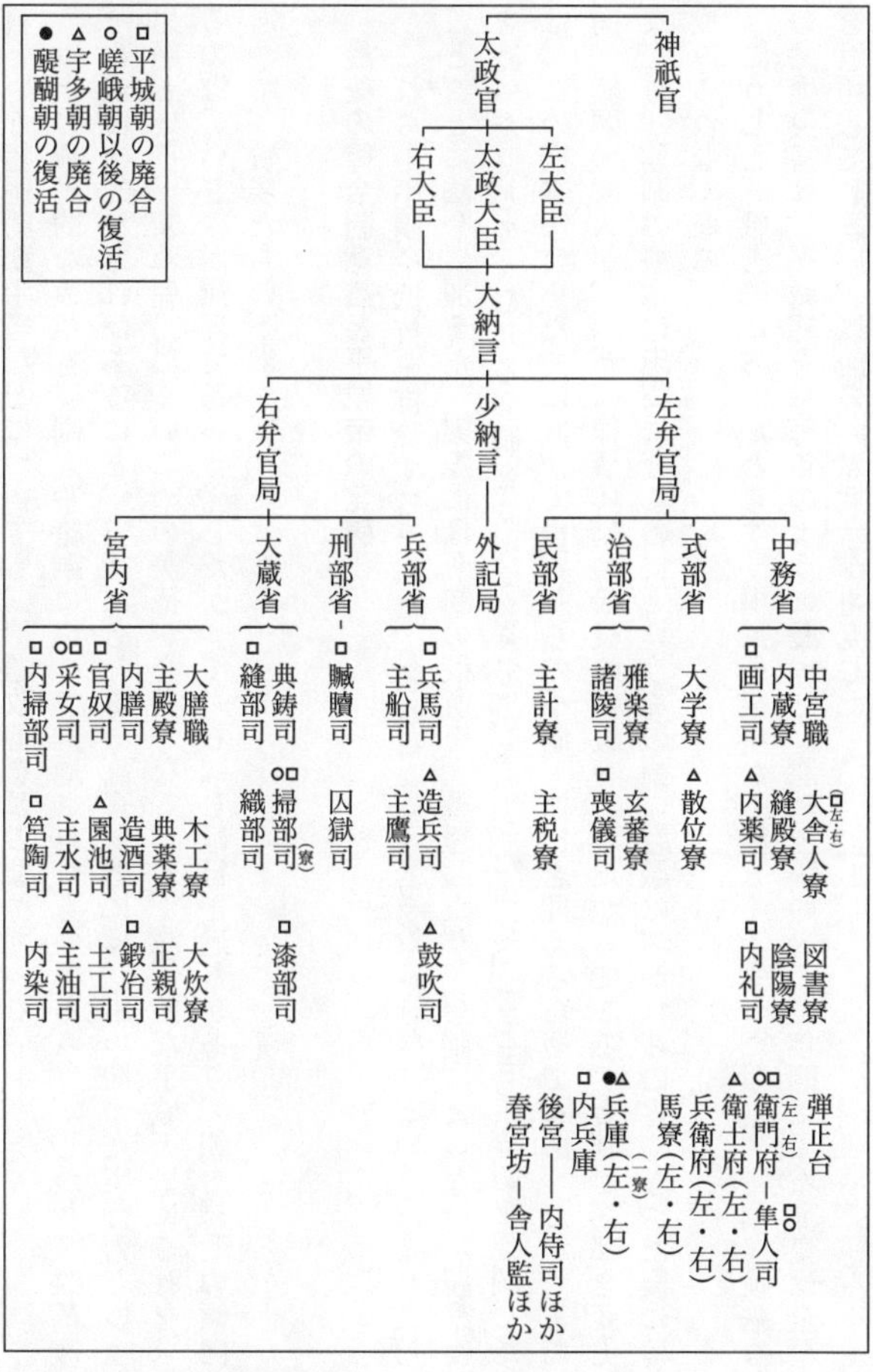

令制による中央官職の統廃合

料《りょう》という超過勤務手当などについても、待遇改善をおこなっている。

以上の積極的な改革も、園人や緒嗣によって推進されたものであろう。しかし、改革は、それが積極的であればあるほど、実行にあたる最高責任者には、思い切った実行力と慎重な思慮という、兼ね備えにくい二つの美徳が必要となる。若く激情的な平城天皇にこれを求めるのは、いささか無理であろう。したがって、しばしば行き過ぎがあり、朝令暮改《ちょうれいぼかい》の傾向もあって、貴族たちの不満を買った。

最後の律令制意識と平城帝の発病

これらの不満や抵抗を排除するために、朝廷は「一《いっ》に令条《りょうじょう》によれ」という決まり文句をことごとに法令に加えた。実際には令制の役所を大整理したり、令制によらない「観察使《かんさつし》」を置いたりして、むしろ令制を変更することが多かったのに、ことさら令制を強調したのは、この根本法典をたてに取って貴族たちの不満・抵抗を抑えるためでもあったが、また一面、緒嗣・園人が、いわば律令体制の最後の擁護者だったからである。令制の細部を変更しながら、体制の根本は忠実に守るのだというこの強い意識は、かれらの亡くなった後にはもうみられなくなる。

こうした悪戦苦闘にもかかわらず、桓武朝後半から激しくみまった旱《ひで》り・長雨・疫病《えきびょう》などの各種災害は、平城朝をも毎年のように襲った。悪戦苦闘の二、三年間に平城天皇は全精力を消耗してしまい、以前の「風病《ふうびょう》」が再発した。

再発の直接のきっかけは、八〇七（大同二）年十月、兄の伊予《いよ》親王とその母藤原吉子《ふじわらのよしこ》（南家）を謀反の罪で処刑したことによる心の痛手である。伊予親王は、母方の富によって平安京郊外の数ヵ所に別荘を構え、豪奢な生活を送っていた。それが財政難と悪戦苦闘している平城天皇には苦々しく見えたところへ、何者かの讒言《ざんげん》があったからたまらない。激怒した天皇は、ただちに親王と吉子を捕え、大和《やまと》の国の川原寺《かわらでら》に幽閉した。六日後にあわれな母子は毒を飲んで死に、親王のおじ大納言藤原雄友《かつとも》らが遠流《おんる》に処せられた。平城天皇が「風病」を再発したのは、その後まもなくのことである。

二朝対立にからまる薬子の変

人々は、無実の罪を親王に着せたのは、平城天皇の寵愛をほしいままにしている尚侍《ないしのかみ》藤原薬子《くすこ》と、その兄仲成《なかなり》（式家）だとみた。

薬子は七八五（延暦四）年に暗殺された種継《たねつぐ》の娘で、公卿《くぎょう》の藤原縄主《ただぬし》の妻となっていた。長女が皇太子安殿《あて》親王（平城天皇）のきさきとなったので、母の薬子も春宮宣旨《とうぐうのせんじ》（皇太子の宮の女官）となって出入りするうちに、安殿親王との醜聞が広まった。桓武天皇は激怒して薬子を春宮から追い出したが、平城天皇即位の後、後宮《こうきゅう》を取締まる尚侍に任ぜられて、薬子はふたたび宮中にもどった。そして兄仲成とともに政治に口出しをし、その中傷によって災厄をこうむる者が続出していた。

さて、平城天皇は、一年たっても風病の容体が回復しないので、八〇九（大同四）年四

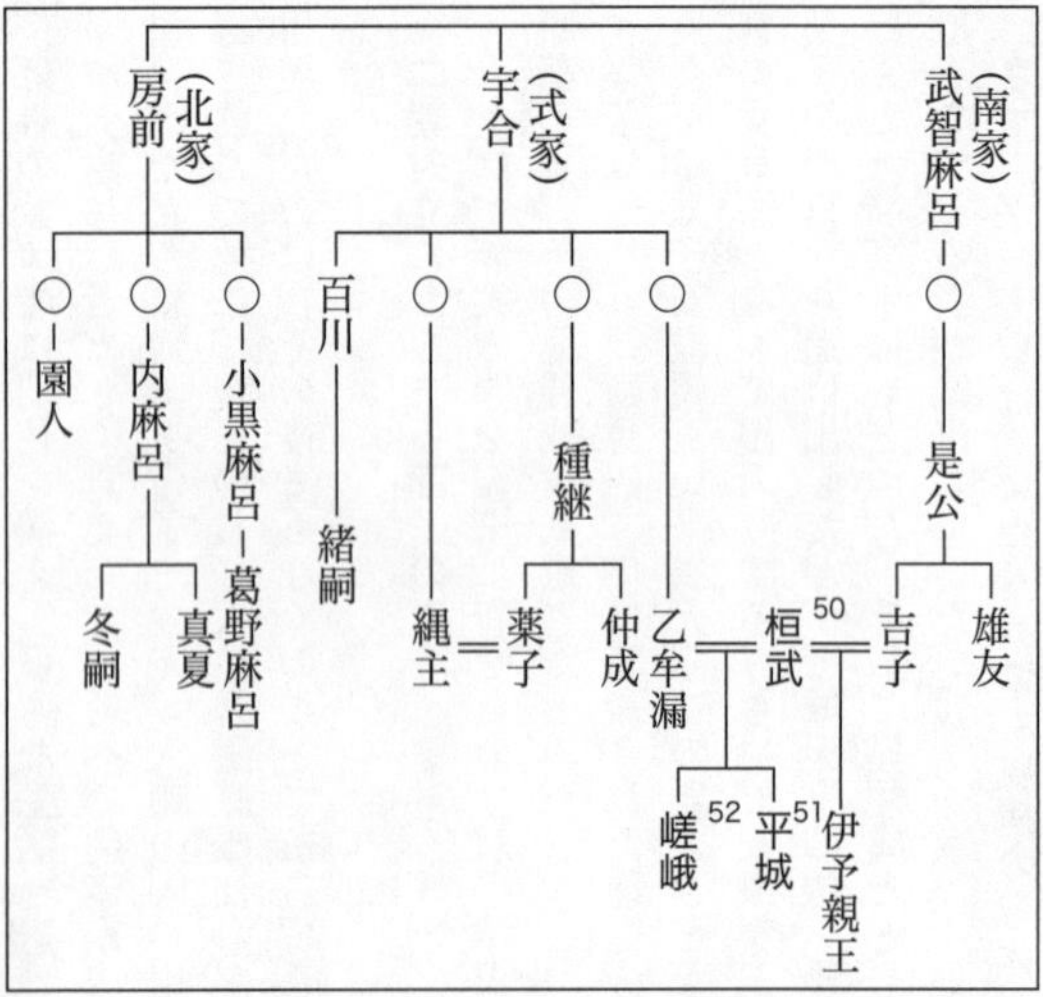

月、ついに皇太弟《こうたいてい》神野《かみの》親王（嵯峨天皇）に譲位した。上皇は精神の不安にたえきれなかったらしく、平安京中を五ヵ所も転々と移り歩いたが、ついに生まれ故郷の平城旧京に宮を造ることにした。

上皇が静養の目的で都を離れたものならば、べつに問題はない。しかし、このとき、中納言藤原葛野《かどの》麻《ま》呂《ろ》以下の公卿の一部や、太政官の中枢をなす外記局《げききょく》の一部を含む多数の役人が上皇に従って旧京に移った。これは、まことに異常な事態で、仲成と薬子の権力への執着が、こういう処置を強行したのであろう。ここに、正史の表現を借りれば、「二所の朝廷」対立の形勢がはっきりと現れた。

嵯峨天皇の朝廷は、この時、腹心の巨《こ》勢野《せの》足《たり》・藤原冬嗣《ふゆつぐ》を「蔵人頭《くろうどのとう》」という職に任じて、天皇と太政官の連絡に当たらせることにした。これは天皇の身辺に奉仕する内侍司の女官が多く尚侍薬子とともに平城に移り、残った者にも薬子の息がかかっていて、政治上の秘密が上皇側に漏れるおそれがあったので、これを防ぐため男性を内裏に召し使うことにしたのであろう。蔵人は、もとは宮廷の書籍・文書《もんじょ》などを管理する下級役人だったが、この時から政治上に重要な役割をつとめるようになり、やがて内裏のすべての事務機構を統轄する蔵人所《くろうどどころ》という令外官《りょうげのかん》に発展する。

こうした方法まで考えたものの、嵯峨天皇の政府は、平城朝から引き継いだ緊縮政策をおこなうにも、いちいち平城上皇側に干渉され、どうしようもない状態となった。八一〇（弘《こう》仁《にん》元）年春、嵯峨天皇は重い病気になったこともあって、上皇に退位を申し出た。上皇はこれを許さなかったが、九月になると、「平城旧京《へいぜいきゅうきょう》に遷都《せんと》せよ。」という勅命をいきなり嵯峨朝廷に送ってきた。

ここにおいて、平安京の人心は騒然となった。忍耐を重ねてきた嵯峨朝廷は、いまや断固として上皇側への挑戦を決意した。ただちに、上皇の勅命を伝えるために平安京にきた仲成を捕え、また詔《みことのり》を発して薬子の位《くらい》をうばった。

あくる日、平城旧京から脱出してきた大外記《だいげき》上毛野穎人《かみつけののえひと》によって、役人・護衛兵を従えた上皇が脱出して東国に赴こうとしているという情報がもたらされた。壬申《じんしん》の乱（六七二年）の二の舞いを演じては一大事と、嵯峨朝廷はただちに名将坂上田村麻呂《さかのうえのたむらまろ》に対して、精兵をひきいて、これを撃つことを命じた。おそらく上皇は、意外な朝廷の挑戦に激怒するあまりに、急に東国入りを決心したもので、計画を早くから進めていたわけではない。そこで、中

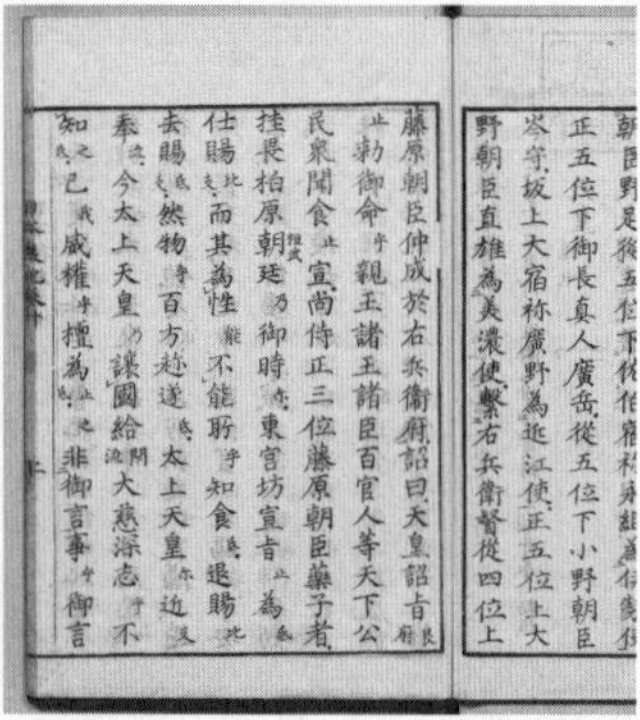
正五位下御長真人廣岳從五位下小野朝臣
岑守坂上大宿祢廣野為近江使正五位上大
野朝臣直雄為美濃使繫右兵衛督從四位上
藤原朝臣仲成於右兵衛府詔曰天皇詔旨
勅御命親王諸王諸臣百官人等天下公
民衆聞食宣尚侍正三位藤原朝臣藥子者
挂畏柏原朝廷御時東宮坊宣旨為
仕賜而其為性不能所知食退賜
去賜然物百方趁逐太上天皇近
奉今太上天皇讓國給大慈深志不
知已威権擅為非御言事御言

「日本後紀」より、薬子の変をしるした箇所（内閣文庫本）

納言藤原葛野麻呂ら数名が必死にいさめたが、聞き入れられなかった。こんな捨てばちの反乱に加わっては身の破滅と考えた役人たちは、ぞくぞくと逃がれて平安京へ走った。

上皇の一行は、なにほども進まないうちに、大和《やまと》の国添上郡《そうのかみ》越田村《こせた》で、田村麻呂の兵がひしと前方をさえぎっているのを見て、一戦も交えることなく、すごすごと平城宮に引き返した。進退きわまった上皇は出家し、薬子は自殺した。捕えられていた仲成も切られた。

ついでにいえば、この仲成の処刑後、死刑が実際におこなわれることはまったくなくなった。それが復活するのは、平安末期の保元《ほうげん》の乱（一一五六年）である。この点からしても、これら二つの事件が、いわば「平安的なもの」の初めと終わりを限っているといってもよかろう。

以上がいわゆる「薬子《くすこ》の変《へん》」の経過である。歴史上有名ではあるが、内乱というには、あまりにもあっけない事件だった。もともと上皇側は、仲成・薬子きょうだいが病気の上皇をかついで政治を脱線させていただけで、べつの政策や、これを支持する大きな勢力を持っていたわけではない。そこで嵯峨朝廷から断固たる反撃に出られると、これに対抗する準備のまったくなかったことを暴露した。この根の浅さからして変後の処分は最小限度にとどめられた。こうして安定をえた政府は、園人《そのひと》・緒嗣《おつぐ》を中心として、民生安定、財政緊縮の政策をふたたび強力に推し進めた。少なくとも園人の亡くなる八一八（弘仁九）年ころまで、かの徳政相論の結果採られた政治方針は、変わらなかった。

2　「平安的なもの」の発展

宮廷文化と藤原氏の立場

「薬子《くすこ》の変《へん》」がおさまってから、弘仁《こうにん》という年号の十四年間、天長《てんちょう》という年号の十年間を経て、八四二（承和《じょうわ》九）年まで約三十年、太平の世がつづいた。嵯峨《さが》天皇、その弟の淳和《じゅんな》天皇、嵯峨天皇の皇子仁明《にんみょう》天皇の三代の間である。こんなに長い期間、血なまぐさい事件がなかったことは、日本古代史上に例がない。この間に宮廷の行事が急にはなやかになり、唐風の新しい文化が繰り広げられた。

「平安時代」とか「王朝文化」といったことばから、なんとなく思いうかべられるあの優雅な雰囲気《ふんいき》は、この三十年間に成立したものである。平城朝《へいぜいちょう》までの期間が、政治的にも文化的にも奈良時代のにおいを残しているのに対して、純粋に「平安的なもの」がここに始まったといえよう。

しかし、その太平の底には、平城朝があれほど悪戦苦闘した財政の危機と民生の疲弊がいぜんとしてあった。そこで、嵯峨朝前半の太政官《だいじょうかん》をひきいた右大臣藤原園人《ふじわらのそのひと》、参議藤原緒嗣《おつぐ》は、徳政相論以来の財政緊縮、民生安定政策を継続する方針をとった。かれらは、はなやかな詩文・芸能を愛した嵯峨天皇とその側近者の行き方に、ときには率直な苦言をこころみている。

たとえば、桓武朝《かんむちょう》ごろから天皇の鷹狩《たかがり》や、宮殿の完成、算賀《さんが》（四十歳から十年目ごとに行われるお祝い）、その他の祝いごとのときには、貴族、中央の役所、国司などがあらそって大量の「献物《けんもつ》」をおこない、天皇のごきげんを取り結ぶ風習がさかんになっていた。園人は、嵯峨天皇の八一四（弘仁五）年、意見書を提出して、「国司・郡司は献物を口実にして百姓から余計に税を取り立てる。こういうことはきびしく禁止しなければならない。」と痛論した。民生安定のためには、まず中央・地方の為政者が身をつつしまねばならないことを強調したこの意見は、後に述べる最初の勅撰詩集が編集され、唐風文化がまさに花開こうとした八一四年という時点で出された。園人は実に気節《きせつ》の士《し》であった。

この年にまた園人は、藤原氏が古くから特権として与えられていた功封《こうふ》を朝廷に返還しようとした。五位以上の貴族が特別の勲功を立てたときに与えられる功封の中でも、藤原氏のそれは一万七千戸の巨大なもので、しかも永久に子孫に伝えられることになっていた。一万七千戸といえば、一郷を五十戸として計算すると、三百四十郷分になる。日本全国の郷数は約四千だから、藤原氏の封戸《ふこ》は全国の戸数の約十二分の一となるわけだ。すでに藤原内麻呂《うちまろ》が平城朝に返還を申し出ていたが、ここに園人につづいて、冬嗣《ふゆつぐ》（内麻呂の子）・緒嗣《おつぐ》が申請した結果、ついに一万七千戸全部が国家に返還された。この封戸返還の動機や効果については、まだよくわからないところがある。しかし、このころの藤原氏主流が、鎌足《かまたり》以来の特権を放棄してまでも律令体制維持をつらぬこうとする意識を強く持っていたことは否定できない。それは荘園《しょうえん》を多く寄進されて栄華をきわめる後世の藤原氏と、おおいに違っていた。また、嵯峨天皇を中心とする宮廷の文化主義ともかなり対立する方向である。

もっとも、園人死後の公卿《くぎょう》をひきいた冬嗣は、少年のときから嵯峨天皇に近侍した関係で、前代の遺臣といった風格の園人・緒嗣と違い、天皇の意志に忠実に従う立場をとった。しかしその冬嗣さえも、八二三（弘仁十四）年に、嵯峨天皇が譲位しようとしたときには、年来の凶作の痛手がまだ回復しないのに、平城《へいぜい》上皇のほかにもう一人の上皇をいただくことになっては、国費がかかりすぎて、さらに民生の疲弊を招くとして、強く譲位の延期をもとめた。しかし、嵯峨天皇はこれを聞き入れなかった。冬嗣・緒嗣は、せめて大嘗会《だいじょうえ》（即位のときおこなわれる神事）をできるだけ簡素にするように訴え、新しい世代からがんこ者あつかいされていた緒嗣みずから、この行事をきびしく監督した。

とはいえ、このころから、民生にはようやく安定がみられるようになってきた。それにつれて緊縮政策はようやくゆるみはじめ、嵯峨上皇にリードされる宮廷の奢侈《しゃし》と文化は全盛をむかえた。もとより律令体制の矛盾は根本から解消したわけではないから、冬嗣らは財源をえるために、さまざまな新政策を案出する。それが律令体制を大きく変えていくことになるが、これについては後章にゆずって、全盛期の宮廷のみやびに目を移すことにしよう。

嵯峨上皇と橘嘉智子の勢威

嵯峨天皇は、約十五年間の在位の後、弟の大伴《おおとも》親王（淳和天皇）に譲位した。譲位の理由の一つは、自分が健在のうちに子の正良《まさなが》親王を淳和天皇の皇太子に立て、それによって平城上皇の系統を完全に皇位継承から除こうとすることであったらしい。しかし、もう一つの理由は、拘束の多い天皇の位を去って、自由に詩文や遊びにふけりたいという心からであった。嵯峨上皇は大内裏《だいだいり》に接した広大な離宮冷然院《れいぜいいん》に住み、朝廷に出入りする貴族たちに無言の圧力を加えていた。やがて予定どおり正良親王（仁明《にんみょう》天皇）が即位すると、上皇は安心して平安京を離れ、洛西《らくせい》の嵯峨院《さがのいん》（現在の大覚寺《だいかくじ》）に隠棲《いんせい》した。しかし、八四二（承和九）年に亡くなるまで、前後約三十年にわたって、皇室全体の家父長として、大きな権威を持ちつづけた。

桓武天皇と同じく、嵯峨天皇にも多くのきさきがいて、皇子・皇女は五十人も生まれた。そのきさきたちの中から八一五（弘仁六）年皇后に立てられたのは、橘嘉智子《たちばなのかちこ》であった。橘氏《たちばなし》は敏達《びたつ》天皇の子孫で、奈良時代に左大臣橘諸兄《たちばなのもろえ》が出たが、その子で嘉智子の祖父にあたる橘奈良麻呂《たちばなのならまろ》は、反乱を起こして没落した。そういう政治犯の孫であるにもかかわらず、才色兼備の嘉智子は嵯峨天皇に深く愛された。正史《せいし》「文徳実録《もんとくじつろく》」には、その容姿について、「手は膝に過ぎ、髪は地に委《ゆだ》ぬ」とある。髪の長いのは、当時の美人の第一条件である。手が膝下にとどくというのがどういうことかは、美術史上「貞観《じょうがん》時代」とよばれるこ

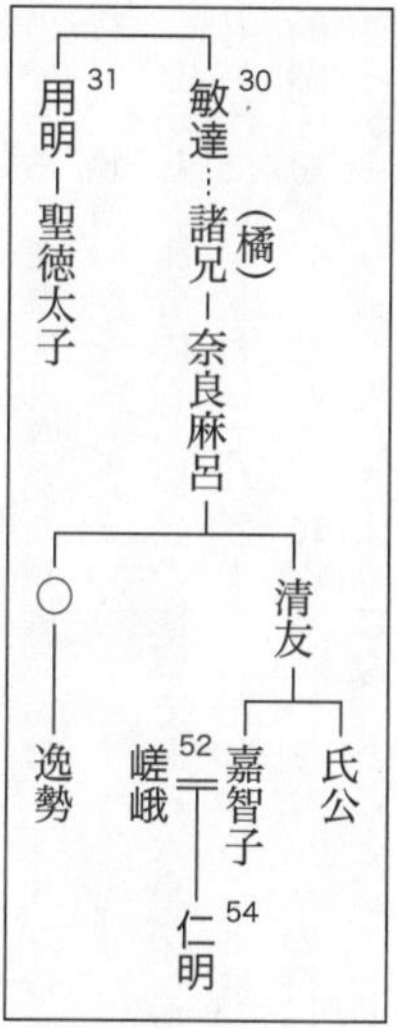

十一面観音立像（奈良　法華寺蔵）

の時代の彫刻の代表的作品、奈良法華《ほっけ》寺《じ》の十一面観音などを見れば想像がつく。この観音像は奈良時代の光明《こうみょう》皇后の姿を写したものといわれているが、橘嘉智子も光明皇后のような魅力と実力をそなえていた。

　嵯峨上皇の死後、嘉智子は藤原冬嗣の子の良房《よしふさ》と結んで上皇の権威の継承者となった。そして弟の氏公《うじきみ》が右大臣になるなど、橘氏はいちじかなり栄える。

　こうして、仁明天皇の内裏と嵯峨上皇・嘉智子皇太后・淳和上皇の住む冷然院・嵯峨院・淳和院（西院）などの宮殿では、さまざまな「年中行事」が盛んにおこなわれた。こころみに、それが頂点に達したころの、行事の二、三を紹介してみよう。

宮廷は儀式と宴会の場に

仁明天皇は、毎年正月の初めになると、行列をととのえて、父嵯峨上皇の宮殿へ年賀に出かけ、はなやかな宴をもよおした。これを「朝覲行幸《ちょうきんぎょうこう》」といい、平安末期までおこなわれた。嵯峨上皇の亡くなった後も、天皇は母嘉智子太后のもとに朝覲したが、それについてこんな話が伝えられている。

八五〇（嘉祥《かしょう》三）年の朝覲のとき、太后が、「わたしは宮殿の奥にばかりいて、まだ輿《こし》に乗った天皇の姿を見たことがないから、今日はぜひ見たい。」と希望した。天皇は、母后《ぼこう》の宮殿の門を出ないうちに輿に乗るのは子としておそれ多い、として再三辞退したが、ついに大臣たちと相談のうえ希望に従うことになった。そして天皇はあらかじめ無礼を謝するために、太后の御簾《みす》の前にうやうやしく「北面」してひざまずいた。儒教《じゅきょう》の考えでは天子は「南面」するときまっているのに、天皇はこの鉄則をやぶって、太后に対して臣下の礼をとったのである。これを仰ぎ見た貴族たちは、天皇がみずから儒教の「孝」の徳を実行したものとして、感激の涙を流したという。

しかし、律令体制の最高の権威である天皇が、位をしりぞいた上皇や母后のもとに年賀に出かけたり、北面してひざまずいたりすることは、天皇としての公的地位よりも、親子の私的関係を優先させたことになる。つまり皇室の持つ公的、私的の二面のうちで、後者がこのころからより強く現れるようになったことに、われわれは注目しよう。ここから、宮廷の繁栄にもかかわらず、天皇の君主としての実力が衰退する傾向がでてくる。

朝廷はしだいに、真剣な政治の場であるよりも、みやびな儀式・宴会の場と変わりつつあった。故津田左右吉《つだそうきち》氏は、この変化を「朝廷から宮廷へ」としてとらえた。この傾向に従って役人の勤務ぶりも変わる。奈良時代には、役人たちは内裏に出仕しても、上日《じょうじつ》（勤務日

紫宸殿《ししいでん》（京都御所）のたたずまいは平安の昔をしのばせてくれる

清涼殿（平安博物館蔵の復元模型）は天皇の日常のすまいで、昼御殿《ひるのおまし》・夜御殿《よるのおまし》・朝餉間《あさがれいのま》などがある

数）の中に計算されなかった。それがこのころになると認められただけでなく、上皇に仕える院司《いんし》として勤務することにも、特別な便宜があたえられた。そして、かれらが運営につとめる儀式・宴会は、毎年繰り返されるうちに、しだいに洗練され、固定していった。それは、八二一（弘仁十二）年に完成し、八三三（天長十）年に改定された「内裏式《だいりしき》」などに細かに規定されている。

民族文化の形成

「内裏式」に記された年中行事の中には、古い伝統を持っているものが多い。たとえば相撲《すまい》がはじめて文献に現れるのは六八二（天武《てんむ》天皇十一）年である。この天武朝ごろには、相撲だけでなく、多くの年中行事が現れたが、ついで文武朝《もんむちょう》にできた大宝令《たいほうりょう》には、正月一日の朝《ちょう》賀《が》、七日の節会《せちえ》（宴会）、十六日の踏歌《とうか》、三月三日の曲水《ごくすい》（流れにうかべた杯《さかずき》の流れ去らないうちに詩を作る遊び）、五月五日の射礼《じゃらい》、七月七日の相撲《すまい》、十一月の大嘗日《だいじょうのひ》が「節《せち》日《にち》」として規定された。

奈良時代になって、さらにいくつかの行事が加わったが、平城朝は緊縮政策のためにその二、三を廃止した。ところが、嵯峨天皇はそれらを復活したうえ、さらに前に述べた朝覲《ちょうきん》をはじめ、文人を内裏に召して詩を作らせる「内宴《ないえん》」（正月）や、桜の花を観賞する「花宴《かえん》」（二月）など、いくつかの新しい行事をはじめた。それらはみやびであると同時に、おごりをきわめたものだった。

年中行事の一つ、賭弓（「年中行事絵巻」より）

　たとえば貴族たちや衛府《えふ》の役人が内裏正面の建《けん》礼門《れいもん》の前で弓の試射をする「射礼」は、上に述べたように伝統的な国家行事だったが、淳和朝以後、「射礼」の翌日、内裏で「賭弓《のりゆみ》」という行事が新たにもよおされることになった。これは近《この》衛《え》・兵衛《ひょうえ》の中から選抜された射手十数名による対抗試合で、だいたい十回戦くらいおこなわれた。貴族はさかんに飲食しながら見物をたのしむ。勝負がきまると、勝ち方は負け方に罰酒《ばっしゅ》を飲ませ、賞品をもらい、にぎやかに乱声《らんじょう》（楽器を打ち鳴らす）をあげる。左方が勝てば羅陵王《らりょうおう》、右方が勝てば納蘇利《なそり》という舞が演奏されるしきたりもできた。仁明天皇はこうした「見るスポーツ」をおおいに好み、恒例の正月だけでなく、臨時にしばしば賭弓をもよおさせた。そして、内裏の一角に弓《ゆ》場殿《ばどの》という射場が設けられた。

　賭弓と似たものに競馬《くらべうま》があった。競馬は「騎《き》射《しゃ》」（馬を乗り回しながら矢を射る武技）とともに、五月五日に古くからおこなわれていたが、この時代になると、貴族がそれぞれ秘蔵の名馬を参加させて、左方と右方の対抗戦形式をとるようになった。そして、負け方の貴族は、十月下旬に「負態《まけわざ》」という大宴会を主催した。それは飲めや歌えの無礼講的な大騒ぎであった。

年中行事はもとよりこんな歓楽に酔いしれるものだけでなく、厳粛な神事・仏事や、政治上の重要儀式が多かった。現在までおこなわれている年中行事の中にも、民間信仰や外来の習俗などさまざまな起源を持つものが、いったんは宮廷に入って形式をととのえられ、ふたたび民間に広がったものがかなりある。嵯峨・淳和・仁明の三代は、そうした民族文化の形成に一つの寄与を果たした時期といえよう。

3　花開く唐風の詩文

文章道と大学別曹の発展

八一八（弘仁《こうにん》九）年に、朝廷の儀式、貴族の服装、五位以上の位記《いき》（位《くらい》を授ける文書《もんじょ》）が唐風に改められた。また宮殿や門の名も、唐風の二字の名に変えられ、新しい額がかかげられた。これまで大内裏《だいだいり》の十二門は、大化改新《たいかかいしん》以前の遠い昔にこれらの門を警備していた氏族の名にちなんで、大伴門《おおともも ん》・佐伯門《さえきもん》などの名がついていた。その伝統がすてられ、大伴門は似かよった音の応天門《おうてんもん》、佐伯門は同じく藻壁門《そうへきもん》といった唐風の雅名になった。

もっとも、一口に唐風の流行といっても、推古朝《すいこちょう》から約二世紀にわたる唐との国交を通じて、唐文化のほとんどすべての要素は、すでにわが国に流れ込んでいた。しかし、奈良時代末までに取り入れられた唐文化は、国家の法律制度を打ち立て運営するために必要な儒家《じゅか》・法家《ほうか》の学問と、国家を鎮護する功徳《くどく》を持つと信ぜられた仏教とであった。両者とも、いわば国政に対する実用価値から学び取られたもので、八世紀に繁栄をきわめた大唐の貴族文化と都ぶりの風俗を取り入れる心の余裕はあまりなかった。すでに見てきた仏教の圧倒的な影響力の衰え、遷都や征討など大きな政治問題の一段落などの諸条件がそろったとき、あらためて唐風プロパーへのあこがれが嵐のようにわきおこったのである。

この新しい唐風採用は、少年のころから詩文に打ち込んでいた嵯峨《さが》天皇の志向によるものだが、直接大きな役割を演じたのは、菅原清公《すがわらのきよただ》である。菅原氏は喪葬《そうそう》をつかさどっていた土《は》師《じ》氏の系統だが、清公の父古人《ふるひと》以後、清公《きよただ》・是善《これよし》・道真《みちざね》と、代々「文章道《もんじょうどう》」（「紀伝道《きでんどう》」）の家として発展する。もともと令制《りょうせい》の大学の中心教科は、中国の政治・道徳の古典を学ぶ明経《みょうぎょう》道《どう》だったが、奈良時代の貴族社会の成熟につれて、「文選《もんぜん》」（六朝《りくちょう》時代に作られた文集）や「史記《しき》」（漢《かん》の大歴史家司馬遷《しばせん》の著書）など、歴史と文学の古典を学ぶ「文章道」が、貴族たちの関心をより大きく引くようになった。

（野見宿禰）…宇庭（土師）┬安人（秋篠）
　　　　　　　　　　　　└古人（菅原）―清公―是善―道真

清公は、父について「文章道」を学んだ

後、桓武朝《かんむちょう》末の遣唐使藤原葛野麻呂《ふじわらのかどのまろ》に従って入唐《にっとう》し、多くの新知識を吸収して帰国した。嵯峨天皇はこの秀才の新帰朝をよろこび、「文選」などを講義させて、熱心に学んだ。

やがて清公によって大学の中に文章院《もんじょういん》が作られ、東西二つの曹司《ぞうし》（寄宿舎）に収容されたおおぜいの学生《がくしょう》が、院の北堂（講堂）に通って授業を受けるようになった。のちに東曹は菅原氏、西曹は大江氏が管理して、学生を指導することになる。

こうして大学寮のさかんになる気運をみた左大臣藤原冬嗣《ふじわらのふゆつぐ》は、八二一（弘仁《こうにん》十二）年、藤原氏の子弟に衣食と宿舎をあたえて学問にはげませるための施設として、「勧学院《かんがくいん》」を設けた。その建物には冬嗣の邸宅が用いられ、経費には冬嗣の朝廷から受ける食封五〇〇戸の収入が当てられた。やがて勧学院は大学寮の「別曹《べっそう》」つまり付属機関として公認され、ここで学んだ藤原氏の子弟はそろって官界に進出した。このころからはじまる藤原氏の勢力発展の基礎づくりとして、勧学院のはたした役割は大きい。「勧学院の雀《すずめ》は『蒙求《もうぎゅう》』（中国のやさしい教科書）をさえずる」という古いことわざがあるが、これは小さな子どもたちがおおぜい授業をうけていた勧学院のにぎやかなさまをよく想像させる。

勧学院の成功をみて、橘嘉智子《たちばなのかちこ》とその弟の右大臣橘氏公《うじきみ》は、橘氏の氏弟のために「学官院」を設立し、また平城天皇の孫の参議在原行平《ありわらのゆきひら》は、源氏・平氏・在原氏など、天皇の子孫で姓をたまわって臣下に下った者の子弟のために「奨学院」を設立した。こうした有力氏族きそっての動きによって、詩文が貴族社会に欠くことのできない教養となった。

重なる詩宴の成果「凌雲集」など

さかんになった詩文興隆の最初の結晶は、「凌雲集《りょううんしゅう》」という勅撰詩集である。八一四（弘仁五）年、菅原清公《すがわらのきよただ》・小野岑守《おののみねもり》らが編集して、七八二（延暦元）年以後の作者二十三人の詩九十首を収めた。四年後に「文華秀麗集《ぶんかしゅうれいしゅう》」、八二七（天長四）年に大冊「経国集《けいこくしゅう》」と、勅撰のアンソロジー（詩文などの選集）があいついで完成した。

これらの詩集に収められた作品のうちで圧倒的に多いのは、嵯峨天皇の、神泉苑《しんぜいえん》・冷然《れいぜい》院《いん》・嵯峨院《さがのいん》・河陽宮《かようきゅう》（淀《よど》川べりの山崎におかれた離宮）、近江の梵釈寺《ぼんしゃくじ》などへの行幸の際に作られた御製と、それに唱和した人々の作品である。宮廷行事として貴族的社交の場として詩宴がしばしばもよおされ、その席で公式に作られた成果が中心となって勅撰集がまとめられたのである。

晴れがましい席で困難な外国語をあやつるのだから、一人一人の心の底にひそむなまの感情をうたいあげることは無理であった。そのため、いたずらによそよそしい美辞麗句が並べ立てられているので、勅選詩集の作品がわれわれの心に訴えるところは少ない。また、唐代《とうだい》の詩、とくに大詩人杜甫《とほ》の作品などにみられる政治・社会に対する激しいいきどおりや批判も、ほとんどみられない。「経国集」は、魏《ぎ》の文帝《ぶんてい》の「文章《ぶんしょう》は経国《けいこく》（国を治める）の大業《たいぎょう》」という有名なことばからとられた名であるが、文章が国の政治と密接な関係を持つという点は、どうも表面的にだけ理解されていたようである。

この時期の詩文の最大の特徴は、奈良時代の仏教熱に代わって爆発した、唐文化への激しいあこがれであろう。たとえば、「文華秀麗集」から、嵯峨天皇の「夏《か》日《じつ》大湖《だいこ》に臨貶《りんぱん》（舟遊び）す」という作品をあげてみよう。

水国《すいこく》に涼《りょう》を追いて到《いた》り
舟《ふね》に乗りて大湖《たいこ》に泛《うか》ぶ
風前、翻浪《ほんろう》（荒波）起こり
雲裡《うんり》、落帆《らくはん》（帆をおろした船）孤《ひと》つ
浦《うら》の香《か》、盧橘《ろきつ》（柑橘類《かんきつるい》）濃《こま》やかに
洲《す》の色、蒼廬《そうろ》（青いあし）に暗し
邑《むら》の女は蓮《はちす》を採《と》る伴《とも》
村の翁《おきな》は魚《うお》を釣《つ》る徒《やから》
畏景《いけい》（夏の激しい日光）西山《せいざん》に没《い》り
清猿北嶼《せいえんほくしょ》に呼《よ》ばう
沿洄《えんかい》（へめぐる）の興《きょう》いまだ已《や》まざるに
棹《さお》を弭《や》めて転艫《うたたろ》を帰す

これは天皇が、父桓武《かんむ》天皇の建立した近江の国（滋賀県）の梵釈寺に行幸し、船を琵琶湖にうかべて遊んだときの作らしい。しかしここに表現されているのは、いま天皇の目に映っている琵琶湖そのものではない。作品はおそらく目の前の風景をヒントにして、唐画に描かれている名所「太湖《たいこ》」などを心に描き、そのイメージを作詩したのだと、川口久雄氏はいう。

もう一つ、「経国集」の「老翁吟《ろうおうぎん》」という作をあげよう。

世に羈《ほだし》なき（束縛のない）老翁《おきな》ひとり有《あ》り
生来王公《せいらいおうこう》を羨《うらや》む意《こころ》なし
人間《じんかん》に貧《ひん》と賤《せん》とを忘却《ぼうきゃく》し
酔《よ》うて芳林《ほうりん》に臥《ふ》せば花とやなぎの風

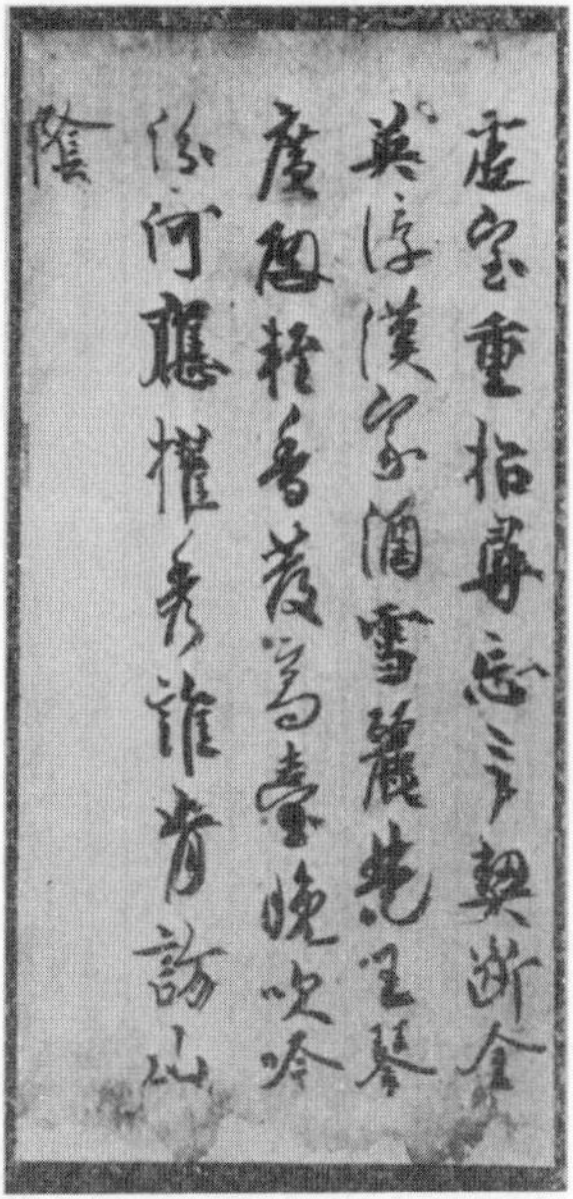

嵯峨天皇筆の「李嶠雑詠」残巻より（御物）

王公のような窮屈な地位を願わずに、悠々と自然と酒を楽しむ貧しい翁は、唐の大詩人李《り》白《はく》などの作品によく出てくる。しかしこの詩を作ったのは、ほかならぬその「王公」の位にあった嵯峨天皇なのだ。唐詩への心酔から生まれた空想にほかならないことがよくわかるというものではないか。

「文華秀麗集」をいろどるものに、渤海《ぼっかい》国の使節とその応接に当たった文人たちとの間に交わされた詩がある。渤海は北朝鮮から満州（いまの中国東北部）にかけてあった国で、奈良時代のはじめから約二〇〇年にわたって、三十回あまりもわが国に使節を送って貿易を求め、わが国からもしばしば使節が送られた。遣唐使《けんとうし》の衰えた平安前期になると、国際交流の中心は渤海使節団に移ったのである。使節の応接には中国語と詩文の得意な文人がえらばれて当たったが、かれらにとっては唐文化へのあこがれを満たす絶好の機会であった。

弘仁年間に来朝した王孝廉《おうこうれん》を大使とする一行に対して、文人の坂上今継《さかのうえのいまつぐ》は、

一面相逢《あいあ》うこと旧識《きゅうしき》の如《ごと》く
交情おのずからに古人《こじん》とひとし

という詩をおくった。はじめて逢った人でも、唐文化の教養を共通にもつことによって、ふるい友人のように親しみが持たれるというのである。文人の滋野貞主《しげのさだぬし》が王大使におくった詩に、

枕《ちん》上の宮鐘《きゅうしょう》、暁漏《ばんろう》を伝え

雲間《うんかん》の賓雁《ひんがん》、春声《しゅんせい》を送る
家を辞《さ》りて里許《りきょ》、感《おも》いに勝《た》えず
況《いわ》んや復《また》、他郷客子《たきょうかくし》の情《こころ》ぞや

という。枕もとにきこえる明けの鐘、雲まに鳴く雁の声は、家をいくらも離れていないわたしの心もたえがたくさせる、ましてあなたの旅の思いはいかばかりでしょう、という意味で、真情がよくこめられている。それは遠からず衰亡しようとする唐帝国の辺境でみられた、唐風文化の最後のかがやきであった。

大使王孝廉の一行は、このような親善の日をすごしたのち、敦賀《つるが》の港を船出して帰国の途についた。途中たちよった出雲の国から、王大使は次のような詩をよせて来た。

南風海路、帰思《きし》をうながし
北雁長夫《ほくがんちょうふ》、旅情を引く
さいわいに鏘々《そうそう》たる双鳳《そうほう》の伴《ともな》うことあり
愁《うれ》うるなかれ多日辺亭《たじつへんてい》に住まうを

詩の意味は、われわれは鳳凰のようなめでたい鳥にともなわれて帰るから、長いこと出雲のあたりに滞在しているけれども御心配なく、というのであろう。しかし、一行はやがて暴風にあい、波にのまれて日本海の底に沈み、ふたたび故国の山を望むことができなかったのである。

唐でみがきをかけた天才空海

詩文興隆の時期に現れた最大の文人は、僧空海《くうかい》である。宗教家としての空海の全貌は次節に述べるが、文人としては、なんといっても在唐三年の経歴が光っていた。もっとも、天才空海は、入唐以前から完璧《かんぺき》な中国語の能力を持っていたようである。

入唐のとき、大使と空海の乗った船は目的地のはるか南の海岸に漂着した。地方の役人は一行をあやしんで、どうしても都への出発許可をあたえない。困りはてた大使の命によって、空海は福州《ふくしゅう》観察使《かんさつし》への手紙を書いた。空海は手紙の中に航海の困難を次のように描く。

賀能《かのう》（大使藤原葛野麻呂《ふじわらのかどのまろ》）等《ら》身を忘《わす》れて命《めい》を銜《ふく》み、死を冒《おか》して海にいる。既《すで》に本涯《ほんがい》（日本の海岸）を辞《じ》して中途《ちゅうと》に及《およ》ぶ比《ころ》に、暴雨《ぼうう》帆《ほ》を穿《うが》って、戕風《しょうふう》（暴風）柁《かじ》を折《お》る。高《こう》波漢《はかん》（天）にそそいで、短舟《たんしゅう》裔々《えいえい》（きりきり舞い）たり。（中略）浪《なみ》に随《したが》って昇沈《しょうちん》し、風に任《まか》せて南北す。但《ただ》天水《てんすい》（空と海）の碧色《へきしょく》のみを見る。豈《あに》山谷《さんこく》の白霧《はくむ》を視《み》んや（陸地《くが》が見えない）。波上《はじょう》に掣々《せいせい》として（風にまかせて）二月有余《ゆうよ》、水尽き人疲《つか》れて海長く陸遠し。虚《そら》を飛《と》ぶに翼《はね》脱《ぬ》け、水を泳《およ》ぐに鰭《ひれ》殺《つか》れたるも、何《なん》ぞ喩《たとえ》とするに足《た》らむ。

観察使はこういう凝った名文を送られておどろき、ただちに一行の身分への疑いをすて、出発を許したという。入唐以前からこのような能力を備えていた天才が、さらに在唐三年の貫禄をつけて帰朝したのだ。嵯峨天皇は深く空海に傾倒した。たとえば、

道俗《どうぞく》（空海と天皇）相分《あいわ》かれて数年を経《へ》ぬ
今秋《こんしゅう》　晤語《あいかた》るもまた良《よ》き縁《えにし》なり

という天皇の詩句（「経国集」）などには、身分の差を越えたうつくしい友情が流れている。

詩人小野篁の野性の情熱

いろいろな意味で空海と対照的な文人として、もう一人、「凌雲集」の編者小野岑守《おののみねもり》の子篁《たかむら》をあげておこう。篁は十代のとき、陸奥守《むつのかみ》になった父に従って辺境へいき、もっぱら武芸に熱中し、帰京後もまったく学問をかえりみなかった。嵯峨天皇がこのことを耳にして、「あの岑守の子ともあろう者が、どうしてそうできが悪いのか。」と嘆いた。篁はこれを伝え聞くと、発奮して学問にはげんだ。残念なことに、空海の詩文を集めた「遍照発揮性霊集《へんじょうはっきせいれいしゅう》」がほぼ完全な形で伝わっているのに対して、篁の「野相公集《やしょうこうしゅう》」はまったく失われたので、かれの詩文の全体像をうかがい知ることができない。たぶんその詩文には、ありきたりの美辞麗句と違った、すこやかな野性の情熱が豊かに秘められていたに違いない。

もっともそうした野性の情熱は、貴族社会のとりすました雰囲気《ふんいき》の中で無難にすごすにはあまり好都合なものではない。そのために篁はひどく嵯峨上皇のごきげんをそこねる事件を引き起こした。

八三四（承和《じょうわ》元）年、篁は藤原常嗣《ふじわらのつねつぐ》を大使とする遣唐使の副使に任命された。八三六年七月、北九州を船出するとたちまち暴風にあい、翌年再挙をはかったがまた難破してしまった。ところが三回目の出発にあたって、大使藤原常嗣は副使篁に船を取り替えるよう命令した。それは大使の船が二回の難破でがたがたになったのに、副使篁の船が健在だったからだ。篁はこの虫のよい命令に怒りを爆発させ、激しい抗議を朝廷に送って、乗船を拒否してしまった。そして「西道謡《せいどうよう》」と題する詩を作って、大使を激しく非難した。

このふるまいと詩が都に伝わると、さすがに篁の詩才を愛していた嵯峨上皇も激怒し、官位をうばって隠岐《おき》の国に流した。篁は罪人として島に送られる道で、「謫行吟《たくこうぎん》」という七言詩十首を作った。それも都の人々に愛唱されたらしく、十一世紀に作られた「倭漢朗詠集《わかんろうえいしゅう》」の中に、

渡口《とこう》の郵船《ゆうせん》は風定《さだ》まりて出《い》で
波頭《はとう》の謫処《たくしょ》（流される地）は日晴れてみゆ

という一節が抜き出されている。この断片だけでは、篁のいきどおりはよく伝わってこない

が、同じ篁がこのとき詠んだ和歌も伝わっている。

わたの原八十島《やそしま》かけて漕《こ》ぎいでぬと　人には告《つ》げよ海人《あま》の釣舟《つりぶね》

遠く隠岐に流される断腸の思いが、切々とよみこまれているではないか。

国風の火はそのかげで燃えていた

ここで、貴族社会のわくにはまらない天性の詩人篁《たかむら》が、詩のほかに和歌をも作っていたことに注目したい。というのは、九世紀前半には、和歌はまったく詩文全盛のかげに隠れてしまい、これまで「国風暗黒時代」などと呼ばれてきたからである。しかし十世紀初めの「古今和歌集《こきんわかしゅう》」には多くの「よみびとしらず」（作者不明）の歌が収められていて、その中にはかなり古いものがあると考えられる。つまり和歌は、愛情を訴える手段として、あるいは酒宴の席での即興や、折にふれての心の慰めとして、「万葉集《まんようしゅう》」のころとたいして変わりなく詠まれていたにちがいない。

しかし、それらは詩文の流行のかげでむなしく詠みすてられるだけで、作者名も伝わらず、歌集も編集されなかった。ところがそのような時期に生きた篁の歌が、この「わたの原」以下六首も「古今和歌集」に収められているのは、かれの作品がとくに世人に愛唱され、記憶されたからであろう。つまり篁は、唐風と国風の接点を占める詩人、あるいは最初

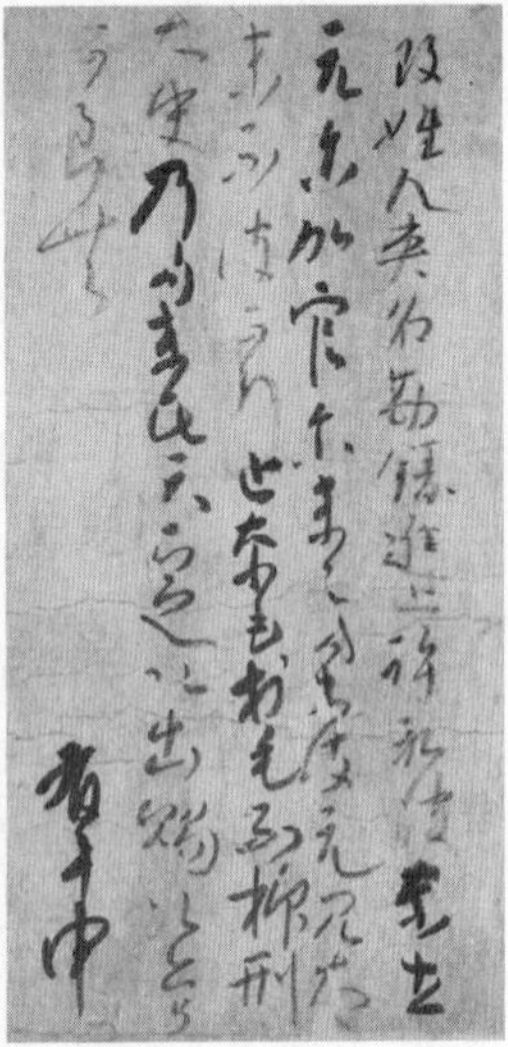

藤原有年申文《ふじわらのありとしもうしぶみ》。発生したばかりで、まだ形も定まらない「平仮名」を見つけることができる

の古今歌人といえる。

　さて、篁が紛争を起こした藤原常嗣の遣唐使が、久しくつづいた唐との国交の最後であった。使節の派遣は、形の上では、九世紀末に菅原道真の奉った意見書によって停止されるのだが、実際にはそれよりも半世紀も前に終わっていた。

　ただし国交の絶えたのと逆に、唐の商船は仁明朝《にんみょうちょう》ごろからさかんに九州にきて取引きし、貴族はあらそって「唐物《とうぶつ》」を買いもとめた。後節に述べる円仁《えんにん》・円珍《えんちん》ら数十名の留学僧も、この唐船に便乗して入唐することができた。つまり、大陸との経済や文化上の交渉がなくなったわけではない。しかし国交の停止はおのずから唐風へのあこがれを冷却させ、文化はしだいに唐風を脱していった。詩文が訓点《くんてん》（訓読するための記号）をつけて日本語として読まれるようになったことなどは、そのもっともよい例であろう。

　その訓読の手段として、漢字の一部分をとって片仮名が考案されたが、さらに女手《おんなで》として、漢字の草体《そうたい》から平仮名が作り出された。表意文字（文字そのものが意味をもっている文字）である漢字から、まったく性質の違う表音文字（意味をもたず、ただ音だけをしめす文字）を作り出したのは、日本人のすぐれた独創といわなければならない。美術の分野で、唐《から》絵《え》から優美な大和絵《やまとえ》の画風が生まれたのも、大きな変化である。

しかし、このような国風への歩みは、唐風文化への傾倒に反対する自覚として現れたわけではなかった。貴族の才能がもっぱら漢詩文によって評価されることは、この後も数百年間まったく変わらなかった。

いわゆる国風の文化は、後にくわしく述べるように（第四章の4）、男性の公的活動の場とは別のところで、詩文と並行して育っていくのである。

4　巨人、最澄と空海

真の大乗仏教をはじめて移植

最後の遣唐使《けんとうし》について前節で述べたが、その一つ前の遣唐使藤原葛野麻呂《ふじわらのかどのまろ》の一行が八〇四（延暦二十三）年五月に船出したとき、最澄・空海の二僧侶が使命感に胸をふくらませて乗り込んだ。帰朝後の二人によって始められた天台《てんだい》・真言《しんごん》の二宗は、日本にはじめて植えつけられた真の大乗《だいじょう》仏教（自己の悟りをめざす小乗《しょうじょう》仏教に対して、広く多数の救済をはかる仏教の意味）で、それは、この後の日本仏教史、ひいては日本歴史全体にはかりしれない大きな影響をおよぼすことになる。

天台・真言両宗の歴史的意義には優劣をつけがたいが、生前の最澄と空海の地位と役割は、かなり違っている。最澄が桓武朝の宗教政策に関係して、奈良《なら》の旧仏教に正面きって挑戦したのに対して、空海は次の嵯峨朝《さがちょう》にはじまる唐風文化の旗手として、多彩な生涯を送った。つまり二人は、その気質も活動ぶりもむしろ対照的である。しかし二人とも、それぞれの歴史的使命にふさわしい天才であった点は共通している。

堕落した旧仏教に挑戦した最澄

最澄は近江《おうみ》の国の三津首《みつのおびと》という帰化人系の豪族の子で、近江国分寺の僧として出家した。七八五（延暦四）年十九歳のとき、心を澄まして修行するにふさわしい静かな土地をもとめて琵琶湖《びわこ》の西にそびえる比叡山《ひえい》に登り、山上にいおりを結んで修行をはじめた。そして七八八年ごろには、後に一乗止観院《いちじょうしかんいん》（根本中堂《こんぽんちゅうどう》）とよばれる比叡山寺《ひえいざんじ》も建立された。

やがて平安京《へいあんきょう》ができると、比叡山はその鬼門《きもん》（陰陽道《おんみょうどう》で忌みきらう東北の方角）にあたるので、王城鎮護《おうじょうちんご》（都の守り）のためうってつけの位置を占めることになるが、最澄はもとよりそんな将来を予想したわけではない。平城京《へいぜいきょう》の大寺院と僧侶が、都市の生活と政治に巻き込まれて堕落したために、光仁朝《こうにんちょう》のはじめに、それまで「僧尼令《そうにりょう》」が禁止していた山林修行が許された。最澄はこの新しい情勢を推し進めたのであった。かれはやがて法力を認められて朝廷に召し出され、内裏《だいり》の仏殿に勤めて天皇のために祈禱する「内供奉十禅師《ないぐぶじゅうぜんじ》」という僧侶の一人に選ばれた。

こうして、最澄は、入唐《にっとう》のときすでに、古い仏教を克服する者としての期待と信頼を朝廷から寄せられていた。その入唐も、長期間唐にとどまって研究する「留学生《りゅうがくしょう》」の資格でなく、短期間に天台教典を収集して帰国する「請益生《しょうやくしょう》」としてであった。かれは上陸すると一路台州《だいしゅう》に向かい、名僧道邃《どうずい》に会って教えを受けた。また天台山に登り、多くの経典を入手して、長安の都にも行かずに、一年後に早くも帰国した。

勉学中に仏教にひかれていった空海

一方、最澄より七つ年下の空海は、入唐のころはまだまったく無名の青年である。かれは讃岐《さぬき》の国（香川県）多度《たど》郡の豪族佐伯《さえき》氏の子として生まれ、母方のおじ阿刀大足《あとのおおたり》が伊予《いよ》親王の侍講《じこう》（学問の師）となっていたので、このおじに従って学問を習い、やがて大学に入学した。しかし、この青年学生《がくしょう》の研究方向は外典《げてん》（仏教以外の書物）よりもしだいに内典《ないてん》（仏教経典）にかたむき、ついに大学を去って優婆塞《うばそく》（まだ正式に僧と認められない修行者）の身となった。そして阿波《あわ》の国（徳島県）の大滝岳《おおたきだけ》、土佐《とさ》の国（高知県）の室戸崎《むろとざき》、あるいは石槌《いしづち》山など、主として四国のけわしい山々をめぐって超人的な苦行に専念したらしい。空海の伝記で、この期間は深いなぞにつつまれている。

七九七（延暦十六）年、二十四歳の空海は、出家宣言ともいうべき「三教指帰《さんごうしいき》」三巻を著した。それは儒教《じゅきょう》・道教《どうきょう》・仏教《ぶっきょう》の優劣を論じて、仏教を選んだ理由を述べたものである。文才豊かな空海は、四六駢儷体《しろくべんれいたい》とよばれる装飾的な文体を自由に使いこなし、しかもおもしろい戯曲的構成をとった。次のような筋だ。

まず「兎角公《とかくこう》」という者が登場して、「亀毛《きもう》先生」という儒教思想の代表者に、その甥《おい》の「蛭牙公子《しつがこうし》」が遊びにふけっているのを戒めてくれと頼む。亀毛先生は儒教の立場から蛭牙を教えさとす。次に、道教思想を代表する「虚亡隠士《きょぼういんし》」が出てきて、道教が儒教にまさることを主張する。ところへ仏教思想を代表する「仮名乞児《かめいこつじ》」が現れて、儒・道二教のつまらないことを説き、ついに亀毛先生も虚亡隠士もそろって、仏教に帰依する——。

儒教は立身出世のために道徳を説くだけだし、道教は世間の名利《めいり》を厭《いと》い、独り仙人の道をもとめるだけである。これに対して、一切衆生《いっさいしゅじょう》(すべての人間)の救済を理想とする仏教ははるかに広大なものだ、という主張がここにはある。それはつまり空海自身の思想発展の過程を告白したもので、きたならしい乞食《こじき》スタイルの優婆塞「仮名乞児」は、修行者空海の自画像なのである。

空海と高僧恵果との出会い

「三教指帰」を著してから入唐までの空海の生活もよくわからないが、おそらく奈良の大寺院で修行に勤め、すでに密教《みっきょう》に目を開いていたのであろう。

仏教を大別すると「顕教《けんきょう》」と「密教《みっきょう》」になる。顕教とは、この世に生きていた釈迦《しゃか》によって顕《あき》らかに説かれた、理解しやすい教えという意味であり、密教とは、教理上の存在である大日如来《だいにちにょらい》によって秘密に説かれた、入りにくい深い教えという意味である。密教は、インドに起こって中国に伝えられた。神秘な呪文や動作によって心を澄まし、この肉体のままで仏となることができる（これを「即身成仏《そくしんじょうぶつ》」という）とするこの教えは、唐の国運とともに栄えた。宮廷貴族は密教僧侶の加持祈禱《かじきとう》によって病気や魔物からまぬがれることを願い、豪華な法要をさかんに行っていた。空海はこの神秘的な教えをもとめて唐に渡ったのである。

入唐した空海は奇跡的な幸運にめぐまれた。インド密教の流れを伝える最後の人、恵果阿《けいかあ》闍梨《じゃり》にめぐりあったのである。高僧の常として、恵果は自分の死期の迫っていることを知っていた。そして空海を見るや、「われ先より汝《なんじ》の来《きた》るを知り、相待《あいま》つこと久《ひさ》し。今相《あい》まみゆるは、大いに好《よ》し大いに好《よ》し。」とよろこび、ただちに密教の秘法をすべて、異国の新弟子に授けたという。そして伝授を終わったわずか数ヵ月後に世を去った。

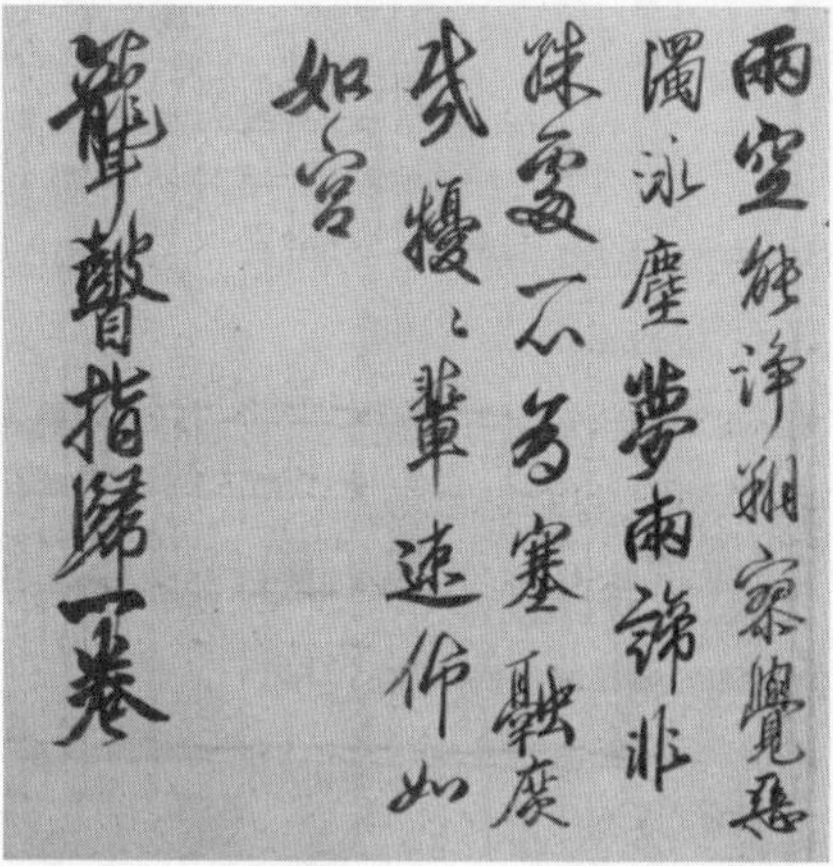
「三教指帰」（「聾瞽指帰」）（一部分。金剛峰寺蔵）

空海と恵果の出会いは、まれにみる劇的なものである。恵果に学んだ弟子は千人を越えていたが、「伝法灌頂《でんぽうかんじょう》」（正式に人に法を伝える師となるための密教儀式）を完全に受けた者は、空海のほかにはわずかに一人だけである。しかもその一人も早く死んだので、インド密教の正統は結局日本人空

密教の教義を立体的に表現している教王護国寺（東寺　京都）講堂内の仏像群

海だけに伝えられたわけである。

空海はこういう得がたい資格と、大量の経典・仏像・仏画・法具などをみやげにして、三年目に帰国した。時に日本は、平城朝の緊縮政策の最中だったので、空海がのびのびとその才能を発揮するには、次の嵯峨朝を待たねばならなかった。

最澄、天台宗の独立を戦い取る

空海より先に帰国した最澄は、すでに桓武天皇の期待にこたえるために活発な活動を始めていた。最澄はきびしい求道者《ぐどうしゃ》である。死の直前、弟子の光《こう》定《じょう》にあたえた遺戒《ゆいかい》に、「道心《どうしん》（真理を探究する精神）の中に衣食あり、衣食の中に道心なし。」といっている。こうしたひたむきの求道心を持つ人こそ

「国宝」であり、「われまさにこの国の国宝になろう。」というのが最澄の生涯をつらぬいた信念である。天台宗の修行者のために作った「山家学生式《さんげがくしょうしき》」という規則に、「十二年間山門《さんもん》を出ることなく、修学に勤めること。」と定めたのも、若き日にみずから実践した体験をもとにしてのことである。

最澄は、天台宗を奈良の六宗と肩をならべる地位に引き上げるために、精いっぱい努力した。そして、ついに桓武朝末の八〇六（延暦二十五）年、勅許をえて、天台宗から毎年二人の年分度者《ねんぶんどしゃ》（朝廷によって出家を公認される者）を出すことになった。これは天台宗が一宗として独立したことを意味する。最澄が奈良の教団から独立することを強くもとめたのは、なまぐさい野心からではなく法華経《ほけきょう》にもとづく天台の教えこそ真の仏教で、奈良六宗はそこに達する手段にすぎないという批判に立っていたからである。

これは伝統を誇る奈良の教団に対する真っ向からの挑戦だった。けわし

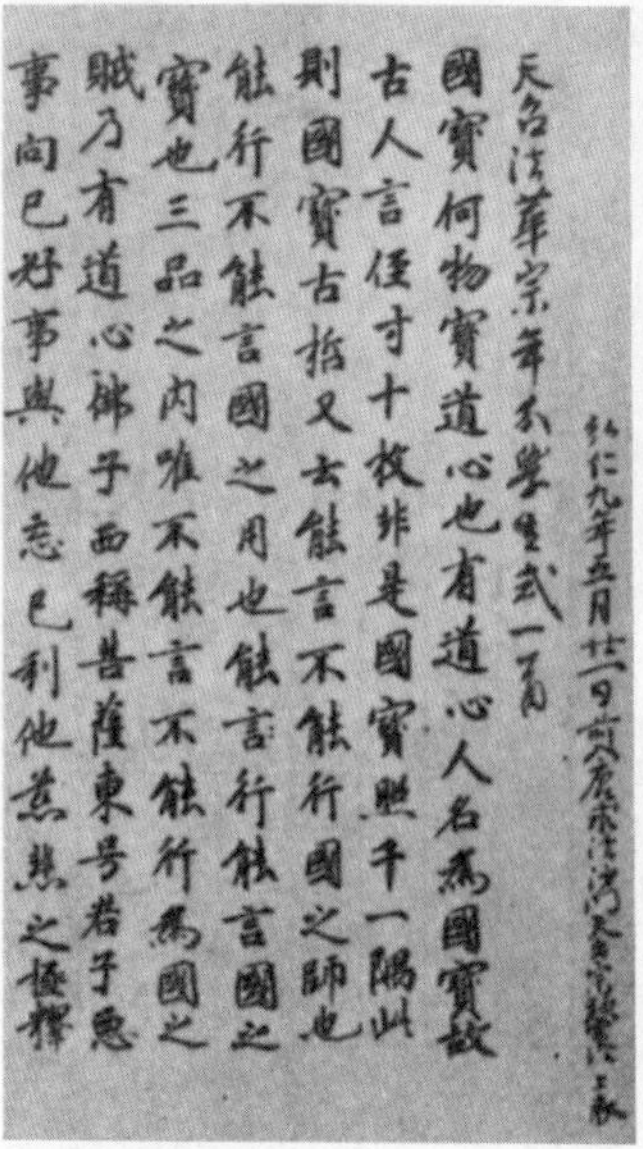
天台法華宗年分學生式一首
國寶何物寶道心也有道心人名爲國寶故
古人言徑寸十枚非是國寶照千一隅此
則國寶古哲又云能言不能行國之師也
能行不能言國之用也能行能言國之
寶也三品之内唯不能言不能行爲國之
賊乃有道心佛子西稱菩薩東號君子悪
事向己好事與他忘己利他慈悲之極
弘仁九年五月十三日前入唐求法沙門最澄上表

山家学生式「国宝に……」の文が見える（延暦寺蔵）

延暦寺の浄土院（最澄の墓所）

い対立がここに生まれた。奈良仏教側からは、法相宗《ほっそうしゅう》きっての学僧徳一《とくいち》が、はげしく反論した。しかし最澄の整然とした論理と広い知識に敵しかねて、ついに沈黙した。最澄の主著「顕戒論《けんかいろん》」などは、こうした激しい論争の中から成立したものである。

しかし奈良の教団は、正式に僧侶となるために必要な「戒《かい》」（僧侶の守るおきて）を授ける権限を独占していた。最澄は、かつて東大寺で受けた戒をあえてすてることを宣言し、叡山《えいざん》に別の大乗戒壇《だいじょうかいだん》（戒を授ける場所）を設立することを嵯峨天皇に申請した。奈良の教団から完全に独立しようとしたのである。しかしこれは、僧綱《そうごう》（僧侶の取締まり機関）の必死の反対によってついに成功しなかった。八二二（弘仁十三）年六月、最澄が五十六歳の戦闘的生涯を終わった七日後に、嵯峨天皇は最澄に対する哀惜をこめて叡山に戒壇を設けることを勅許し、最澄の悲願は達せられた。

真言宗と空海の多彩な活動

空海は最澄の死後十三年間も活動したが、奈良の教団に対するその態度は、最澄とはまことに対照的である。かれも旧仏教を批判したが、しかもその教義を正面から排斥することなく、すべて真言密教《しんごんみっきょう》の中に巧みに包容していった。つまり、各宗の教義に序列をつけながら、結局、自分の立場を頂点に置くという方法である。空海の主著「十住心論《じゅうじゅうしんろん》」にはそういう融和的な論理がよく表れている。東大寺《とうだいじ》・興福寺《こうふくじ》など奈良の大寺院との関係も、つねに円満であった。

八一七（弘仁八）年に、空海は吉野《よしの》山の南にある紀伊の国の高野《こうや》山に密教修行の根本道場を作りはじめた。しかしまもなく、かれの文才を愛する嵯峨天皇に召されて、天皇や僧綱のために多くの詔勅や上表《じょうひょう》（天皇にたてまつる文）を起草した。それは「遍照発揮性霊集《へんじょうはっきせいれいしゅう》」に多く収められている（前節参照）。かれが書道にもすぐれていて、嵯峨《さが》天皇・橘逸勢《たちばなのはやなり》とともに「三筆《さんぴつ》」とよばれたことは、よく知られている。八一八（弘仁九）年、空海の故郷の讃岐《さぬき》の国にある満濃池《まんのういけ》という大きな用水池が手のつけられないほど破れてしまい、朝廷の派遣した役人は数年かかっても復旧させることができなかった。そこで命を受けた空海は現地に下り、わずか三ヵ月あまりで工事を完成した。これは空

満濃池《まんのういけ》は、いまもなお満々と水をたたえている

年	最　澄	空　海
767	近江《おうみ》の国に生まれる	
774		讃岐《さぬき》の国に生まれる（または773年）
785	具足戒《ぐそくかい》を受け、比叡山《ひえいざん》に草庵を建てる	
788	比叡山寺建立	
791		このころ大学に学ぶ
797	内供奉《ないぐぶ》に任ぜられる	「三教指帰《さんごうしいき》」成る
804	入唐《にっとう》し、天台《てんだい》山に登る	入唐し、長安《ちょうあん》にはいる
805	6月　帰国 9月　高雄山寺《たかおさんじ》で灌頂《かんじょう》をおこなう	恵果《けいか》に師事して灌頂を受ける 12月　恵果没
806	1月　天台宗《てんだいしゅう》に年分度者2名を置く	10月　帰国して、大宰府《だざいふ》に滞在
809	2月　空海《くうかい》と会う	2月　最澄をたずねる
812	11月　空海から灌頂を受ける	11月　高雄山寺で灌頂をおこなう
813		11月　最澄の「理趣釈教《りしゅしゃくきょう》」借覧をことわる
818	8月　天台宗年分学生式《てんだいしゅうねんぶんがくしょうしき》を定める	はじめて高野《こうや》山に登る
820	2月「顕戒論《けんかいろん》」を著わす	満濃池完工。「文鏡秘府論《ぶんきょうひふろん》」なる
822	6月　入滅《にゅうめつ》（死）。戒壇建立の勅許おりる	
823		1月　東寺《とうじ》を賜わる
827		5月　大僧都《だいそうず》に任ぜられる
828		12月　綜芸種智院《しゅげいしゅちいん》を開設
830		「秘密曼《ひみつまん》荼羅《だら》十住心論《じゅうしんろん》」を著わす
835		1月　真言宗年分度者3人勅許 3月　入定（死）
847		綜芸種智院廃絶

最澄・空海対照年表

海が土木技術にもすぐれており、またその人望によって多くの農民を動員することができたからであろう。

また空海は晩年に、貴族以外の庶民にも入学を許す「綜芸種智院《しゅげいしゅちいん》」という学校を建てた。八二八（天長五）年に空海が書いた「綜芸種智院式」によれば、平安京には大学のほかに「貧賤の子弟」の学ぶ塾がない、そこで廃絶した奈良時代の吉備真備《きびのまきび》の「二教院」や石上宅《いそのかみのやか》嗣《つぐ》の「芸亭院《うんていいん》」にならって、儒教・道教・仏教を総合的に教える学校をつくろう、その学校には僧侶と俗人の先生をともに招き、先生にも学生にも学資を支給して勉学させたいという計画であった。この計画は大納言藤原三守《ふじわらのみもり》が東寺の西にあった邸宅を提供してくれたことによって実現した。しかし、まもなく空海・三守が世を去ると、八四五（承和十二）年学校は廃止され、建物は売却されて東寺の田地買い入れ資金になってしまった。

この学校の高い理想と、そのみじかい生命とは、創立者空海が、いかに宗教家のわくにおさまりきらない、また時代の常識をこえた天才だったかを証明する。イタリアのルネサンスにおけるレオナルド＝ダ＝ビンチの例をあげるまでもなく、一つの新しい文化が創造されるときには、歴史はしばしばこうした万能の天才を産み出すものである。

八二三年、空海は東寺を賜り、寺名を教王護国寺《きょうおうごこくじ》と改めた。その名称には、この寺を、かつての平城京における東大寺に相当する国家鎮護の中心寺院にしようとした意図が表れている。平城・嵯峨両上皇も空海から灌頂《かんじょう》（香水を頭に注ぐ密教独特の儀式）を授けられたといわれ、また東寺と相対する西寺の僧守敏《しゅびん》と、雨ごいの祈禱を競ってみごとに勝ったことも伝えられる。こうして空海の名声は宮廷の内外に高く、唐風文化の象徴的存在となった。

5　渡海僧と仏教の貴族化

天台宗叡山の焦り

空海《くうかい》のもたらした真言密教《しんごんみっきょう》が宮廷に歓迎されて、東寺《とうじ》を本拠にはなばなしい活躍がみられたころ、天台宗の叡山《えいざん》はどうだったか。祖師最澄《さいちょう》を失った叡山は、せっかく独立をかちとった大乗戒壇《だいじょうかいだん》から毎年世に送り出す二人ずつの年分度者《ねんぶんどしゃ》さえも、適当な就職先がみつからないほど不振の状態におちいった。叡山の僧侶たちは、祈禱《きとう》の法力に魅惑されはじめた宮廷と貴族たちによろこばれるためには、密教を本格的に取り入れなければならないと、焦るようになった。

天台教典の入手を直接の目的として入唐《にっとう》した最澄も、じつは密教に関心をよせたらしく、その経典や仏画・法具などをひととおり持ち帰っていた。帰国して、高雄山寺《たかおさんじ》（後の神護寺《じんごじ》）で八人の僧侶に対しておこなった灌頂《かんじょう》は、日本最初の密教行事である。ところが、まもなく空海が本格的な密教をたずさえて帰国したので、最澄は謙虚にこの後輩から灌頂を受け、またしばしば密教の経典を借り受けた。空海も最澄に敬意をはらい、二人の間には美しい友情が流れていた。名高い「風信帖《ふうしんじょう》」も、空海が最澄と交わした三十通近い手紙の一通である。

ところが、しだいに自信を深めた空海は、最澄が「理趣釈経《りしゅしゃくきょう》」の借用を申し入れたのに対して、「密教は師が弟子だけに伝えるもので、あなたの態度は虫がよすぎる。」と手きびしく拒絶する。このことから、二人の間は急に冷たくなった。さらに最澄が片腕として信頼していた弟子泰範《たいはん》が、叡山をおりて空海のもとに走った。最澄が切々と復帰するように訴えたのに、空海は泰範に代わって返事を書き、にべもなくこれを拒絶した。

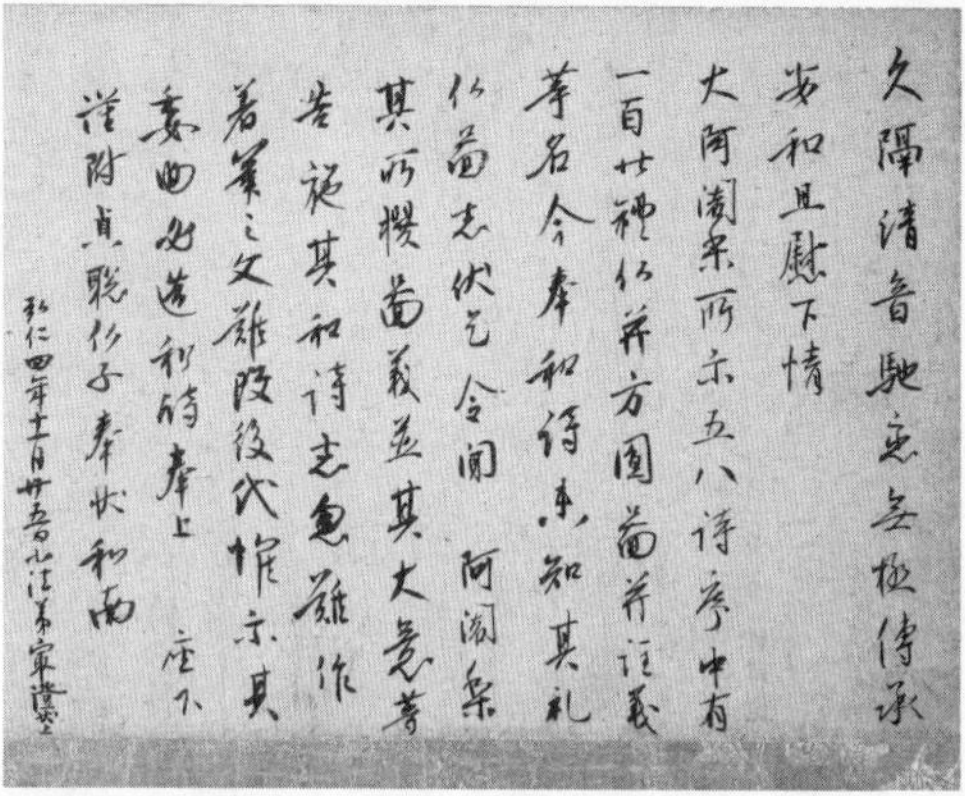
久隔清音馳恋無極傳承
安和且慰下情
大阿闍梨所示五八詩序中有
一百廿礼仏并方円図并注義
等名今奉和詩未知其礼
仏図並状之今聞　阿闍梨
其所撰図義並其大意等
告施其和詩忽難作
著筆之文難改後代惟示其
委曲必造和詩奉上　座下
謹附貞聡仏子奉状和南
弘仁四年十一月廿五日小法師最澄状上

久隔帖《きゅうかくちょう》。泰範にあてた最澄の手紙（奈良国立博物館蔵）

こうしたいきさつで、最澄と空海の交際には終止符が打たれてしまうのであるが、この往復の手紙の中で最澄が、「法華一乗《ほっけいちじょう》（天台宗）と、真言一乗《しんごんいちじょう》（真言宗）と、なんぞ優劣《ゆうれつ》あらん。」と述べたのに対して、空海は、「顕《けん》密《みっ》の教《きょう》、なんぞ浅深無《せんしんな》からむ。（中略）顕密《けんみつ》説《せつ》を異《こと》にして、権実《ごんじつ》（仮のものと真実のもの）隔《へだ》てあり。」と答えている。つまり、最澄が天台の教義と真言の教義を同等とみたのに対して、空海は密教がよりすぐれていると、はっきり主張したのである。奈良の諸大寺とあれほど激しく論争した最澄にしては、まことに歯切れの悪い口ぶりであるが、最澄がなまじ密教の長所を認めていただけに、空海との対決は不利だったのだろう。

したがって最澄の死後にはなおさら、叡山の教学には動揺があった。不振の態勢を立てなおすためには、教学の一歩前進が必要であり、そのためにはだれかが入唐して新知識を吸収してくることが唯一の手段である。そこで四十五歳の請益僧《しょうやくそう》（各地をめぐって経典の疑義を正して、短期に帰国する僧）円仁《えんにん》と、三十歳くらいの留学僧（長く滞在して研究する僧）円《えん》載《さい》が、八三八（承和《じょうわ》五）年の暮れ、遣唐使藤原常嗣《ふじわらのつねつぐ》の一行に加わり、一山の期待をになって出発することとなった。

天台・真言の並立とその貴族化

円仁の在唐十年の苦難の歩みは、かれの「入唐求法巡礼行記《にっとうぐほうじゅんれいぎょうき》」という旅行記にくわしい。その乗船は暴風にあい、一行は命からがら揚子江《ようすこう》の河口にたどりついた。しかし揚州節度《ようしゅうせつど》使《し》は円仁のめざす天台山への巡礼を認めない。円仁はやむをえず、翌年、大使一行に従って帰国することになったが、求法《ぐほう》のために大勇猛心を起こし、病気で置き去りにされたふうをよそおって、ひそかに登州《とうしゅう》（山東半島《さんとうはんとう》）に上陸し、赤山法花院《せきざんほっけいん》という寺にひそんで一冬をすごした。

幸いにも、ようやく旅行の許可をえた円仁は、六年間長安《ちょうあん》に滞在して、密教の三部大法をことごとく修得することができた。このうち金剛界《こんごうかい》・胎蔵界《たいぞうかい》の二部の法は、空海がすでに日本へ伝えていたが、蘇悉地法《そしつじほう》は円仁にはじめて伝授された秘法である。また、円仁は南天竺《なんてんじく》（インド）の僧から悉曇《しったん》（サンスクリット語）を学ぶこともできた。天台宗の真言宗に対する強い劣等感のもととなっていた密教と悉曇を二つとものにしたことは、円仁の最大の収穫である。

八四三（唐の会昌《えじょう》三、日本の承和《じょうわ》十）年に、道教《どうきょう》を信仰する天子武宗《ぶそう》が仏教に徹底的な弾圧を加えた。円仁は髪をのばして身分をかくし、長い徒歩旅行の末にからくも新羅《しらぎ》の商船をつかまえて帰国することができた。

帰国の翌年、円仁は内供奉十禅師《ないぐぶじゅうぜんじ》に任命され、八五〇（嘉祥《かしょう》三）年、はじめて延暦寺《えんりゃくじ》で灌頂をおこなった。以後、「台密《たいみつ》」とよばれる天台の密教は、真言の密教「東密《とうみつ》」に劣らず、さかんに加持祈禱をおこない、宮廷と貴族の厚い保護を受けるようになる。

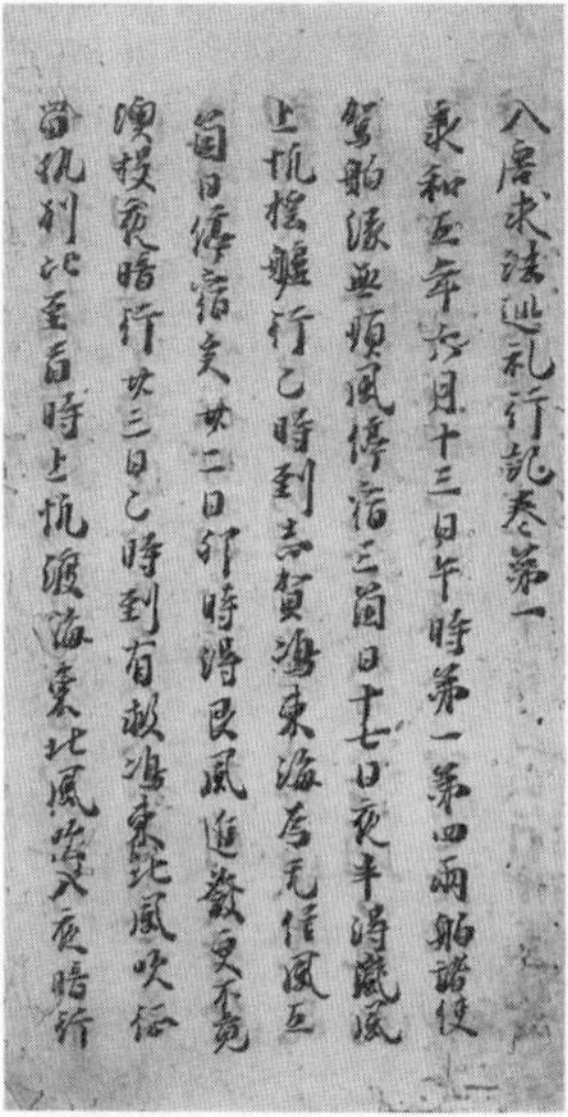
入唐求法巡礼行記巻第一

「入唐求法巡礼行記」は円仁の在唐10年の日記である

円仁はまた、唐の五台山の念仏三昧《ねんぶつざんまい》の法を伝え、叡山で常行三昧《じょうぎょうざんまい》をおこなった。これはのちの平安中期に、叡山から浄土教《じょうどきょう》が発展する原因となった。また東

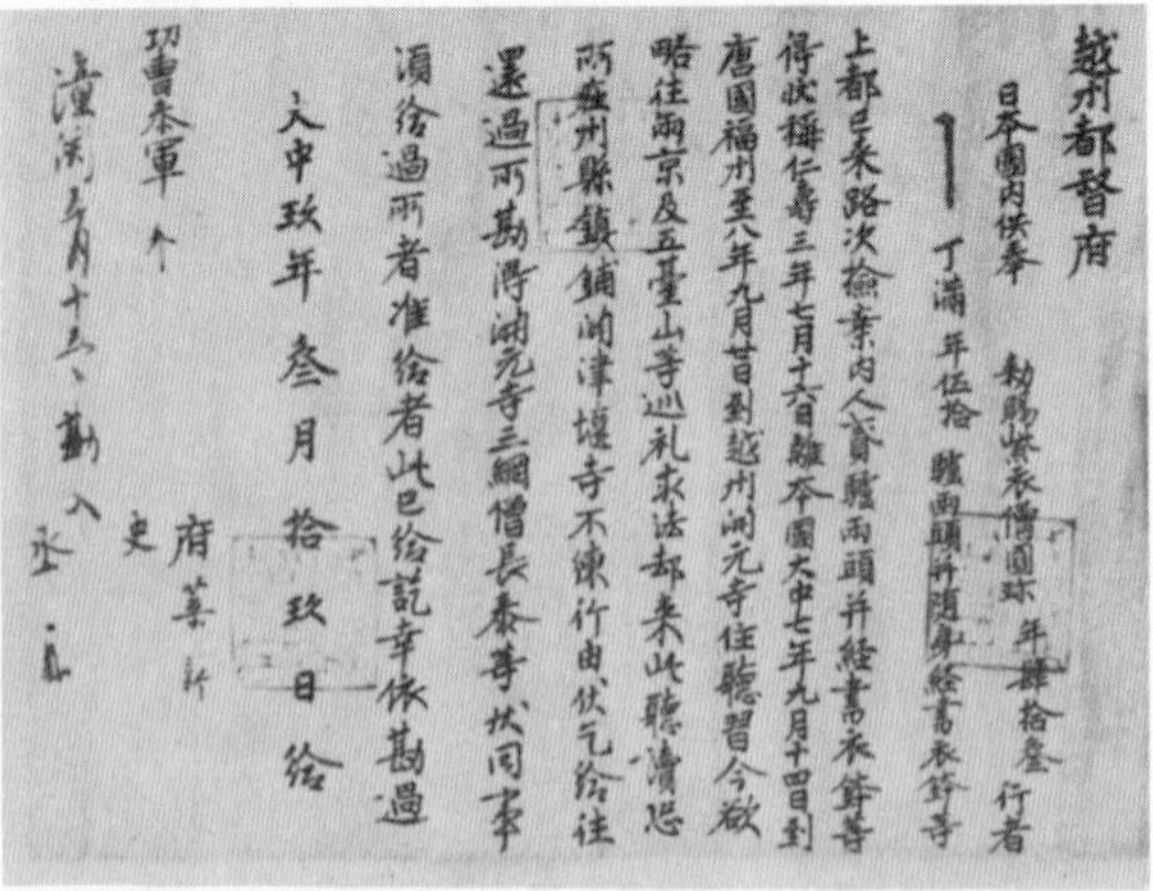

円珍の過所《かそ》（唐の越州《えっしゅう》が交付した入国許可証　園城寺蔵）

北地方には、「しずかさや岩《いわ》にしみいるせみの声」という芭蕉《ばしょう》の名句で知られる立石寺《りっしゃくじ》（山形県）をはじめ、慈覚大師《じかくだいし》（円仁）が開いたと伝えられる寺が多い。この寺伝はかならずしも事実ではないが、奈良時代末期からの動揺がようやくおさまった東北辺境に叡山の仏教が浸透していったのは事実で、そのために下野《しもつけ》の国（栃木県）出身の円仁を開祖と仰ぐ寺伝が、しだいに成立したのであろう。

円仁が帰朝して六年後、叡山は更に円《えん》珍《ちん》を入唐させた。円仁にも密教を天台本来の教義よりもやや尊重する傾向があったが、円珍にいたっては、「顕《けん》は劣《おと》り、密《みつ》は勝《まさ》る。」と説いて、はっきりと密教に転向してしまった。このころには、桓《かん》武朝《むちょう》以来の寺院統制はおおいにゆるんだので、皇室や貴族は競って離宮や別荘などを寺院にして、一家一門の繁栄を祈らせるようになった。台密・東密とも、これに調子を合わせ、これまでの鎮護国家に加えて皇室や貴族への祈禱に重点を置くようになり、仏教貴族化の傾向が明らかになっていく。

園城寺《おんじょうじ》（三井寺《みいでら》）の祖円珍は、そうした仏教貴族化の曲がり角に立つ人であった。ともに、円珍の入唐は、一世紀半にわたった唐の文化的影響についても、その締めくくりを果たしたものといえよう。円珍の帰国後まもないころから唐には反乱がつづき、半世紀後には滅亡してしまうのである。

渡海僧たちにまつわる運命のいたずら

ところで、そうした晩唐の退廃と混乱に巻き込まれて、不思議な運命をたどった二人の渡海僧のことを、話のついでに記しておこう。

一人は円仁とともに入唐した留学僧円載《えんさい》である。円載は武宗の仏教弾圧によって還俗《げんぞく》（僧侶をやめる）を強制されたので、やむをえず結婚して、天台山のふもとに田地を買い、俗人の生活に入った。そのうちに弾圧はゆるんだが、円載はもはや修行意欲を失って、僧侶とも俗人ともつかない二重生活を送っていた。しかもぬけぬけと故国へ学資を請求し、なにも知らぬ朝廷は船便に託して砂金を賜ったりしていた。そこへ円載の後輩円珍が入唐してきた。

円珍の旅行記「行歴抄《あんれきしょう》」（断片しか残っていない）には、円載のけしからぬふるまいがいろいろあからさまに記されている。しかしこの手記がそのまま事実かどうかは疑わしく、円

最古の真如親王の像（醍醐寺三宝院蔵）

載はまったく堕落したわけでもなかったらしい。在唐四十年、七十歳になってから、苦労して入手した書物数千巻を持って帰朝の途についた。年老いて望郷の思いにたえられなくなったのだろうか。ところがその船は暴風にあい、円載は積みこんだ書物とともに海にしずんでしまった。

歴史の中に「運命」といった要素を導入するのは、あまり科学的なことではない。にもかかわらず、円仁・円珍のかがやかしい経歴と、ついに入唐が実を結ばなかった円載の末路とを思い合わせると、やはり、人間の運命ということを感じないではいられない。

事実、歴史には、しばしば運命が大きく作用する。たとえば、天台宗の円仁が入唐したとき、真言宗も真然《しんねん》・真済《しんせい》の二秀才を送り出した。ところがこの二人の乗った船は海上で真っ二つになり、いかだに乗って漂流するうちに、同乗の三十余人はことごとく餓死し、この二人だけがようやく生き残って故国へ引き返した。円仁・円珍が入唐を果たし、真然・真済が果たさなかったことは、ひとえに運命のいたずらであった。しかもそれは、以後しばらくの

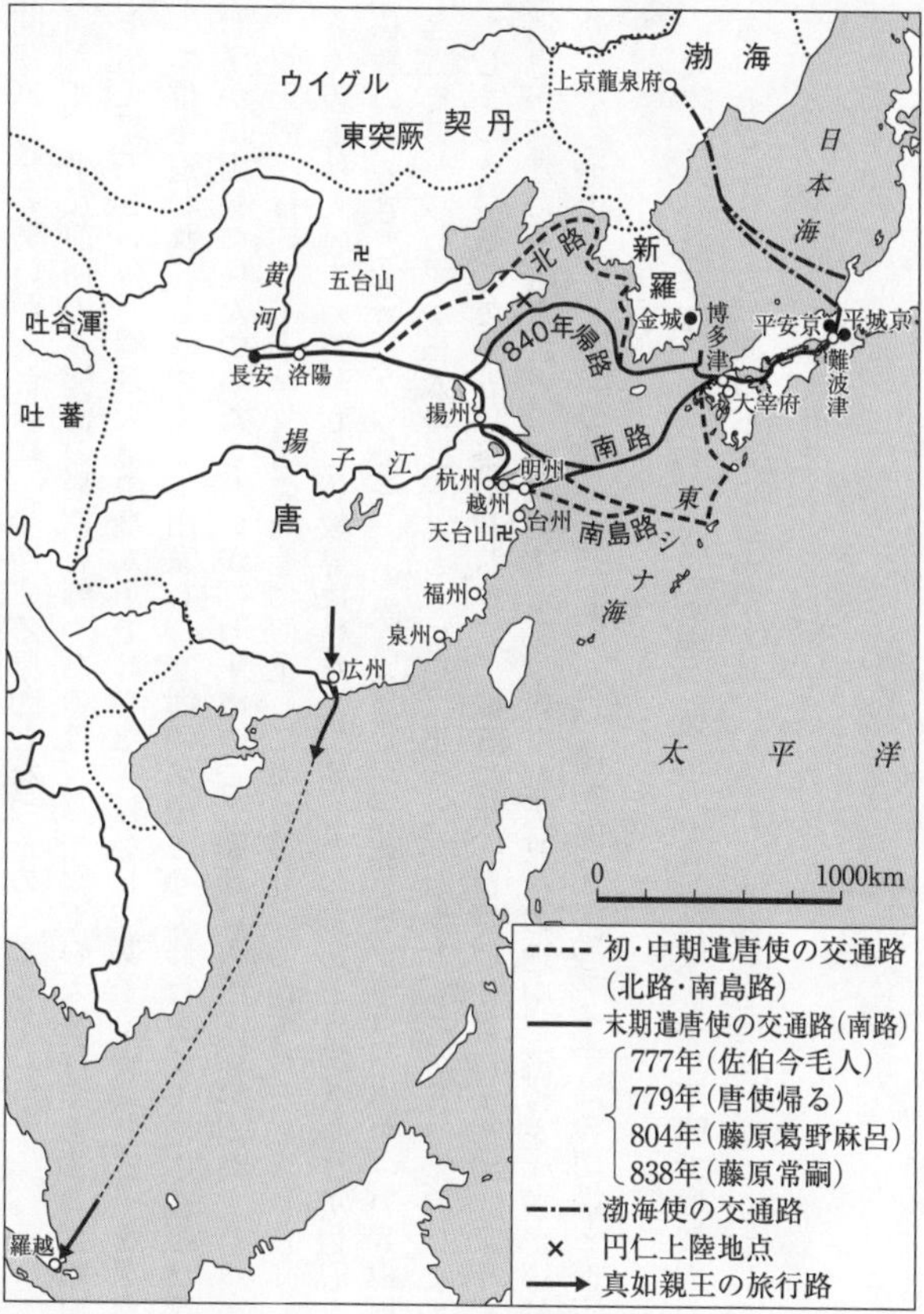

唐・渤海との交通路および真如親王の旅行路

間、真言宗の勢いが天台宗に一歩ゆずる原因となったのである。

さて、平安前期の渡海僧の最期を飾ったのは、真如《しんにょ》親王の天竺行《てんじくこう》である。真如親王は俗名を高丘《たかおか》親王といい、嵯峨天皇の皇太子であった。しかし、薬子の変（七五ページ参照）によって位を追われ、しばらくして出家し、空海の弟子として修行をつんだ。親王は都を避けてしずかに山科《やましな》に住んでいたらしいが、七十歳のころ朝廷に入唐を願い出た。

親王の一行約三十人は、唐の商船に便乗して海を渡り、やがて長安に入った。しかしおそらく親王は、唐末の堕落した仏教界にいたく失望したのであろう。さらに勇猛心を発して、仏教のふるさと天竺（インド）への求法《ぐほう》の旅に出発した。南方の広州《こうしゅう》（いまの広東《カントン》）へ着き、そこからわずか三人の従者とともに船に乗った。しかし、その後の消息はまったく絶えてしまった。そして十五年後の八八一（元慶《がんぎょう》五）年、留学僧仲瓘《ちゅうかん》によって、ようやく親王の消息が朝廷に報告された。それによると、親王は天竺への途中、流沙《りゅうさ》をすぎて羅越国《らえつこく》にいたり、そこで亡くなられたというのであった。羅越国は、マライ半島の南端と推定されている。

大陸との交通がはじまってほぼ一千年、親王の天竺行は、ある意味では最大の壮挙である。そこにひそむ信仰の不滅のかがやきは、われわれを感動させずにはおかないであろう。

第三章　良房・基経の時代

1　承和の変と良房の権力把握

良房、ことを構えて皇太子を追う

八四二（承和《じょうわ》九）年七月のある日、春宮坊帯刀《とうぐうぼうのたちはき》（皇太子の宮の護衛兵）伴健岑《とものこわみね》という下級武官が、故平城《へいぜい》上皇の皇子阿保《あぼ》親王をひそかにたずねてきた。かれは嵯峨《さが》上皇の病気が重くなったことを告げ、この機に乗じて親王のお供をして東国へいき、謀反を起こしたいと打ち明けた。

阿保親王の木像（奈良　不退寺蔵）

ところが、阿保親王自身には皇位継承の野心はまったくなかった。それどころか、かつて薬子《くすこ》の変《へん》で大宰府《だざいふ》に流されたつらい経験にこりていた。謀反の巻きぞえを食うことを心配した親王は、苦悩の末に太后橘嘉智子《たいこうたちばなのかちこ》

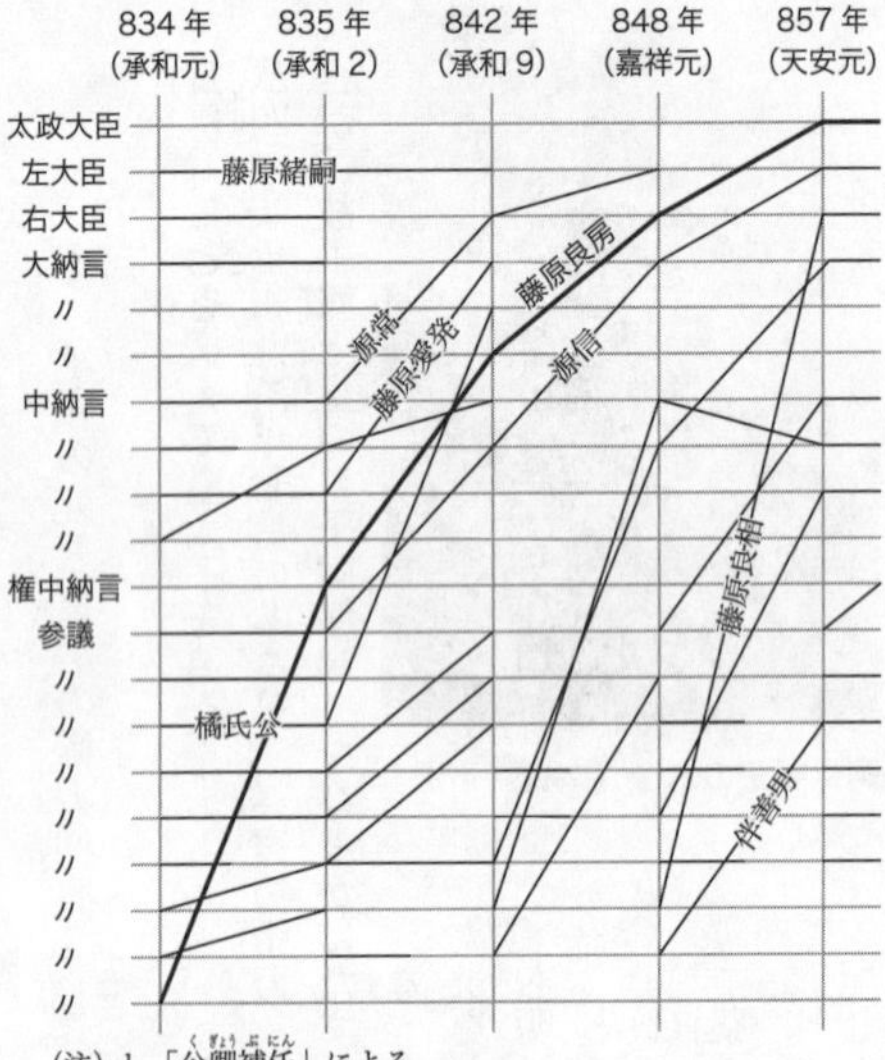

（注）1.「公卿補任《くぎょうぶにん》」による。
2. 良房が新官職に昇任した年ごとに示す。
3. その年に昇任した人は、高いほうの官職だけを示す。

良房の昇進

に密書で、この一件を報告した。太后もただちに腹心の中納言藤原良房《ふじわらのよしふさ》に命じて、密書を仁明《にんみょう》天皇にとどけさせた。

良房は嵯峨天皇の腹心であった冬嗣《ふゆつぐ》の子である。嵯峨上皇は良房を愛して、皇女源潔姫《みなもとのきよひめ》をその妻とした。臣下が皇女を妻にしたのは前例のないことで、良房の前途をかがやかしいものとした。かれは三十二歳のとき参議の末席から七人を越えて権中納言《ごんちゅうなごん》に昇進し、貴族たちの目をみはらせた。

良房はこのようにして政界に進出したのだが、かれはまた陰謀家・野心家ぞろいの藤原氏歴代の中でも屈指の腕きだった。密書を見るや、事件を一挙に皇太子恒貞《つねさだ》親王の退位にまで拡大してしまう。

七月十七日、にわかに六衛府が宮門《きゅうもん》・内裏《だいり》をきびしく警固し、近衛《このえ》の精兵が伴健岑と但馬権守《たじまのごんのかみ》橘《たちばなのはやなり》逸勢の家をかこみ、二人を捕えた。左右京職《さゆうきょうしき》が町々をパトロールし、また地方への出入り口である宇治橋《うじばし》・山崎橋《やまざきばし》・大原道《おおはらみち》・大枝道《おおえみち》・淀渡《よどのわたり》にも警備兵が出動した。この物々しいありさまは、久しく太平になれた都の人々を恐怖におとしいれた。

伴健岑・橘逸勢には連日きびしい拷問が加えられ、こらえかねた二人がなにごとか白状したものか、二十三日になると、良房の弟左近衛少将《さこんえのしょうしょう》藤原良相《ふじわらのよしみ》が、近衛四十人をひきいて皇太子恒貞親王の宮殿を包囲、皇太子の護衛兵を武装解除し、ただちに皇太子を廃する詔《みことのり》が出された。皇太子近臣の大納言藤原愛発《ふじわらのあらち》、中納言藤原吉野《よしの》、参議文室秋津《ふんやのあきつ》は都の外に追放された。廃太子《はいたいし》の詔は、その理由を次のように述べた。「伴健岑と橘逸勢の謀反はおそらく皇太子の知らないことだろうが、よくないうわさがいろいろある。その真相は故淳和《じゅんな》上皇（恒貞親王の父）の御恩を思い、深く問わぬことにするから、すぐに皇太子の位を去って無事をはかるがよい。」

数多くの犠牲者

詔文《しょうぶん》から推察すれば、かなり前から淳和系の皇太子とその近臣が、嵯峨系の仁明天皇・嘉智子太后・藤原良房と対立する傾向にあったらしい。しかし、阿保親王に東国入りをそそのかした春宮坊帯刀伴健岑が、あらかじめ皇太子の命を受けていたとは考えにくい。陰謀家良房は、健岑の不用意な言動と阿保親王の臆病な密告とをうまく利用したのではなかろうか。

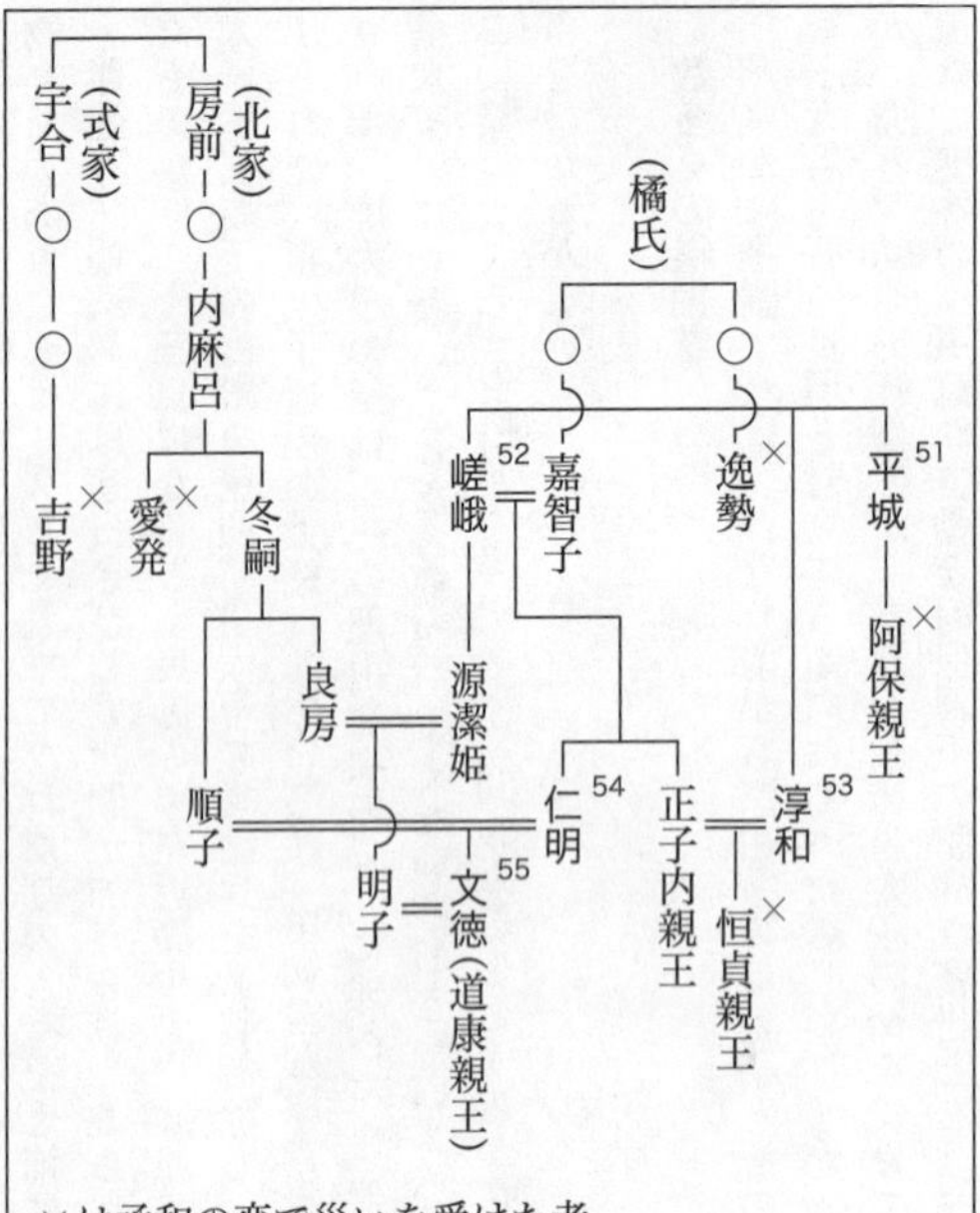

×は承和の変で災いを受けた者

良房の計画はまさに的中した。位を追われた恒貞親王に代わって、皇太子に立てられた道康《みちやす》親王は、良房の父冬嗣の娘順《より》子《こ》が産んだ皇子である。また愛発・吉野らの抜けたあとを受けて、良房は大納言に昇進した。十年後に、文徳《もんとく》天皇（道康親王）の外戚として権力をほしいままにする道が、ここに開かれたのである。

恒貞親王は、母の皇太后正子《まさこ》内親王の住む淳和院に送られ、やがてさびしく出家した。約四十年も後のことになるが、陽成《ようぜい》天皇が位を追われたとき、関白基経《かんぱくもとつね》が皇位の後継者として恒貞親王を迎えようとしたことがある。しかし親王は深く悲泣し、「仏典によれば、王位をいとうて仏道に入った者は数えきれない。しかし僧をやめて世俗の栄光をむさぼった者はいない。こういうことを持ちかけられるのは修行にとって邪縁《じゃえん》になる。」といって断食して死のうとしたという。よくよく良房の陰謀にこりていたことがわかる。

「三筆」の一人に数えられている橘逸勢は、橘《たちばな》の姓をうばわれ、「非人《ひにん》」という侮辱的な姓《せい》をあたえられて伊豆《いず》の国（静岡県）に流されたが、一ヵ月ばかり後に死んだ。無実の罪をいきどおっての自殺と思われる。密告した阿保親王も、事件後ひたすら引きこもり、三ヵ月後に突然世を去った。自分の密告によって思わぬ大事を引き起こした自責の念による自殺か、心の痛手による発病かであろう。いずれにせよ悲劇である。

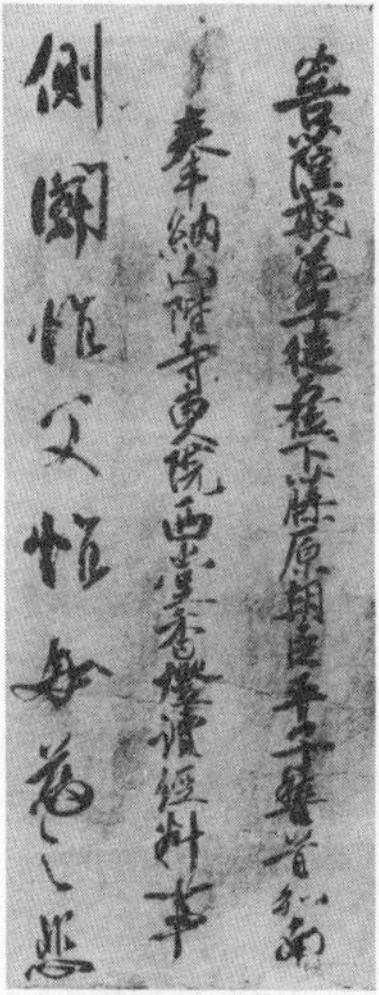

伊都内親王願文《いとないしんのうがんもん》（御物）。橘逸勢が書いたものと伝えられる

皇室は弱まり、良房権力をふるう

「承和の変」後の政局は、完全に良房を中心に回転する。上席には左大臣源常《みなもとのときわ》と右大臣橘氏公《たちばなのうじきみ》がいたが、二人とも政治家としては無能だった。源常は、いわゆる「嵯峨《さが》源氏《げんじ》」の一人だから、ここで嵯峨源氏について説明しておこう。

嵯峨天皇の五十人もの皇

52 嵯峨
- 源信（左大臣）
- 源弘（大納言）
- 源常（左大臣）
- 源寛（宮内卿）
- 源明（参議）
- 源定（大納言）
- 源鎮（出家）
- 源生（参議）
- 源澄
- 源安（備中守）
- 源清（出家）
- 源融（左大臣）
- 源勤
- 源勝（出家）
- 源啓（越前守）
- 源賢
- 源継（従三位）
- 源貞姫
- 源潔姫
- 源全姫（尚侍）
- 源善姫
- 源更姫
- 源若姫
- 源神姫
- 源盈姫
- 源声姫
- 源容姫
- 源端姫
- 源吾姫
- 源蜜姫
- 源良姫
- 源年姫

嵯峨源氏（「本朝皇胤紹運録」による）

子・皇女すべてに親王の待遇をあたえることは、とても国家財政が許さなかった。そこで八一四（弘仁《こうにん》五）年に八人の男女を皇族から下ろして源《みなもと》の姓をあたえ、源信《みなもとのまこと》を戸主として左京一条一坊に戸籍が作られた。これにならって合計三十二人の男女が源氏となった。そのうち常《ときわ》・信《まこと》・定《さだむ》・弘《ひろむ》・明《あきら》・融《とおる》などは、仁明朝から文徳朝にかけて次々に公卿《くぎょう》となったので、数からいえば藤原氏よりはるかにそろっていた。かれらがもしかたく結束したら、政治上の一大勢力になったろう。しかし、かれらは地位・名誉にとらわれず、政界のどろ水にもなじまなかった。むしろ世をいとい、仏門に帰依した者も多く、良房に対抗しようとする意欲などはみられない。

八五〇（嘉祥《かしょう》三）年、仁明天皇が亡くなり、若い文徳天皇（道康親王）が即位した。一ヵ月あまりの後、太后嘉智子も、天皇のあとを追うように亡くなった。これは、外戚良房の権

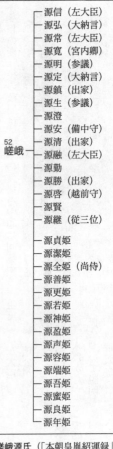

力をさらに大きくする絶好の機会である。しかも運命の皮肉といおうか、良房の娘で、新帝文徳天皇の女御《にょうご》（きさき）となっていた明子《あきこ》が、惟仁《これひと》親王を産んだ。かくて新帝がまだ君主としての実力を発揮しえないあいだに、良房は思いのままに工作し、生まれてわずかに九ヵ月目の惟仁親王を皇太子に立てることに成功した。

当時、正史《せいし》「三代実録《さんだいじつろく》」によれば、

大枝《おおえ》を越《こ》えて　走り越《こ》えて　あがり躍《おど》り越《こ》えて
わが護《も》る田にや　さぐりあさり食《は》む鴫《しぎ》や　雄々《おお》い鴫《しぎ》や

という童謡が世間にはやったという。大枝とは「大兄《おおえ》」つまり文徳天皇の長男惟喬《これたか》親王のことで、大枝を越えて食《は》む鴫《しぎ》とは、惟仁親王が長兄を抜いて皇太子になることを予言したものだとうわさされた。良房の強引なやり方に世の非難があったことを暗示するものであろう。

やがてこの無理から一つの波瀾《はらん》が起こる。

皇太子の交替をめぐる暗闘

文徳天皇には四人の皇子があった。第一皇子（惟喬親王）と第二皇子は、紀名虎《きのなとら》の娘の更衣《こういしずこ》静子がもうけ、第三皇子は参議滋野貞主《しげのさだぬし》の娘がもうけたものである。紀氏《きし》は名門だが、外戚だった光仁・桓武朝当時の勢いはなく、これを挽回することを期して娘を後宮《こうきゅう》に入れた名

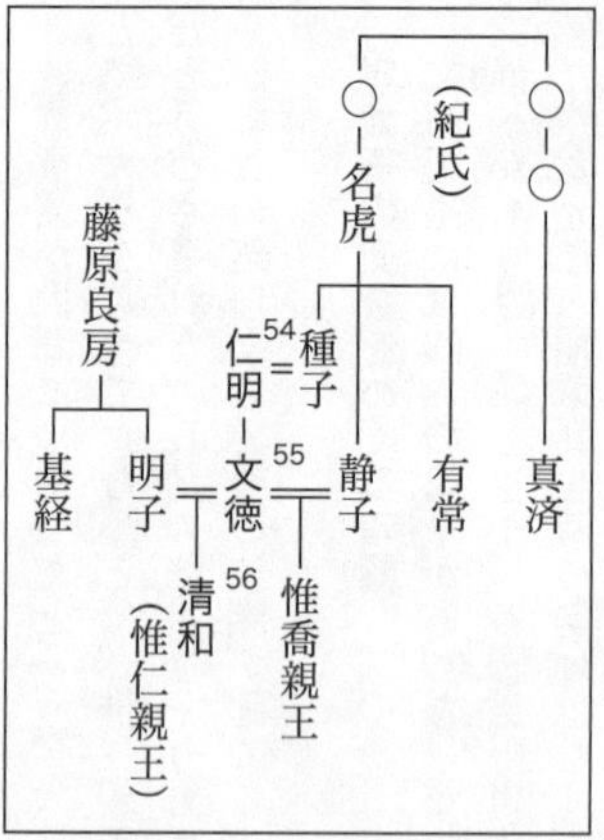

虎も、すでに世を去っていた。滋野貞主は学者として仁明天皇に用いられた人で、いわば成り上がり者にすぎない。つまり両氏とも、藤原氏に対抗する力を持っていなかった。だから、良房が第四皇子惟仁親王を皇太子とすることも、たいして難事ではなかったろう。

ところが、第一皇子惟喬親王は成長するにつれて非凡の素質を見せはじめた。君主としての経験と自信を深めてきた文徳天皇はこれを見て、惟仁親王の皇太子をひとまず廃して、惟喬親王を立てたいと考えるようになった。飛ぶ鳥を落とす勢いの良房も、他氏をことごとく政権からしりぞけて完全な権力をにぎっていた十一世紀の道長《みちなが》・頼通《よりみち》のように、安定した地位にいたわけではない。かれはとうてい天皇の意志を無視することはできず、勅命の下る前に惟仁親王に皇太子を辞退させようと考えたが、天文をみて運命を占うことを得意とした側近者のすすめによって、しばらく形勢を見守ることにした。文徳天皇は、皇太子の交替を大納言源信《みなもとのまこと》に命じた。しかし、信は良房に味方し、もし皇太子に罪があるならともかく、そうでなければ替えるべきではないと主張した。この間、紀氏の当主有常《ありつね》は、紀氏出身の僧正真済《しんせい》に祈禱《きとう》をたのみ、藤原氏も空海《くうかい》の弟子真雅《しんが》らに祈禱させるなど、激しい暗闘がくり広げられたらしい。藤原氏以外の衰えかけた氏族にも、まだチャンスをとらえて勢力を挽回しようとするエネルギーは十分に残っていたのである。

この舞台裏のあわただしい動きは正史《せいし》には一言半句も記されていないが、調べてみると根も葉もないうわさではなかったらしい。しかも後世になると尾ひれをつけた伝説がしだいにできあがる。たとえば、鎌倉《かまくら》時代の「平家物語」には、こんなふうに記されている。

両親王の外祖父名虎と良房は、競馬《くらべうま》と相撲《すまい》の勝負によって皇太子をきめようとした。まず競馬は惟仁方が六対四で勝ったが、相撲には身長七尺（二メートル十センチ）で六十人力の名虎がみずから惟喬方の力士となって出場し、惟仁方の力士を圧倒しかけた。形勢あやうしと聞いて、惟仁方の祈禱僧は剣で自分の脳を突き砕き、取り出した脳みそを護摩にたき、黒煙を上げて猛烈に祈ったので、ついに名虎が打ち負かされた——。

惟喬親王への人々の同情が、このような伝説を育てたのであろう。

良房、事実上の「摂政」となる

天皇の意志も紀氏の運動も、ついに良房の堅陣をおびやかすことができなかった。その上まもなく、八五八（天安《てんあん》二）年八月、文徳天皇は三十二歳の若さで急死してしまう。むろん病死だろうが、やや不自然なものが感ぜられないでもない。そして、紀有常や僧正真済は、位の昇進を止められたり引退に追い込まれたりした。文徳天皇の死を機として、良房の強大な権力と冷酷な意志は、いよいよ完全に発揮されるにいたったのである。

これより先、文徳朝の末期に、良房は右大臣から左大臣をとびこえて太政大臣《だいじょうだいじん》に任ぜられていた。この太政大臣という官職の性格は、後々まで問題となるので注意しておこう。令制《りょうせい》では、太政官の政務を担当する最高責任者は左大臣である。その上に立つ太政大臣は、「一人（天皇）に師範し、四海《しかい》に儀形《ぎけい》（模範）たり、その人なければすなわち欠く」と令《りょう》に規定され、つまり天皇の師となる有徳の人がつく最高顧問的な地位で、適当な人がいなければ欠員とすることになっていた。そして淳和朝《じゅんなちょう》にできた令の注釈書「令義解《りょうのぎげ》」によれば、べつにきまった政治上の職務はないことになっていた。文徳天皇が、これまで皇族以外についた者のないこの特別の地位を良房にあたえたのは、皇太子交替問題に敗れたつぐないだったかもしれない。

ところが、その後まもなく文徳天皇をついだ九歳の清《せい》和《わ》天皇（惟仁親王）は、もとよりまだ政治をとることができる年齢ではないので、天皇の師たる太政大臣の良房が天皇のおこなうべき国政を代行することになった。だ

燃え上がる応天門（「伴大納言絵詞」より）

からこのとき「摂政《せっしょう》」という新しい官職が設けられたわけではなく、令に定められた太政大臣の当然の機能として、良房は、天皇に近い地位に上ったのである。

2　反抗者と疎外者

応天門の炎上

藤原良房《ふじわらのよしふさ》が急速に権力を確立するにつれて、これに反抗して没落する者や、これに圧倒されて憂いにみちた日々を送る者などがいろいろ現れた。前者の代表は大納《だいな》言《ごん》伴善男《とものよしお》で、後者の代表は在原行平《ありわらのゆきひら》・業平《なりひら》兄弟である。十二世紀の「伴大納言絵詞《ばんだいなごんえことば》」という絵《え》巻物《まきもの》や、十世紀の「伊《い》勢物語《せものがたり》」は、かれらの演じた悲劇に同情した後世の人々によって創作されたもので、平安文化のかがやかしい遺産となっている。しかしここでは、フィクションでなく史《し》実《じつ》を追ってみよう。

清和天皇が即位して八年後の八六六（貞観《じょうがん》八）年閏《うるう》三月十日の夜ふけに、応天門に突然火の手が上がった。高い屋根棟の両端に鴟尾《しび》（魚の尾の形の装飾）を持ち、正面に空海《くうかい》筆の雄大な額をかかげたこの門は、東西に張り出した楼門《ろうもん》とともに完全に焼け落ちた。応天門は、即位《そくい》・朝賀《ちょうが》など、朝廷のもっとも重要な儀式のおこなわれる朝堂院《ちょうどういん》の正門である。その炎上は京中の人々に大きな衝撃をあたえた。その衝撃のさなかに、大納言伴善男が良房の弟右大臣藤原良相《よしみ》と打ち合わせて、突然検非違使《けびいし》を出動させ、左大臣源《みなもとのまこと》信の家を包囲した。信に応天門放火の疑いをかけたのである。

これより先、八六四年の冬、善男は、信が謀反を企てているという投書を取り上げて問題にし、また翌年春の除目《じもく》（人事異動）では、信の力を弱めるためにその従者をおおぜい地方に赴任させた。こうした一連の工作後の検非違使出動で、源信の政治生命はまさに風前のともしびに見えた。

太政大臣良房はすでに六十歳を越え、前年重い病気にかかったので政治の第一線をしりぞき、当時はおそらく成人した清和天皇がみずから政治をとっていた。したがって、良房はこの検非違使出動も事前には知らなかったようである。虚をつかれたかれは、ただちに、この勅《ちょく》が天皇自身の意志でないことを確かめ、勅使の派遣を請うて間一髪のところで信の逮捕をふせいだ。

逆境大伴氏の伴善男の野望

伴善男は、信を失脚させることによって、藤原良相とともに左右大臣に昇進することをねらったのであろう。かれは、七八五（延暦四）年に藤原種継《たねつぐ》暗殺の犯人として獄死した大伴継人《つぐひと》の孫である。当時、善男の父国道《くにみち》は佐渡《さど》の国（新潟県）へ流されたが、恩赦によって帰京し、後には昇進して参議になった。しかし、名門大伴氏の勢いを完全に取りもどすことはできなかった。そのうえ、「大伴《おおとも》」の名は淳和《じゅんな》天皇の諱《いみな》（大伴親王）にふれるというので、「大」を除いて伴氏《ともし》とあらためさせられた。かつて中納言家持《やかもち》が「さやけく負いてきにしその名ぞ」と、誇《ほこ》らかにうたった大伴の名である。それを失ったのは、大伴氏の衰運を象徴するといえよう。

　このような逆境から身を起こした善男が、人一倍強烈な野心をいだいたとしても、同情できないことではない。かれは手段を選ばず、立ちふさがる邪魔者を押しのけ押しのけ、政界の中心に進出しようとした。たとえば、ある僧が檀越《だんおち》（寺の世話をする有力者）の不正を太政官に訴えたとき、善男は六人の弁官《べんかん》（太政官の役人）の最末席にいたが、ほかの五人が違法の訴状を受理したと主張し、激しい論議の末、ついにその五人を解任の憂き目にあわせた。

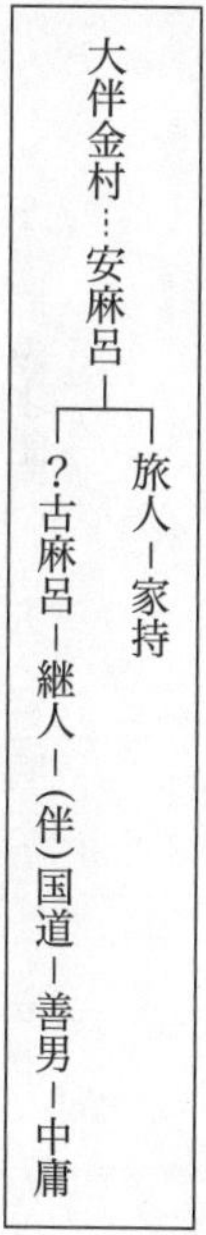

　先輩五人を失脚させることは、善男の昇進に有利だから、あえて先輩・同僚を攻撃したのであろう。異様にくぼんだ目、長いもみあげ、みるからに油断のならない顔つきをしたこの青年は、さわや

かな弁舌と抜群の才能で、巧みに仁明天皇にとりいり、たちまち公卿に昇進したのであった。

伴善男、みずから野望に倒れる

さて、源信《みなもとのまこと》はからくも罪をまぬがれたが、怪火の原因はまったくわからない。朝廷の内外には無気味な空気が満ちわたり、全国の社寺で、しきりに奉幣や読経がおこなわれた。ところが八月三日になって、左京に住む備中権史生《びっちゅうのごんのししょう》大宅鷹取《おおやけのたかとり》という下級役人が意外な密告をした。放火は大納言伴善男とその子右衛門佐《うえもんのすけ》中庸《なかつね》らの共謀だというのだ。密告者鷹取の身がらはただちに検非違使に預けられ、伴善男に対する尋問がはじめられた。しかし、善男のしたたかさに対抗できる者は、良房以外にはなかった。八月十九日、ふたたび良房に天下の政《まつりごと》をとりおこなわせるむねの詔《みことのり》が出た。これは清和天皇が、善男を信任してきた責任をとったものとも解釈されている。ともかく、すでに成年に達している天皇が、政務を臣下にゆだねるという異例の事態が出現したのである。

それにしても、鷹取の密告の真偽は、おそらく永遠に解けまい。密告のすこし前に、鷹取とその娘が善男の子中庸の従者生江恒山《いくえのつねやま》に襲撃され、娘が殺される事件があった。中庸とこの娘との間になにか感情のもつれでもあったのであろうか。もしそうだとすれば、鷹取が娘を殺された無念のあまり、世の疑惑の的である応天門の怪火を利用して、中庸とその父善男を罪におとしいれようとした、ということもありえよう。

後世の「宇治拾遺物語《うじしゅういものがたり》」では、右兵衛府《うひょうえふ》の舎人《とねり》某が伴大納言（善男）放火の現場を偶然みつけ、その後、この舎人の子と伴大納言の家来の子とがけんかしたとき、腹だちまぎれにそのことをおおぜいの前で口走ったことになっている。しかしそれはかなり脚色されているのであって、鷹取の密告にはでっちあげのにおいがする。そのでっちあげのかげに良房の手が動いていたかどうかまでは知るよしもないが、たとえ良房にしてやられたのだとしても、善男にはこれを恨む資格はなかった。なぜならば、人を無実の罪におとしいれるやり方は、善男自身が得意としてきたことだからだ。因果はめぐって、いまやかれ自身が墓穴をほることになった。

良房が摂政に復帰してからの取り調べはすさまじく激しかった。善男は最後まで否認しつづけたが、結局、中庸らが善男の命を受けて事を起こしたものと断定された。そして善男以下五人は、大逆罪として打ち首に当たるところを罪一等を減じて遠流《おんる》に処せられた。おびただしい財産もすべて没収され、伴氏、つまり名門大伴氏はこんどこそ決定的に没落してしまった。

応天門の放火がだれによって行われたにしても、事件の第一ラウンドでは、善男が信をほうむるために怪火を利用し、第二ラウンドでは、逆に良房が善男をほうむるためにそれを利用したのである。そこには貴族社会の暗い権力闘争があますところなく暴露されている。しかも良房は、このどさくさまぎれに、良吏の声望高かった紀夏井《きのなつい》をも遠流にしてしまう（一六三ページ参照）。大伴氏と並ぶ大和朝廷《やまとちょうてい》の名門紀氏《きし》も、先に名虎の系統が東宮争いで敗れたのにつづいて、もう一つの系統がここにくずれ去った。このとき、「最後に笑った」のは、まさしく老いたる良房である。

権力に背を向け風流に生きた行平・業平

八四二（承和九）年に起こったいわゆる承和《じょうわ》の変《へん》の密告者阿保《あぼ》親王が亡くなったとき（一二五ページ参照）、その子在原行平《ありわらのゆきひら》は二十五歳、同じく業平《なりひら》は十八歳だった。父の密告と急死は、もっとも傷つきやすい年齢の兄弟にとってどんなに大きいショックだったであろうか。かれらは世の中に背を向けて、摂津《せっつ》の国（大阪府）にあった在原氏の所領などで気の合った青年貴族たちと風流の遊びにふけった。布引《ぬのびき》の滝《たき》（神戸市）のほとりに、行平の「涙《なみだ》石《いし》」という石があり、また、

こき散《ち》らす滝《たき》の白玉《しらたま》ひろいおきて　世の憂《う》きときの涙《なみだ》にぞ借《か》る

という歌が石碑にほられている。みなぎり落ちる滝の水玉を見るにつけても、かれは「世の憂きとき」の涙をさそわれていた。行平が良房《よしふさ》の子基経《もとつね》の権力に屈しなかったことは後に述べるが（一六一ページ）、その反骨はこの青年時代の深刻な体験によって養われたのであろう。

それはともかく、藤原氏の権力に背を向けた、この行平・業平兄弟を中心として、宮廷の

はなやかな唐風《とうふう》文化のかげで久しくかえりみられなかった和歌のグループが、ふたたび現れはじめた。もっとも、和歌の復興については、良房も貢献者の一人である。それは娘の明子《あきこ》（文徳《もんとく》天皇の女御《にょうご》）の前で、明子と花びんの桜の花を見くらべつつ、

年ふればよわいは老《お》いぬ　しかはあれど花をし見れば物思いもなし

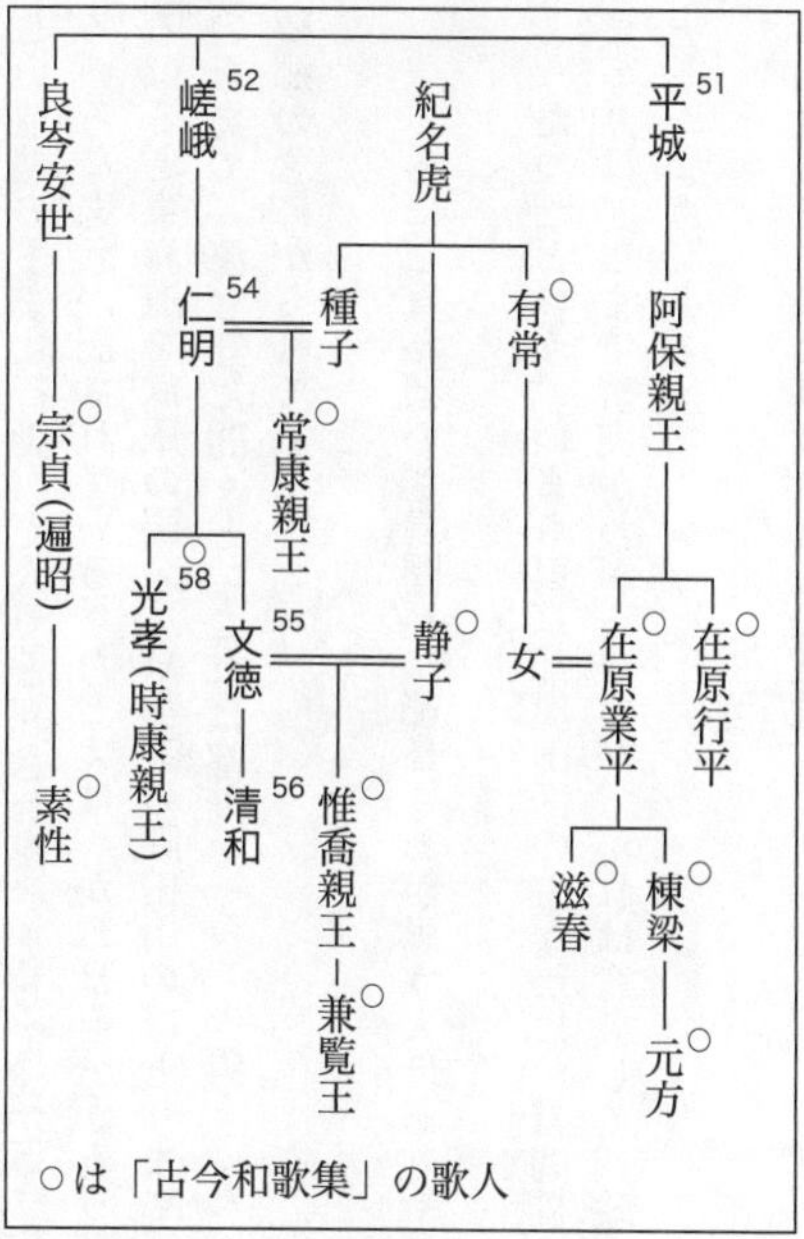

と詠んだ作によってもわかるように、後宮《こうきゅう》ののどかなみやびとしての詠歌であった。これに対して在原兄弟のグループは、宮廷とも権力とも隔絶したところで成長した。それはいわば在野の風流である。

兄弟のうちでもとくに弟の業平は、正史「日本三代実録」に「体貌閑麗《たいぼうかんれい》、放縦《ほうしょう》不拘《ふこう》」つまり「美男で、激

しい情熱のままに行動した人」と評された。そして、「古今和歌集《こきんわかしゅう》」や「伊勢物語《いせものがたり》」にはいろいろな逸話が記されている。たとえば、かれは自分がもう都に用なき身だと絶望して、はるばると東海道を武蔵《むさし》の国（東京都）の隅田《すみだ》川のほとりまで下った。そこで白い水鳥の遊ぶのを見て、渡し守に聞くと「これは都鳥《みやこどり》です。」とのことだったので、業平は思わず激しい望郷の念にかられて、

名にし負わばいざ言問《ことと》わん都鳥　わが思う人はありや無《な》しやと

とうたったという。いまも東京都墨田《すみだ》区の町なかに、言問橋《ことといばし》や業平《なりひら》町の地名がある。業平の東下《あずまくだ》りはどこまで事実かわからないが、かれは意識して、政治の世界から自分を疎外しようとしたようである。

和歌に託す「わび人」たちの抵抗

この業平とともに、和歌復興の先駆者として、後に「六歌仙《ろっかせん》」とよばれたのは、僧正遍昭《そうじょうへんじょう》・小野小町《おののこまち》・大友黒主《おおとものくろぬし》・文屋康秀《ふんやのやすひで》・喜撰法師《きせんほうし》である。これらのうち、あとの三人は作品もほとんど残らず、喜撰法師などは、実在の人かどうかさえよくわからない。小野小町も、出羽《でわ》の国の郡司《ぐんじ》の娘で采女《うねめ》（宮廷に仕えた郡司の娘）だとか、小野篁《おののたかむら》の子孫だとか、あるいは、女房《にょうぼう》（女官《じょかん》）・更衣《こうい》（きさき）だとかいわれて、その実体はよくわからない。しかし彼

女の歌には、有名な、

花の色はうつりにけりな　いたずらにわが身世にふるながめせしまに

をはじめ、哀切《あいせつ》な歌が多い。はなやかな宮廷の中にいながら、さびしい物思いにたえない個性と境遇であったらしい。そして、彼女にあこがれ、同情する後世の人々によって、さまざまな小町伝説が形作られ、業平とならんで、王朝の美男・美女の代表とされるようになった。

遍昭は、出家以前の名を良岑宗《よしみねのむね》貞《さだ》といい、桓武《かんむ》天皇の孫にあたる。仁明《にんみょう》天皇に寵愛されて蔵人《くろうど》頭《とう》として世に時めいていたが、天皇の急死によって世の中に絶望し、ただちに比叡《ひえい》山に登って出家した。

「三十六歌仙絵」の小町と遍昭（佐竹本）

みな人は花の衣《ころも》になりぬなり　こけのたもと（僧衣《そうえ》の袖《そで》の涙）よ乾きだにせよ

という歌は、翌年、天皇の喪《も》が明けて宮廷の人々が春の装いになったと聞いたとき、自分のさびしい境遇をかえりみたのである。かれは、仁明天皇の皇子で後に天皇の位につく時康《ときやす》親王（光孝《こうこう》天皇）などとグループを作って、早くから和歌に親しんでいた。また、かれと同様に、仁明天皇の死を悲しんで出家した常康《つねやす》親王（仁明天皇の皇子）らと、親王の住む雲林院《うりんいん》で花や月をめでつつ、「わび人」の交わりを結んだ。

このようにして、唐風文化はなやかな宮廷を離れたところに、和歌の新しい芽がひそかに育ちつつあった。あとで述べるように、やがて九世紀の末になると、それは宮廷の晴れの場所へ進出するが、いまは、和歌がおもに良房の権力に対する消極的な抵抗の中から現れたことに注意しておこう。

そうした抵抗の頂点をなしたのは、あの皇太子争いに敗れた惟喬《これたか》親王を中心とする、風流のグループである。親王は、おじの紀有常《きのありつね》や、有常の娘を妻とした業平らを従えて、淀《よど》川沿岸の水無瀬《みなせ》の離宮などに遊んでは、酒をくみかわしつつ和歌に熱中した。やがて親王は病気のために出家して、比叡山のふもとに隠遁したが、業平はわざわざそこをたずねて、

忘《わす》れては夢《ゆめ》かとぞ思う　思いきや　雪踏《ふ》み分《わ》けて君を見んとは

と心にしみいるような歌を詠んでいる。業平の歌に対して、後に『古今和歌集』の撰者紀貫《きのつら》之《ゆき》は、「その心あまりて、ことば足らず。」と手きびしく批評したが、これは裏返しにいえば、業平がことばに表せないほど複雑で深刻な思いを、心の底にひそめていたことになるであろう。それは良房から基経へとリレーされる藤原氏の強大な権力からはじき出された、多くの人々の気持ちを代弁するものであった。

3　基経の天皇廃立

清和上皇の異常な仏道修行

八七二（貞観《じょうがん》十四）年九月、良房《よしふさ》の死によって政界は藤原基経《ふじわらのもとつね》の時代となる。基経は良房の兄長良《ながよし》の三男で、おじ良房に男子がなかったので、見込まれて養子になった。応天門《おうてんもん》の変《へん》の直後、かつての良房と同様に、七人を越えて中納言に躍進し、その後実質的には朝廷の政治をリードしていた。かれはまじめで学問好きな性格である。したがって、良房のように陰険な策謀によって政敵をほうむることをせず、理詰めに事を運んで政敵を窮地におとしいれることを得意とした。

応天門の変の直後に良房に政治をまかせた清和天皇は、良房の死の直前には、ふたたび親政をおこなっていたのかもしれない。しかし、肉体的にも精神的にも虚弱な天皇は、次々に起こるひでりや火災などにひどく心を痛め、しだいに仏教に心をひかれるようになった。とくに八七六（貞観十八）年四月に大極殿が焼失した打撃によって、天皇は決定的に退位の気持ちを固めたようで、十一月、皇太子貞明《さだあきら》親王（陽成《ようぜい》天皇）に位を譲った。基経の妹高子《たかいこ》の産んだこの皇太子はまだ九歳だった。そこで基経に、「幼主を保輔《たす》けて、天子の政を摂《と》り行うこと、忠仁公《ちゅうじんこう》（良房）の故事のごとくせよ。」という詔《みことのり》が下った。

譲位後の清和上皇は、仏教の修行に専念し、ついに基経の別荘粟田院《あわたのいん》を寺に改造した円覚《えんがく》寺《じ》に入って、出家してしまった。後の院政時代の上皇たちをみてもわかるように、上皇と仏教との関係は例外なく深いが、清和上皇ほど純粋で熱烈な道心を持った上皇は一人もいない。

上皇は山中《さんちゅう》修行《しゅぎょう》をこころざし、大和《やまと》の国の寺々をめぐり歩いた末、ついに丹波《たんば》の国（京都府）の山深い水尾《みのお》山寺《さんじ》をたずねて、この寺を最後のすみかと定めた。そのため、水尾《みのお》に仏堂を造営することとしていったん帰京したが、このときには、もはや二、三日に一度くらいしか食事をとらず、文字どおり骨身をけずる苦行に明け暮れていた。しかしこの苦行によって、もともと病弱な上皇の肉体は急速に衰弱し、八八〇（元慶《がんぎょう》四）年に、三十一歳のみじかい一生を閉じた。

いったい、なにが上皇を、この異常ともみえる道心と苦行にみちびいたのだろうか。一歳で皇太子に立てられてから二十余年間、陰険な権力闘争は絶えずこの上皇をめぐってうず巻いた。それが世をいとうにいたった大きな原因であったとすれば、清和上皇もまた、兄惟喬《これたか》親王に劣らぬ悲劇の人といわなければならない。そして一方、文徳《もんとく》・清和《せいわ》両天皇の夭折は、良房・基経に大きな権力をにぎらせる有力な原因となったのである。

母后の乱脈・少年天皇の粗暴

さて、目を幼少の陽成天皇の宮廷に移すと、ここには父上皇のきびしい仏道修行とはまったく反対の情景が展開していた。少年天皇はやんちゃで、馬きちがいだった。貴族で馬を愛好するのは当時ふつうのことだったが、天皇はいささか並みはずれていた。内裏の空き地にみずから馬を飼い、馬寮《めりょう》の下級役人で素行のよくない若者たちがそこに出入りして、とり澄ました貴族たちのまゆをひそめさせる荒々しいふるまいを演じていた。

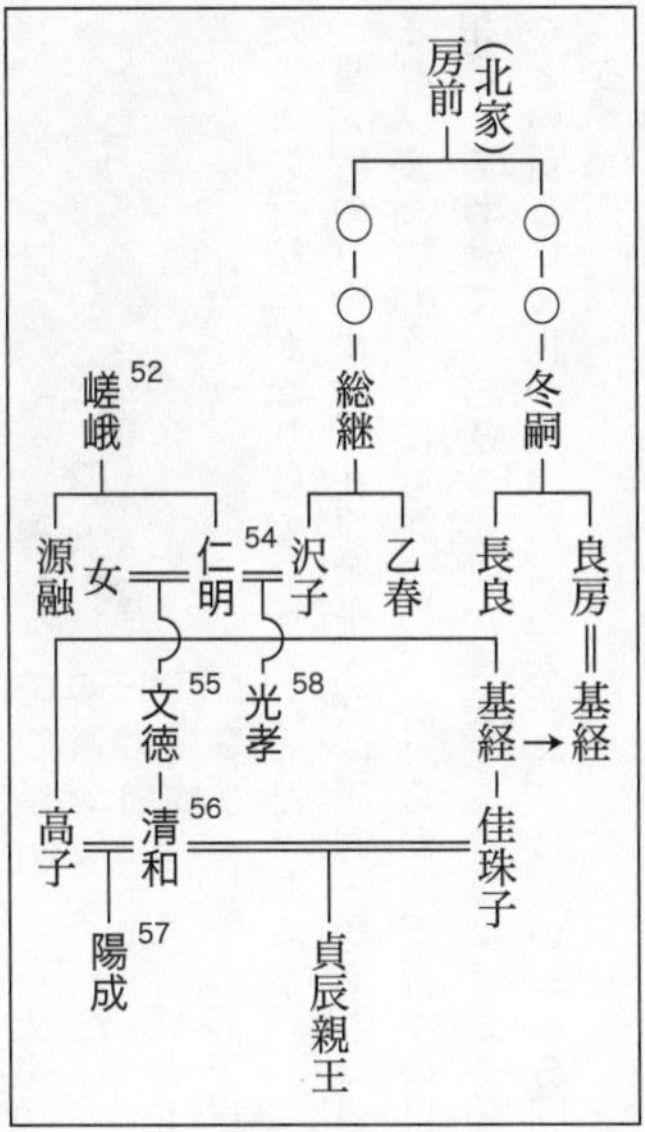

こうした乱脈を取り締まる責任は、内裏に同居している生母高子《たかいこ》皇太后にあったが、この皇太后がまたはでな人がらである。彼女は陽成天皇を産むときに、安産を祈って東光寺《とうこうじ》という寺を建立《こんりゅう》していたが、夫の清和

藤原高子の自署（「藤原高子願経」の奥書、陽明文庫蔵）

天皇の死後もこの寺に出入りして風紀をみだし、やがて八九六（寛平《かんぴょう》八）年に皇太后の地位からおろされてしまう。このとき、高子皇太后はもう五十五歳である。若かったころの行状はかなりはでなものだったであろう。

皇太后の宮殿には、在原業平《ありわらのなりひら》・文屋康秀《ふんやのやすひで》・僧素《そうそ》性《せい》（遍昭《へんじょう》の子）などの歌人がにぎやかに召され、また物もうでにも従った。かれらが四季折々の自然や諸国の名所を主題として詠んだ和歌にあわせて、宮廷の絵師が優美な絵をびょうぶや障子に描く。こうして、和歌・大和絵《やまとえ》などの新しい文化が興った。皇太后高子は、いわゆる国風文化のためには大きな貢献をしている。

しかしこのことは、政治上にはかならずしも好ましい影響をおよぼさなかった。たとえば、美貌と和歌の名手としては名高くても、政治手腕にはまったく欠けていた在原業平が、陽成天皇の蔵人頭《くろうどのとう》に抜擢《ばってき》されたのも、おそらく皇太后高子の推薦であった。しかし、こんな人事が謹厳な基経の気に入るはずはない。

業平は在任わずかに一年で、八八〇（元慶四）年に亡くなったが、そのころから、基経と天皇との対立はようやく表面化してきた。基経は摂政の職務をおこなうことを拒否し、私邸の堀川殿《ほりかわどの》にひきこもることが多くなった。太政官の役人は、わざわざ堀川殿まで駆けつけて、決裁を請わなければならなくなった。

そのうちに、基経の意向を無視した人事がおこなわれたためであろうか、公卿《くぎょう》一同が成選《じょうせん》短冊《たんざく》の奏《そう》（その年に位《くらい》の昇進する者の名簿を奏上する儀式）への出席を拒否するような、非常事態も起こった。やがて天皇が十五歳の成人に達すると、基経は正式に摂政を辞退した。天皇と基経との間は、完全に冷たい戦争の状態となった。

基経、ついに天皇を廃す

破局はついに翌八八三年十一月に起こった。陽成天皇が、乳母《めのと》の子で殿上《てんじょう》に近侍《きんじ》していた源　益《みなもとのまさる》という者を、なにが原因かわからないが、お手討ちにしたのである。お手討ちは、後の武家時代ならいくらもあるが、謀反人さえも死刑にしなかった当時のことである。貴族たちにあたえた衝撃は大きかった。基経は意を決して、内裏の粛正にふみきった。かれはただちに参内して、天皇を取り巻く不良分子を追放し、さらに三ヵ月後、天皇の廃立を断行した。

陽成天皇は貴族層の信望を失っていたから、廃立は一致した支持のもとにおこなわれたようである。しかし、皇太子のいない状態で後継の天皇をきめるのは大問題であった。密議が繰り返された末、結局、基経の意図によって、仁明《にんみょう》天皇の皇子で五十五歳の時康《ときやす》親王に、白羽の矢が立てられた。

皇子たちの中には、時康親王よりも自分のほ

基経の自署（「貞観寺田地目録」末尾、仁和寺蔵）

うが資格があるといった気持ちの人々も何人かいて、左大臣源 融《みなもとのとおる》（嵯峨天皇の皇子）は、「近き皇胤《こういん》をたずぬれば、融《とおる》らもはべるは。」とうそぶいたという話が、「大鏡」に伝えられている。しかし、基経は巧妙にこうした動きを押えた。基経は、かれの娘佳珠子《かずこ》の産んだ貞辰《さだとき》親王（陽成天皇の弟）をも候補に推そうとしなかった。

後世の歴史家は、基経のとった態度を公明正大だとしているが、実は、かれの読みはもうすこし深かったのだ。天皇廃立という重大なときに、自分の孫を推したのでは貴族層の心からの支持はえられまい。しかも、いかに血の近いあいだがらでも、甥《おい》の陽成天皇との関係のようにこじれることもある。それにくらべて、時康親王は基経のいとこ（二人の母が姉妹）で、しかも若いときから親友ともいえる仲だった。基経はこの旧友を天皇に立てることによって恩を売り、その下で政治の実権をにぎることを最上の策と考えたのに違いない。

はたして、思わぬ幸運に感謝した光孝《こうこう》天皇（時康親王）は、みずから進んで基経に政務を一任することにした。基経も打って変わったように勤勉に政務にあたった。ところが、ここにはからずも一つの問題が起こる。それは太政大臣が細かい政務にたずさわってもよいかということであった。

基経はこれより先清和上皇の遺詔《いしょう》によって、太政大臣に上っていた。前に述べたように、太政大臣は天皇の師となるべき地位ではあるが、光孝天皇は幼少でも病弱でもないのだから、太政大臣が細かい政務にまでたずさわるのは不自然である。しかし、それでは老天皇のもとに実権をにぎろうとした基経の真意にそむくから、天皇はわざわざ明経道《みょうぎょうどう》や文章道《もんじょうどう》の学者の意見をもとめた。学者たちも、天皇と基経の真意を察しないほど世間知らずではなかった。たとえば、式部少輔《しきぶしょうゆう》兼《けん》文章博士《もんじょうはかせ》菅原道真《すがわらのみちざね》は、太政大臣には本来細かい職掌はないけれども、といって政治と完全に切り離された形だけの地位でもないという、苦しい解釈をもってこたえた。

天皇は、ともかくこれで名目が立ったとして、八八四（元慶八）年六月、基経に特別の詔を下した。

今日より官庁《かんちょう》（太政官の庁舎）に坐《いま》して、万《よろず》の政《まつりごと》を領《うしは》き行い、入りては朕躬《わがみ》を輔《たす》け、出《い》でては百官《もものつかさ》を総《す》ぶべし。奏《まう》すべき事、下《くだ》すべき事、かならず先《ま》ず諮《と》い稟《う》けよ。朕《われ》まさに垂拱《すいきょう》して成るを仰《あお》がんとす。

これは、「臣下から天皇に奏上することも、天皇が役人に命ずることもすべて基経が取りあつかえ。天皇自身はなにもしないでこれに一任しよう。」という趣旨の詔である。つまり光孝天皇は、あたかも未成年の天皇と同様な、名目だけの存在になることをみずから宣言したのであった。「関白」という名称はこの詔にはまだあらわれないが、これは実質的に関白のはじまりである。こうして基経は、最高の地位と完全な権力を一身に備え、まさに全盛をほしいままにすることになる。

4　律令政治の衰退

本来の政治方式はくずれる

中央で権力への暗闘が繰り返されていた良房《よしふさ》・基経《もとつね》の時代に、社会情勢や地方行政はどうなっていったろうか。

承和《じょうわ》の変《へん》以後、北家《ほっけ》藤原氏は他氏を排斥して権力を独り占めにすることに全力をあげてきた。そのために、藤原氏が伝統的に使命としていた律令体制維持の努力が、おろそかになる傾向が現れた。それはなによりも、太政官政治の方式がくずれはじめたことにみられる。

これまで天皇は、毎日早朝、大極殿《だいごくでん》あるいは紫宸殿《ししいでん》に臨んで、重要な政務にみずから裁決を下すたてまえになっていた。これを「朝政《ちょうせい》」とよぶが、それがきちんと行われたのは仁明《にんみょう》朝《ちょう》までだった。また、大臣以下が太政官庁に集まって、中央の役所や諸国の国司《こくし》から報告された事項を審議し裁決する、太政官政治本来の方式もおとろえて、政務はもっと略式な「官《かん》政《せい》」「外記政《げきせい》」「陣定《じんさだめ》」（「仗議《じょうぎ》」ともいう）などによって処理されるようになった。「官政」とは、各役所から提出された文書を、弁官《べんかん》（太政官の事務局）に処理させることであり、「外記政」とは公卿《くぎょう》が外記（太政官の書記）の庁舎で政務を審議することであり、「陣定」とは、紫宸殿の東側にある宜陽殿《ぎようでん》（後には紫宸殿東北廊）・校書殿《きょうしょでん》のひさし（広縁《ひろえん》）に定められていた左右近衛の陣（詰め所）を用いて公卿が会議を開き、諸案件を取りきめることである。

　このような略式の方法は、以前の重々しい形式にくらべてむしろ能率的であったが、反面、遠大な政策やきびしい威厳を国政から失わせることになった。しかもその審議の内容はしだいにマンネリズムになり、実質よりも形式や先例が重んじられるようになった。

蔵人所・検非違使の出現

太政官の下部機構もしだいにくずれた。平城朝《へいぜいちょう》以後宇多朝《うだちょう》までの何回かの統廃合（七三ページの表参照）によって、九世紀末になると令制《りょうせい》の役所のほぼ半数は姿を消したが、代わって、令制にない新しい役所がいろいろ作られた。もっとも有名なのは蔵人所《くろうどどころ》で、別当《べっとう》（大臣・納言が就任）・頭《とう》（文官の弁を本官とする者と、武官の近衛中将を本官とする者の二人が並ぶことが多い）のもとに五位・六位の有能な者が蔵人に選ばれて、天皇の日常生活に奉仕し、太政官との連絡にあたり、政治上に重要な役割を果たす制度が、宇多天皇のころに完成する（第二章の1参照）。令制では五位以上と六位以下には大きな身分の差があったが、蔵人は清涼殿《せいりょうでん》の殿上に勤めるはなやかな職務なので、六位でも特別に名誉の職とされた。蔵人でない者が清涼殿への昇殿を許されるには、官位とは別に天皇じきじきの宣旨《せんじ》（おおせ）を賜ることが必要で、この宣旨をうけた者を「殿上人《てんじょうびと》」とよぶが、こうした資格も令制の官位体系のほかに発達するのである。

　蔵人所とならんで有名な検非違使《けびいし》は、令制の衛門府《えもんふ》の武官のうちから選んで兼務させる令《りょう》外官《げのかん》で、嵯峨《さが》・淳和朝《じゅんなちょう》ごろにほぼ組織が作られた。令制では平安京中で起こった犯罪（非《ひ》違《い》）の検挙やその裁判は、弾正台《だんじょうだい》・左右京職《さゆうきょうしき》・刑部省《ぎょうぶしょう》が分担していたので、ひどく能率がわるかった。ところが、検非違使には有能な明法道《みょうぼうどう》の専門家や武力に長じた者が用いられ、警察と裁判を一手に引き受けたので、おおいに民衆におそれられた。そのほかにも多くの令外官が必要に応じて作られた。こうして令制本来の整然とした官庁組織はしだいに変質、解体していくのである。

調・庸の方式もついに実施困難に

このような政治体制の変化と並行して、造籍《ぞうせき》・班田《はんでん》がおくれ、公民の確保と調・庸の収取が困難となった。すこし後のことであるが、九一四（延喜《えんぎ》十四）年に、文章道の学者三善清《みよしきよ》行《ゆき》が朝廷に提出した「意見封事《ふうじ》」（天皇に直接差し出す意見書）の中に、公民の減少についてこんな例をあげている。

備中《びっちゅう》の国（岡山県）邇磨郷《にまのごう》は、昔天智《てんじ》天皇のとき二万人の兵士を徴発できたので、二万郷《にまのごう》（邇磨郷）と名づけられたほど、繁栄した土地であった。ところが奈良時代後期に一千九百余人いた課丁《かてい》（調・庸を納める男子）が、百年後の清和朝《せいわちょう》には七十余人、さらに三十年後に清行が国司として赴任したときには、わずか九人に激減し、その後一人もいなくなってしまったと。

ここにいう兵士二万人というのは「ニマ」の地名の由来を語る伝説にすぎないし、以後の

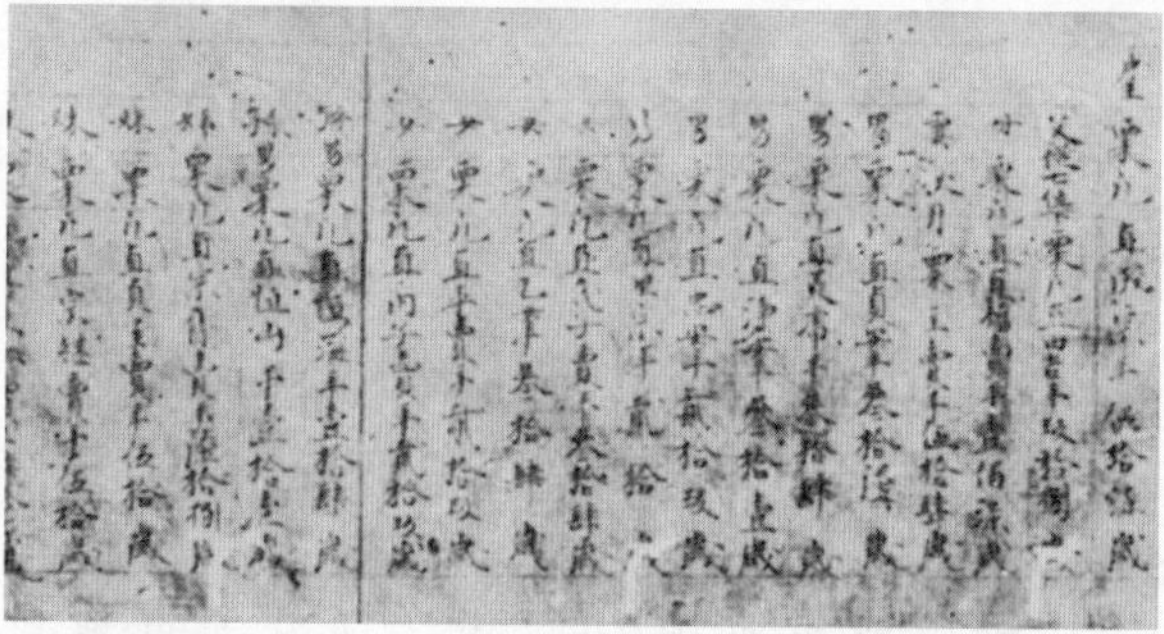

902（延喜2）年の阿波の国（徳島県）の戸籍。女の数が極端に多い（蜂須賀家蔵）

減り方にもかなり誇張があるかもしれない。しかしこのような例をあげた後、清行は、「この一郷をもってこれを推しはかるに、天下の虚耗《きょこう》（富が減ってなくなること）掌《たなごころ》を指すがごとくに知るべし。」と慨嘆している。大勢としてはまったくそのとおりであった。

　このように公民が減少したのは、もちろんかれらが死に絶えたわけではない。一つの原因は前（第一章の3）に述べた、浮浪人・勘籍人《かんじゃくにん》など、合法的あるいは非合法的に調・庸の負担をまぬがれる者が増加したためである。九〇一（延喜元）年に、播磨《はりま》の国（兵庫県）の国司は、「この国の百姓の過半は都に出て『六衛府の舎人《とねり》』となる。かれらが帰国してももはや都で調・庸免除の資格をもらっているから、国司がどうすることもできない。」と訴えているほどである。

　もう一つの原因は、偽籍《ぎせき》、つまり国衙《こくが》の作る戸《こ》籍《せき》・計帳《けいちょう》にいつわりの記載がひどくなりだしたことである。九〇二（延喜二）年の阿波《あわ》の国（徳島県）田上郷戸《たがみごうこ》籍《せき》や、九〇六年の周防《すおう》の国（山口県）玖珂郷戸《くかごうこ》籍《せき》を見ると、前者では、四百三十五人のうち女子が三百七十六人、後者では三百二十九人のうち女子が二百四十三人も記載されている。しかもこれは特殊な例ではない。九〇二年の太政官符《だいじょうかんぷ》には、どの戸籍にもだいたい一戸に一男十女とか、あるいは男なしと記してある、と指摘している。

なぜこのようなでたらめが行われたのか。女子は口分田《くぶんでん》を受けるだけで調・庸を課されないので、農民は男女をいつわって申告し、国司は政治の形式をとりつくろうために、かまわずその申告を承認した。つまり、官民なれあいで、麗々しく国印を押した不正の戸籍を作ったのである。

こうして、公民から調・庸を取り立てることは年を追って困難になった。桓武朝《かんむちょう》以来、調・庸の粗悪や未進《みしん》について国司の責任を追及した太政官符が、くり返しくり返し発せられたが、そのこと自体、追及の実効が上がらなかったことを示すにすぎない。八五二（仁寿《にんじゅ》二）年の太政官符によれば、諸国の累積した未進分を調査すると、はなはだしい国では数十年前、少ない国でも五、六年前からのものがあった。

政府は未進分を国司の収入から差し引くことにしたり、成績の悪い国司に体刑を科すとおどかしたり、前年までの未進総額の十分の一を当年分に加えて納めさせるようにしたり、さまざまな方法で国司を責めたてたが、十世紀に入ると、もはや完納する国司のほうがまれになった。しかも納められる調・庸は年を追って粗悪になった。八六四（貞観《じょうがん》六）年の太政官符は、諸国の調・庸の絹がくもの網の破れかかったような品物で、布（麻布《あさふ》）などはただ糸がつながっているだけだと酷評している。

これは織物技術がだんだん低下したわけではない。農民が良品を地方地方の市などで必要品と交易《こうえき》（物々交換）することにまわし、故意に不良品を調・庸に納めたからだ。つまり調・庸という課税方式そのものが、経済の発展にそぐわない、不自然なものになってきたのである。八八七（仁和《にんな》三）年に政府は、昔の調・庸の絹を正倉《しょうそう》からさがし出して、これを基準にして織らせるようにと、国司たちに命じたりした。しかしそのような処置では、もちろん事態がたいして改善されるものでもなかった。

課税の重点を調・庸から正税へ

政府は当然、調・庸に代わる効果的な課税方式を考えなければならない。そこで、つかまえにくい人を対象とする調・庸よりも、動かすことのできない田地を対象とする「出挙《すいこ》」に、収取の重点が置き替えられた。出挙も、平安初期までは戸または人に割り当てられたために、負担に苦しむ公民の浮浪・逃亡の原因となったことは前（第一章の3）に述べたが、八二二（弘仁《こうにん》十三）年に河内《かわち》の国（大阪府）で、新しい出挙方式が実施された。この国には浮浪人をかかえこんだ荘園《しょうえん》が多くて、公民として把握できる人数がとくに少なかった。そこで公田と私田の区別なく、とにかく田地一町ごとに正税《しょうぜい》三十束ずつの出挙を割り当てることにした。こうした税負担の単位を「名《みょう》」（または「負名《ふみょう》」）というのである。

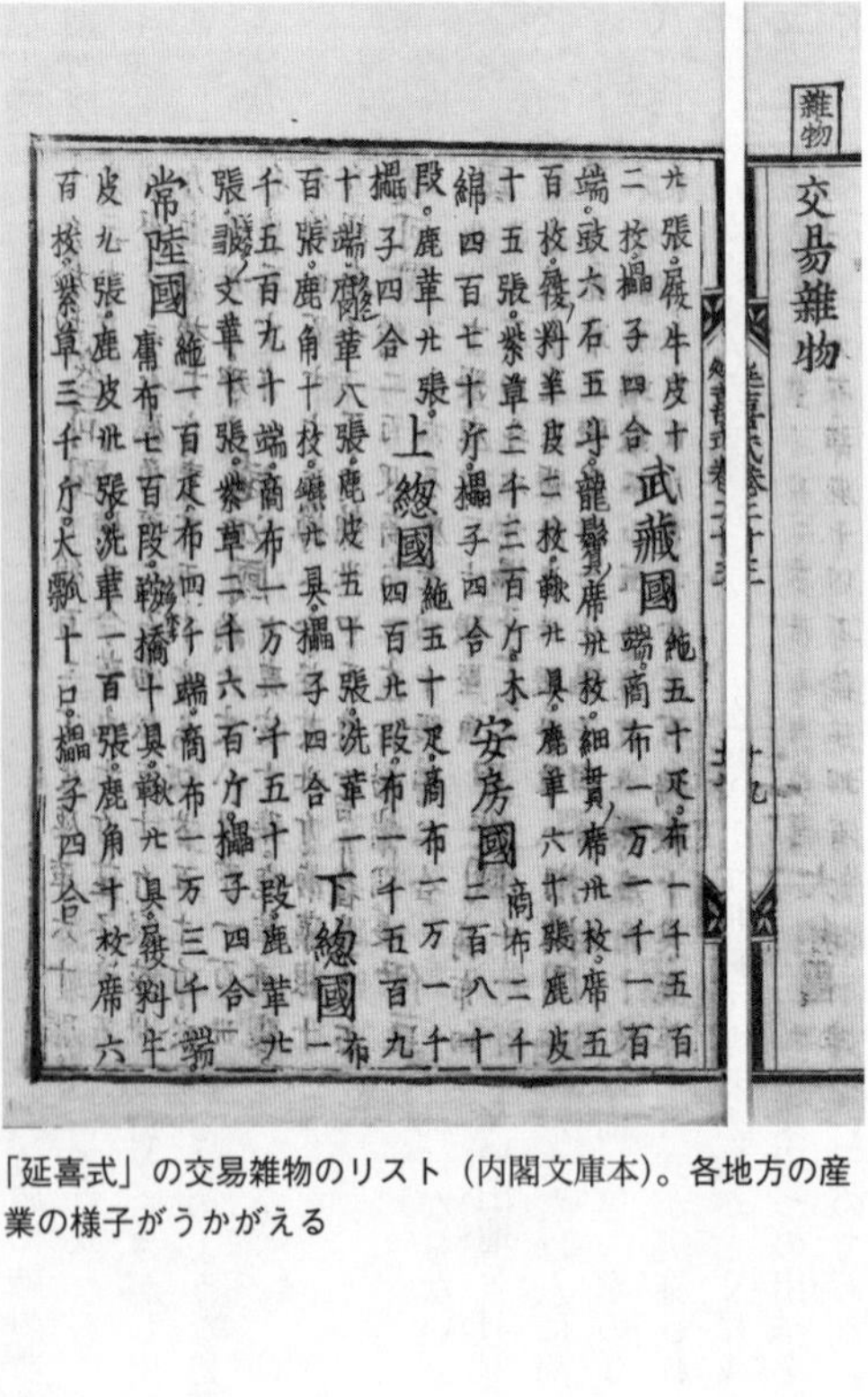

「延喜式」の交易雑物のリスト（内閣文庫本）。各地方の産業の様子がうかがえる

出挙を人頭税（人を対象とする税）から地税（土地を対象とする税）に変えることと、税収取の重点を調・庸から正税（出挙の利息）へ移すこととは、その後数十年の間にほぼ決定的となった。

出挙によって国・郡の正倉に納められた正税稲《しょうぜいとう》は、その一部が中央政府に送られて、役人の給与・食料の財源となり、一部はさまざまな物産と交易したうえで中央へ納められた。十世紀初めに作られた法令集「延喜式《えんぎしき》」に、諸国から納める「交易雑物《こうえきぞうもつ》」のリストが記載されている。

たとえば、都にもっとも近い山城《やましろ》の国（京都府）からは、毎年、大麦三石《こく》、小麦三十石、ささげ六石、ごま四石、豆四石。遠い陸奥《むつ》の国（東北地方太平洋側）からは、あしかなどの皮（数はとれただけとする）、砂金三百五十両、こんぶ類合計二千二百斤《きん》。日本海側の越後《えちご》の国（新潟県）からは、商布《しょうふ》（商品用麻織物）一千端《たん》、うるし五斗《と》、櫑子《らいし》（杯《さかずき》）四合、くつ材料牛皮八枚。南の土佐《とさ》の国（高知県）からは、亀甲《きっこう》四枚、煮塩《にしお》あゆ五缶、紫菜《しさい》百五十斤、苫《とま》二十五枚、櫑子四合。こういった物産である。陸奥の国の砂金や土佐の国の亀甲が、特産物だったことはいうまでもない。中世から近世にかけて名産に発達する越後の麻織物なども、早くもここに現れている。

班田収授をくずす公営田の設置

八二三（弘仁十四）年に、大宰大弐《だざいのだいに》小《お》野岑守《ののみねもり》の提案によって、大宰府管内九ヵ国（九州地方）に設定された「公営田《くえいでん》」も、調・庸から正税へという大勢の上に立てられた、巧妙な新政策である。それは九ヵ国にある口分田など七万町のうちから上田一万二千町をさいて、「公営田」という国家直営田を置く。その耕作には徭丁《ようてい》（雑徭《ぞうよう》として徴発した労働者）六万人を用いるが、その代わり徭丁がこれまで負担していた調・庸を、その収穫の中から肩代わりしてやる。この調・庸肩代わり分をふくめた経費全部を差引いても、なお約百万束の利益が見込まれる、というのである。

これは、調・庸・雑徭の負担に苦しむ農民をすくい、かつ国家も、よりたやすく、より多くの税収を確保できるという一石二鳥のプランである。太政官は四年間を限って試験的に実施させているが、その後もおそらくつづけられ、また九州以外の諸国にも広まったらしい。口分田から上田だけごっそりと割愛したことは、農民の調・庸を肩代わりしたことは、班田収授制と税制の根本的改訂であった。また、公営田には村里の有能な者を「正長《しょうちょう》」にえらんで農作業を監督させ、これまで無報酬であった徭丁に食料と手当を支給したが、これも、すでに荘園でおこなわれていた経営方式を国家が取り入れた点で、大きな変化であった。

その後、八七九（元慶《がんぎょう》三）年に、中納言藤原冬緒《ふじわらのふゆお》の意見によって、畿内五ヵ国に計四千町の官田を設定する計画が実施された。これは公営田方式の発展である。このころになると、各国の国衙から中央へ送られる正税も、とかくとどこおるようになったので、政府は、中央財源の一部を別に確保する必要に迫られたのである。やがて官田は数十の役所に「諸司田《しょしでん》」として分割された。これはやがて「官衙《かんが》領荘園」とよばれるものとなってながく存続する。こうして、これまで大蔵省が一手ににぎっていた中央財政が、解体する傾向を示してきた。もちろん、個々の官庁の経費はこれでもまかなえるが、国家的な事業を大規模に企てることなどは、もはやまったく不可能となる。遣唐使《けんとうし》の廃止も、巨額の費用を一挙に支出できなくなったことが、有力な原因であったとおもう。

「年給」という奇妙な新制度

財政の解体現象の一つとして、「年給」という奇妙な制度も現れてきた。年給とは、毎年の除目《じもく》（人事異動）・叙位《じょい》（位を授けること）にあたって、一定の官職（たとえば国司の掾《じょう》・目《さかん》・史生《ししょう》など）を任命する権利（これを「年官《ねんかん》」という）と、一定数の人員の叙爵（従五位下の位をあたえること）を申請する権利（これを「年爵《ねんしゃく》」という）を皇族・上級貴族にあたえる制度である。この権利を公認された者は、その官職や位を希望する中・下級役人を募集して、官職・地位にあっせんする代わりに、任料（または叙料）を受け取る。つまり官職や位が皇室・上級貴族と中・下級役人との間で売買されるのである。この奇妙な方式のはじまりは、淳和・仁明朝ころらしい。このころ、令制によって皇室・上級貴族に支給されていた封戸《ふこ》から、調・庸を取り立てることがしだいに困難になった。そこで、まず三宮（皇后・皇太后・太皇太后）にこの権利があたえられ、ついで、天皇・上皇・親王・公卿にもおよぼされた。年給は九世紀末の宇多天皇のとき、制度として確立した。

そのほかさらに、ある特定の国からの税収入を、中央政府に納めないで、上皇や親王の宮の経費にあてる「院分国《いんぶんこく》」「親王任国《しんのうにんごく》」といった制度も成立した。こうして、皇室と上級貴族が政治責任を放棄して、自分たちの収入の確保だけをめざしたことによって、国家財政の解体、ひいては律令体制そのものの退廃が深められたのである。

5　地方勢力の胎動

このような律令《りつりょう》政治の衰退の中で、直接地方行政にあたっていた国司《こくし》の姿に目を移してみよう。

仁政の良吏なお一部に健在

国司に対する桓武《かんむ》・平城朝《へいぜいちょう》のきびしい監督については前（第一章の3）に述べたが、つぎの嵯峨《さが》・淳和《じゅんな》・仁明朝《にんみょうちょう》ころの正史の薨卒伝《こうしゅつでん》（貴族の死亡記事に付載された略伝）には、仁政への自覚とすぐれた行政手腕を持った、良吏《りょうり》の功績がかなり多く見られる。

山陽道のある国の国司となった大伴今人《おおとものいまひと》は、岩山をくりぬいて大きな水路を開く大工事を実施した。無知な農民はこれをあざけり非難していたが、いざ完成すると、はじめてその大きな利益におどろき、敬服のあまり、この水路を「伴渠《ばんきょ》」と名づけた。

八二七（天長《てんちょう》四）年に美濃《みの》の国（岐阜県）の介《すけ》となって赴任した藤原高房《ふじわらのたかふさ》は、安八《あはちま》郡の用水池の破損を修理した。池の神さまが水をためさせたがらないのだと農民は信じこみ、たたりを恐れた前任国司も放置していたのであったが、高房は、ほんとうに民生に役だつことなら死んでもうらみはないと言いきって、ついに工事を完成した。また、同国の席田《むしろた》郡には、呪術《じゅじゅつ》を使って人々をまどわすあやしい巫女《みこ》がいた。そこで、前任国司は恐れてこの郡に立ち入らなかったが、高房は単騎この無法地帯に乗り込み、一味を捕えてたちどころに処分した。

このように、迷信を否定する知性、農業や土木についての技術、職務上の責任感などを兼ね備えた良吏は、かならずしも多くはなかったかもしれない。しかし、このころでは、戸口の把握、用水の管理、農業の奨励などといった地方行政の機能は、まだ完全には失われていない。一方、地方の富豪・有力農民の側も、まだ国司の支配にあからさまに背を向けるほどには、その実力が伸びていなかった。そこに良吏の活躍する余地があった。国内全体の生産力もかなり増大したことであろう。当時の生産の実態について数量的につかむことは困難であるが、十世紀につくられた「和名抄《わみょうしょう》」という辞書によると、かなり多様な畑作物、例えば、大麦・小麦・大豆・小豆、あるいは瓜類などの栽培がうかがわれる。また、水車・牛耕《ぎゅうこう》その他の農業技術にも、かなりの進歩がみられた。

良吏と悪吏の差は紙一重

しかし、文徳《もんとく》・清和朝《せいわちょう》以後、律令政治の退廃につれて、そうした「良吏」もしだいに数少なくなった。またせっかく良吏になろうと努力しながら、かえって結果的には酷吏《こくり》（ひどい役人）となったり、あるいは、中央政府と衝突して処罰されたりした者も多い。たとえば、諸国の守《かみ》を歴任した弘宗王《ひろむね》は、讃岐《さぬき》の国司の任期が終わったとき、同国の富豪に訴えられた。政府の現地調査に対して弘宗王は非を認め、国府に禁固されたが、かれはかってに脱出して帰京し、右京職《うきょうしき》に捕えられた。

これではよほどの悪吏《あくり》かと思われるが、意外にもそれから数年後の八六二（貞観四）年に、右大臣藤原良相《ふじわらのよしみ》は、紀今守《きのいまもり》・藤原冬緒《ふじわらのふゆお》など名国司とうたわれている人々とともに、弘宗王の意見を聞くべきだと、太政官に推薦している。良相はその理由として、弘宗王は自信過剰のため罪を犯したこともあるが、歴任した多くの国々の体験を聞くとなかなか有能である、と述べている。

つまり、郡司以下地方の有力者層といざこざを起こしても、それはかならずしも国司の失点にはならなかった。むしろそのくらいの強力な腕ききでなければ、後に述べるようにしたたかな王臣家・富豪の活動を、制圧することはできなくなっていたからだ。

しかし、そうした腕ききの国司ともなれば、同時に私腹を肥やすことにもたけていた。現に弘宗王も十年後に越前《えちぜん》（福井県）守《のかみ》になって、また問題を起こす。出挙の割当《わりあて》額を増して利息を懐に入れたとして百姓から訴えられたのである。太政官の決裁が下る前に弘宗王が死んだので、実情はうやむやになってしまったが、もしかれが、取りすぎた利息を忠実に政府に納めていたら良吏とされたろうし、私腹を肥やしすぎれば罰せられたにちがいない。

いずれにしても、中央政府が仁政をめざすのでなく、ただ収奪だけを国司にもとめるかぎり、良吏も悪吏も差は紙一重ということになったのは当然である。

地方の混乱とからみ合う中央の対立

国司たちはまた、藤原氏をめぐる中央政界の対立や地方の諸勢力の争いのうずにも、巻き込まれざるをえなかった。

諸国の国司を歴任し、良吏の名声をえた橘良基《たちばなのよしもと》は、信濃《しなの》（長野県）守《のかみ》のとき、一つの事件を起こした。同国筑摩《ちくま》郡の富豪辛犬甘秋子《からいぬかいのあきこ》という者が、富豪坂名井子縄麻呂《さかないのこなわまろ》に家人《けにん》八人を焼き殺されたと、太政官に訴えでた。現地調査の結果、子縄麻呂は罪を認めた。ところが、国司良基は罪人子縄麻呂を独断で釈放し、代わりに秋子を捕えたうえ、子縄麻呂に命じてリンチ（私刑《しけい》）を加えさせた。そこで良基は罪に問われ、一年半後に裁判の途中で獄死してしまった。

良吏良基が、中央政府の処置に対してなぜこんなに強硬に反抗したのか、その理由はわからない。しかしここに見逃せないことは、良基は葬式にも事欠くほど清貧《せいひん》で、これをあわれんだ民部卿《みんぶきょう》（地方行政の最高責任者）在原行平《ありわらのゆきひら》が、その費用を贈ったことである。基経の権力を快しとしなかったほど剛直な行平は、良基の立場を認め、その不運に義憤を感じたものらしい。してみると、秋子の訴えに対する中央政府の判決は不公平だったのではあるまいか。

また、八八四（元慶《がんぎょう》八）年には、石見《いわみ》の国（島根県）邇摩《にま》郡の郡司伊福部安道《いふきべのやすみち》、那賀《なか》郡の郡司久米岑雄《くめのみねお》らが百姓二百十七人をひきいて、石見守上毛野氏永《いわみのかみかみつけののうじなが》を襲撃し、国印、正倉のかぎ、駅鈴《えきれい》などをうばって、これを氏永以外の国司に引き渡す事件が起こった。このとき延暦《えんりゃく》寺《じ》の僧一道《いちどう》という者と、右京の人藤原数直《ふじわらのかずなお》という者が郡司と共謀している。かれらはこの地に設定された延暦寺・藤原氏などの荘園の代表者と思われるから、石見守氏永はそうした大

国名	抵抗の対象	抵抗した人	方法	理由
信濃	介石川清主	久米望足	射殺	不明
佐渡	守嗣根	百姓	訴え	守の暴利
讃岐	守弘宗王	百姓	訴え	苛政（？）
対馬	守立野正岑	郡司・百姓ら約三〇〇人	襲撃射殺	苛政
越前	守弘宗王	百姓	訴え	守の出挙利息着服
筑後	守都御酉	群盗約一〇〇人	襲撃射殺	盗み（？）
石見	権守上毛野氏永	郡司・百姓ら二七〇人	襲撃	苛政
駿河	国官舎	群盗	放火	不明
飛驒	守藤原辰忠とその妻子	盗賊	殺害	不明
上野	介藤原厚載	百姓	殺害	苛政
武蔵	守高向利春	源任	襲撃	戦闘
尾張	守藤原共理	不明	射殺	不明
駿河	介橘忠幹	盗賊	殺害	不明
摂津	介在原義行	盗賊	殺害	不明

国司に対する地方民の抵抗（吉村茂樹「国司制度崩壊に関する研究」から、本書の時期のもの）

土地所有者（大土地所有の発展については後に第四章の3で述べる）と地方豪族との結びつきを弾圧しようとして、反撃されたのであろう。

さて襲撃された氏永は、介《すけ》の忍海山下連氏則《おしのみのやましたのむらじうじのり》の館《やかた》へ逃げ込んだが、どうしたことか、介氏則《すけうじのり》も賊と共謀しているとの疑いにかられ、剣をぬいて介氏則の妻を傷つけて山中へ逃げ込んだ。そこで掾《じょう》の大野安雄《おおののやすお》が、郡司・百姓三十七人をひきいて氏永を捕えた。

国衙の中で守《かみ》と介《すけ》が対立し、介が守に反抗した者の味方をしていたとあっては、この事件を、中央政府の手先である国司と地方勢力を代表する郡司の対立・闘争と、単純に割り切ることはできない。こうした複雑な事情のために、太政官への報告も、守氏永と介氏則とでは正反対であった。基経以下の公卿は、事件の一年半も後に、ようやくけんか両成敗的な判決を下した。しかし、これに対して、基経と対立的立場にあった中納言在原行平と参議橘《たちばなの》広相《ひろみ》が少数意見を主張し、半年後にようやく妥協して判決に署名した。地方情勢の混乱がややもすると中央政界の対立とからみ合って、紛糾をいっそう複雑にしていたことがわかる。

権力闘争の犠牲、良吏紀夏井の末路

九世紀の良吏の代表者ともいうべき紀夏井《きのなつい》の末路も、そうした情勢の典型的な一例である。夏井は清和朝《せいわちょう》のはじめに讃岐《さぬき》（香川県）守《のかみ》となったとき、善政をおこなって農民の生活を豊かにし、しかも四十あまりの正倉《しょうそう》を新築するほど、国のたくわえも充実させた。心服する農民の願いで、二年間任期を延長されたほどの名国司である。ところが応天門《おうてんもん》の変《へん》が起こ

夏井《なつい》が良吏《りょうり》として活躍《かつやく》した讃《さぬ》岐《き》の国府《こくふ》の跡《あと》

ると、かねて素行がよくないために兄夏井にしかられてばかりいた異母弟の紀豊城《きのとよき》が伴善男《とものよしお》のもとに身をよせていたことを理由として、遠く肥後《ひご》の国（熊本県）に赴任していてなんの関係もなかった夏井までが、遠流《おんる》に処せられた。それは藤原良房が、あの東宮争い以来、名門紀氏の勢力をたたこうとひそかにねらっていたためとしか考えられない。

　このようにして、権力闘争の激化と政治意識の低下が国司の行動をゆがめ、地方行政ひいては律令体制そのものの衰退をみちびいた。そのすきをついて地方有力者の力がしだいに伸び、後に述べるような土地所有を通じて、中央の権門（有力貴族）と私的な関係を結び、着々と飛躍の基礎をかためていった。近い将来にかれらの一部は、国家に対して公然と武力反抗さえも企てるようになるであろう。地方勢力の反乱が中央政府に脅威をあたえるようになるのは、次の十世紀に入ってからである。

第四章　寛平・延喜の治

1　「寛平の治」とその挫折

関白基経つむじをまげる

太政大臣基経《もとつね》に政治のすべてをゆだねていた光孝《こうこう》天皇は、八八七（仁和《にんな》三）年、在位わずかに三年半で亡くなった。天皇は即位のさいに、二十九人もいた皇子・皇女全部に源《みなもと》の姓《せい》をあたえて臣籍に下し、自分の子孫に皇位を継がせる意志のないことを表明していた。それは孫の貞辰《さだとき》親王をさしおいて自分を天皇にしてくれた基経への遠慮だったと思われる。しかし、親としての感情はまた別である。とくに天皇は第七皇子 源 定省《みなもとのさだみ》の才能を愛していたので、ついに、定省を皇太子にしたいという希望を、基経に打ち明けるようになった。

ひとたび臣籍に下った皇子を皇太子にすることには前例がない。基経はこれに難色を示したが、光孝天皇が死の床についたとき、ついに友情に負けてその最後の願いを受け入れた。感謝した天皇は右手で基経の手をにぎり、左手で二十一歳の定省の頭をなで、涙ながらに二人に「父子の親しみ」と「水魚《すいぎょ》（親友）の交わり」をもとめ、安心して目を閉じた。

橘広相は博学多識の人として聞こえが高かった。神護寺の鐘の銘は、広相の文章で、それを藤原敏行がしたためたもの

これはまことに感動的な場面であるが、この一幕のすぐあとにとんでもないことが起こった。まず、すでに成年に達し、みずから政治をおこなうことができる宇多《うだ》天皇（源定省）が、即位後ただちに父光孝天皇にならって、「万機巨細《ばんきこさい》、百官《ひゃっかん》己《おの》れに惣《す》べ、みな太政大臣《だいじょうだいじん》に関白《かんぱく》して、然《しか》る後に奏《もう》し下すこと、一《いつ》に旧事《きゅうじ》の如《ごと》くにせよ。」という詔《みことのり》を基経に下した。この詔によって「関白」ということばがはじめて歴史上に現れたのであるが、要するにそれは、太政大臣が光孝朝とまったく同様に政治の全権をにぎってもよろしい、という意味である。基経が宇多天皇の即位を認めたとき、このことは、おそらく光孝天皇との間に了解がついていたのであろう。

基経はしきたりに従っていちおう辞退した。すると、やはりしきたりに従って勅答《ちょくとう》（天皇の答え）が出た。ところがその中に「よろしく阿衡《あこう》の任《にん》を以《もっ》て、卿《けい》の任《にん》となすべし。」という文句があり、それが問題の発端となった。文章博士《もんじょうはかせ》橘広相《たちばなのひろみ》の起草したこの文は、前の関白うんぬんの文と同じ趣旨を別のことばでくり返したはずである。ところが、基経の家司《けいし》（家に仕える役人）で、明経道《みょうぎょうどう》の学者の藤原佐世《ふじわらのすけよ》が疑問を出した。中国の周《しゅう》の制度によれば、「阿衡」というのは職務のない単なる名誉の地位であるから、勅答の真意は前の詔と違い、基経を政治から切り離そうとするものと認められる、というのである。

これを聞いてつむじをまげた基経は、では、仰せのとおり引退いたしましょうとばかり、ただちに太政官内の官邸を出て堀川の私邸に引きこもってしまった。かつて陽成《ようぜい》天皇と対立したときと同じように、太政官の役人は基経の私邸へ出張して、政治上の裁決をあおがねばならないことになった。

天皇いきどおりをおさえて基経に屈服

佐世が勅答に意地悪くけちをつけたのは、その筆者橘広相《たちばなのひろみ》との学閥的なあらそいによるといわれている。しかし基経はただうかうかとそれに巻き込まれたのでもなく、またなま じ学問を好んだために文字の末にこだわったのでもない。問題の根ははるかに深かった。老いた光孝天皇こそ甘んじて自分に全権をゆだねたが、新鋭の宇多天皇がそのような名ばかりの地位に満足しているはずはないと、基経はにらんでいた。しかも「阿衡」の勅答を執筆した橘広相こそ、基経にとってもっとも警戒すべき相手なのだ。

橘氏は、近くは嵯峨《さが》天皇の皇后橘嘉智子《たちばなのかちこ》を出して栄えた名門である。しかも、広相は陽成《ようぜい》・光孝《こうこう》・宇多《うだ》三天皇の侍読《じとう》（天皇の師）を勤めたほどの学者であるだけでなく、その娘は宇多天皇のきさきになって、すでに皇子を産んでいた。また宇多天皇を育てあげて母のようにしたわれていた尚侍《ないしのかみ》淑子《よしこ》（基経の妹）とも、巧みに結びついていた。広相と淑子は宇多天皇を位《くらい》につけるために一心に協力したのに、前述のように、基経自身は少なくともはじめは即位に反対したのだった。

このようにみると、宇多天皇と広相に自分の実権をうばわれるのではないかと、基経が深刻な恐れをいだいたのも無理はない。そこで基経は勅答の文を手がかりにして先制攻撃をかけたのだ。

さて、基経が半年近くも出仕しないために困りぬいた朝廷は、諸道の学者の意見を問うた。かれらはみな基経におもねって、「阿衡《あこう》」は政務にたずさわることのできない地位だと結論した。広相は孤軍奮闘、殷《いん》（周《しゅう》以前の古い国）代に伊尹《いいん》という人が「阿衡」に任じていっさいの政務をとったではないかと反論した。しかし事態は公卿《くぎょう》一同が病気と称して公事に総欠勤するまで悪化した。ついに八八八（仁和四）年六月左大臣源融《みなもとのとおる》は、まげて訂正の詔を出していただきたい、と天皇に要請した。

「綸言《りんげん》汗《あせ》のごとし」という格言がある。帝王のことばは、汗と同じく一度出たら絶対に引っこまない、という意味である。そうした重い権威を持つ詔書を書きあらためることは、天皇にとって最大の屈辱である。この屈辱をあえてしのんだことについて、宇多天皇は日記に書いている。

朕遂《われつい》に志《こころざし》を得《え》ず、枉《ま》げて大臣《だいじん》（融《とおる》）の請《こい》に従《したが》う。

濁世《じょくせ》（いやな世の中）の事かくのごとし。長大息《ちょうたいそく》（長いためいき）すべきなり。

こうしてまず天皇を屈服させておいて、基経はさらに追い討ちをかけた。詔書書きあらための事態を招いたとして、広相の責任を追及したのである。しかし広相も強硬な反論を天皇に差し出し、がんとしてゆずらない。ついに十月になると、広相の官職を剝奪するという趣旨の勘文《かんもん》（判決案）が提出されることになった。広相の政治生命は風前のともしびにみえた。

ところが、ここで急に基経が譲歩し、広相の罪を免ずる詔が出された。おそらく、淑子の工作によって基経の娘温子《はるこ》が入内《じゅだい》（きさきになる）することにきまり、しかも広相の娘を越えて女御《にょうご》の位《くらい》をえたために、これを代償として基経が和解を承知したためと思われる。実は、ここまで若い天皇と政敵広相を苦しめれば十分だった。基経はその後はほとんど帝王のような権力をふるう。宇多天皇は皇太子のような状態に甘んじなければならなかった。宇多天皇が、基経の亡くなるまで天皇の住むべき内裏に入らず、東宮《とうぐう》（皇太子の宮）住いをつづけたことは、その制約された地位を端的にしめしている。やがて広相も世を去り、基経の地位はいよいよ安泰になった。

基経の死と道真・保則の登用

しかし、基経の死後、天皇の権威を本来の姿にもどし、さらに皇室の立場を強化しようとする宇多天皇の決意は、この間にひそかに固められていた。八九一(寛平《かんぴょう》三)年、基経が世を去ると、これを待ちかねたように天皇は菅原道真《すがわらのみちざね》を蔵人頭《くろうどのとう》に抜擢《ばってき》した。かつての広相の役割を道真に期待したのだ。

道真は三代にわたる輝かしい学問の家に生まれた(八九ページ参照)。左京五条の、「菅家《かんけ》廊下《ろうか》」とよばれたその家塾には、数百人の学生《がくしょう》が学んでいた。この家学に対する誇りは、道真の心に強く意識されていたし、またこの学閥は一つの大きな政治勢力になる可能性もあった。道真は基経とはむしろ親しかったが、「阿衡」事件のとき長文の意見書を送って、はばかることなく基経をいさめた。この毅然《きぜん》とした態度を見ていた宇多天皇は、道真とそのひきいる文人勢力を、親政の手足として活用しようとしたのである。

道真の蔵人頭就任と同時に、藤原保則《ふじわらのやすのり》が左大弁《さだいべん》に任ぜられ、翌年参議に昇進した。保則は諸国の国司《こくし》を歴任した良吏で、とくに陽成朝《ようぜいちょう》のころ出羽《でわ》の国(東北地方の日本海側)の蝦夷《えみし》の反乱を善政によって治め、また治安がとくにみだれていた大宰府《だざいふ》でも、みごとな手腕を発揮した。親政の中心としてうってつけの人である。

道真はこの保則と違って、学問の世界にだけ暮らしてきたエリートである。ただ八八六(仁和《にんな》二)年に讃岐守《さぬきのかみ》に任ぜられたのが、唯一の貴重な地方生活だった。学者の道真にとっては、菅家廊下を離れて地方に赴任することはかなりつらいことだったらしく、

我《われ》まさに南海（讃岐《さぬき》の国）に風煙《ふうえん》に飽《あ》きたらむ
更《さら》に嫉《そね》む他人《たにん》の左遷《させん》（退けられること）と道《い》わむことを
倩《つらつら》憶《おも》う分憂《ぶんゆう》（国司《こくし》）は祖《おや》よりの業《わざ》にあらぬことを
徘徊《はいかい》（うろうろする）す、孔聖廟《こうせいびょう》（孔子《こうし》をまつったところ）門《もん》の前

と嘆きをうたったが、直接底辺の人々の生活にふれた体験は、政治家道真にとってよい薬になった。道真の詩文集「菅家文草《かんけぶんそう》」の中に、庶民のさまざまな苦しみを詠んだ「寒早十首《かんそうじっしゅ》」という詩がある。そのうちの孤児を詠んだ一首をあげよう。

いずれの人にか寒気《かんき》早き
寒は早し　夙《つと》に孤《みなしご》なる人
父母は空《むな》しく耳にのみ聴《き》く
調庸《ちょうよう》は身を免《まぬが》れず
葛衣《かつえ》（夏の衣《ころも》）は冬の服《ふく》には薄《うす》く
蔬食《そしょく》（まずい食物）は日の資《たす》けには貧《まず》し
風霜《ふうそう》の苦しみを被《こうむ》るごとに
親を思いて夜《よわ》の夢頻《ゆめしきり》なり

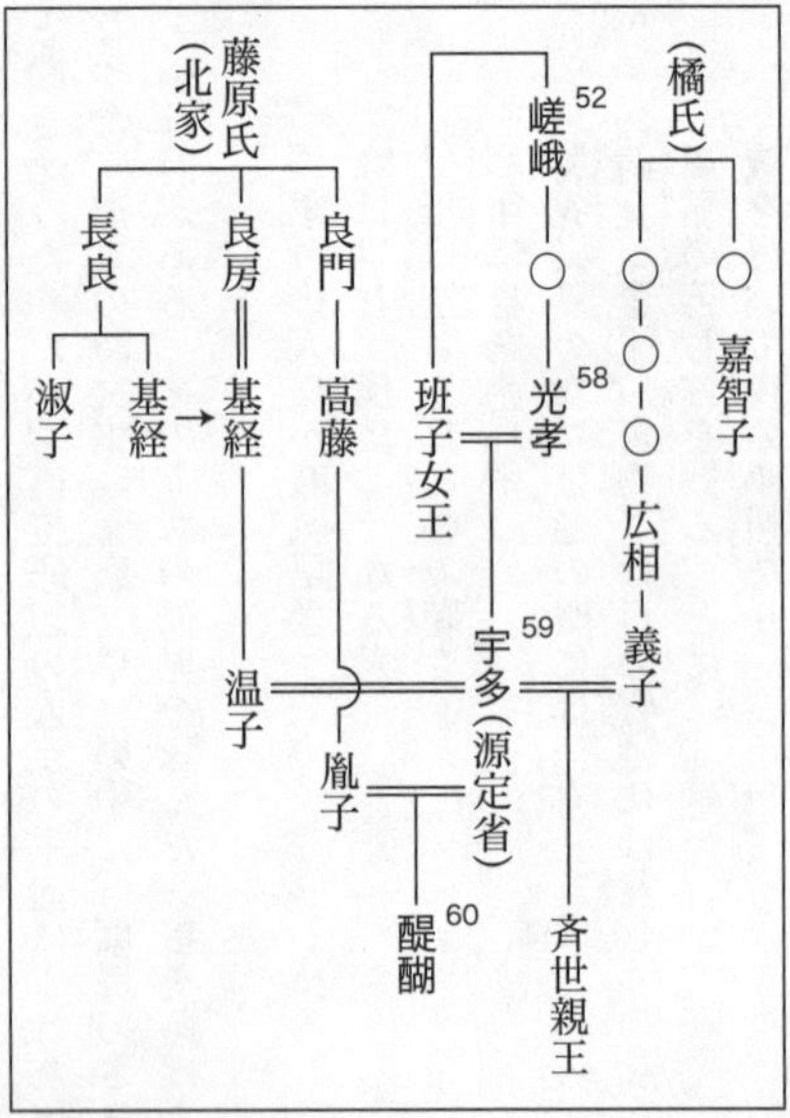

この同情は、単なる文字の遊びではなく、国司道真の実感から出ているのであろう。

宇多天皇は道真・保則を起用し、混乱を加えつつある地方行政に積極的に立ち向かった。寛平年間には、地方でボス化した権門・王臣・富豪を取り締まる法令が活発に出され、「問民苦使《もんみんくし》」という現地視察の使節も派遣された。問民苦使は奈良時代から平安初期にかけてしばしば全国に派遣されたものだった。しかし、こんどのそれは、せいぜい平安京周辺だけにとどまったらしく、一世紀の間に、政治のスケールがひどく小さくなったことがよくわかる。しかし、その中で、山《やま》城《しろ》の問民苦使平季長《たいらのすえなが》の意見は、権門・王臣らのボスが農民の再開発した田地を理不尽に取り上げたり、かれらのあらそいに口ききして勢力を張ったりしている弊害を、するどく突いている。

概していえば、「寛平《かんぴょう》の治《ち》」とよばれる宇多朝の政治には、それまでお決まりのようになっていた、国司に対するきびしい監督法令がほとんどみられない。むしろ国司を強く援護して、権門・王臣らの不当な活動をおさえることを基本方針とした。それは主として保則の考えによるものであったろう。そのほか官庁の統廃合、年給の制度化など、現実によく合った諸政策が実施され、ある程度の成果を上げはじめたのである。

天皇の引退、律令制の決定的衰退へ

しかし、この寛平の治はしりすぼまりに終わった。宇多天皇が在位十年、三十一歳の若さで、まだ元服まもない皇太子敦仁《あつぎみ》親王（醍醐《だいご》天皇）に譲位したからである。いったいこれはどうしたことか。

まず第一に考えられるのは、藤原氏に対する配慮である。皇太子敦仁親王は女御藤原胤子《にょうごふじわらのたねこ》から生まれた。胤子の父高藤《たかふじ》は北家《ほっけ》ではあるが、良房《よしふさ》・基経《もとつね》の主流とは別系統である。「今《こん》昔物語《じゃくものがたり》」によると、若いころ鷹狩《たかがり》に出た高藤は、南山科《みなみやましな》のある豪族の家に宿をもとめ、うら若い少女と一夜の契りをむすんだ。五、六年たってたずねてみると、思いがけないことに美しい女子が生まれ育っていたので、よろこんで母子を屋敷へ連れ帰り、さらに二人の男子をもうけた。この女子が後の女御胤子で、男子は後の大納言定国《さだくに》と右大臣定方《さだかた》であるという。

これは、藤原氏主流でもない高藤系統が醍醐天皇の外戚《がいせき》となった、思わぬ幸運をもとにした説話であろう。おとなしい高藤はたとえ外戚になっても、絶対に基経のような権力をふる

醍醐天皇が母藤原胤子の霊を弔うために開いた勧修寺《かんじゅじ》（PIXTA）

う気づかいはない。しかし宇多天皇の後宮《こうきゅう》には基経の娘温子《はるこ》も入っていたから、もし温子が皇子を産むことにでもなれば、敦仁親王の立太子は困難となるだろう。そこで宇多天皇は腹心道真とひそかに相談して、いちはやく八九三（寛平五）年にこの親王を皇太子とした。しかし、さらに万全を期するためには、早く皇太子を即位させたほうがよい。譲位の底にはこうした配慮があったと思われる。

次に、宇多天皇には、天皇の位にあることに一種のコンプレックスがあったようだ。もともと天皇は、ひとたびは臣籍に下った身分である。「大鏡《おおかがみ》」（平安末期の院政時代に作られた歴史書）によれば、陽成天皇が位にあったころ、若い日の宇多天皇は侍従として仕えていて、神社への行幸のとき神前の舞人《まいびと》などを勤めていた。そうした姿を記憶していた陽成上皇は、あるとき、「当代《とうだい》は家人《けにん》にはあらずや。（いまの天皇はわたしの家来ではないか。）」とののしったといわれる。多くの皇族・貴族もまた、ひそかにそうした気持ちをいだき、それを天皇は感じていたにちがいない。これを解消するためにも、生まれながらに皇位継承者として育てられた敦仁親王に早く位を譲ることを考えたのではなかろうか。

また、宇多天皇の性格は政治に没頭するタイプではなかったということがある。むしろ、仏教をはじめ、詩文・和歌・年中行事・遊宴《ゆうえん》・巡幸《じゅんこう》などに広い興味と才能を持つ、一種の自由人・文化人的な性格だった。玉座につきまとう窮屈な拘束を離れて、そうしたものに心ゆくまでふけりたいという願望が強かった。譲位後、はなやかに展開した上皇の文化的活動は、後にくわしくながめることにするが（この章の4、5）、これも譲位の有力な理由だったのだろう。

ともあれ、宇多天皇のようなスケールの大きな君主が、そのエネルギーを律令体制維持に集中しなかったことは、体制の衰退を決定的にしたのである。

2　菅原道真の運命

時平と対立する道真の孤立

宇多《うだ》上皇は譲位にあたって、「寛平御遺誡《かんぴょうごゆいかい》」とよばれる新帝への教訓を作り、新帝が重く用いるべき人として、故基経《もとつね》の長男の大納言《だいなごん》時平《ときひら》、権大納言《ごんだいなごん》菅原道真《すがわらのみちざね》、蔵人頭《くろうどのとう》平季長《たいらのすえなが》、文章博士《もんじょうはかせ》紀長谷雄《きのはせお》の四人をあげた。「寛平御遺誡」は少年の醍醐《だいご》天皇の朝廷をいわば憲法のように強く拘束したが、上皇がもっとも強調したのは道真の功を忘れるなという点だった。

譲位の詔《みことのり》の中でも、奏請《そうせい》（天皇へ申し上げること）も宣行《せんこう》（天皇の命令を下に伝えること）も、すべて時平・道真二人を通しておこなうように指示した。ほかの公卿《くぎょう》たちはこの指示に動揺し、その後一年間、まったく政務を回避した。やむなく道真は上皇の善処をあおいだ。そこで宇多上皇は勅を下して、公卿一同の誤解を解いたが、このいきさつは二つの重要なことを示している。

一つは、宇多上皇が譲位後も、政治に対して絶対の権威を持ちつづけたことである。上皇の政治、つまり院政は、十一世紀の白河《しらかわ》上皇にはじまるといわれている。たしかに、宇多上皇のときにはまだ院司《いんし》（上皇に仕える役人）が政治に直接あたることはなかった。けれども、上皇のいわばリモートコントロールの力は大きかった。次は、道真が上皇のリモートコントロールの手先として動き、そのためほかの公卿から憎まれて孤立したことである。

名目上は時平にも同様な役割があたえられていたが、実際には、基経の権力にこりていた上皇は、その長男で俊敏豪毅《しゅんびんごうき》な青年時平に心を許さなかった。時平もこれに反発し、対立のきざしは早くから現れていた。たとえば時平は妹穏子《やすこ》を醍醐天皇のきさきにしようとしたが、宇多上皇は母后《ぼこう》班子《はんし》女王とともに、これに強く反対した。そのあげく、時平は強引に醍醐天皇に働きかけて入内《じゅだい》（きさきとなること）を実現し、上皇の怒りを買った。おとなしい醍醐天皇は、穏子がやがて産んだ保明《やすあきら》親王を皇太子に立てることも遠慮していたが、時平は九〇四（延喜《えんぎ》四）年、これをもまた強引に実現してしまう。

保明親王の立太子は、道真が大宰府に流されて後のことだからしばらく別にするとしても、上皇をいただく道真と、時平以下の公卿との対立はしだいに深まりつつあった。

頼みの綱宇多上皇の仏門入り

ところが、道真が頼みの綱としていた上皇が八九九（昌泰《しょうたい》二）年十月、仏門に入ってしまった。もっとも、この宇多上皇の出家の志は、突然に起こったものではない。上皇の日記には、幼少のときからひたすら仏教を信仰し、比叡《ひえい》山などの寺々に参詣して修行に勤めていたことや、母の班子女王にしきりに出家の希望を訴えたが、許されないうちに父時康《ときやす》親王が帝位につき、さらに自分も皇位を継ぐことになったことが告白されている。

宇多上皇の道心はこのように根深いものであったから、出家後の修行も本格的だった。光《こう》孝《こう》天皇の勅願によって建立された仁和寺《にんなじ》で落飾《らくしょく》（頭をそること）し、ついで東大寺《とうだいじ》で受戒《じゅかい》して完全な僧侶となった。太上《だいじょう》天皇（上皇）の称号と待遇のいっさいを辞退し、密教《みっきょう》の修行に専念した。二年後の九〇一（延喜元）年に東寺《とうじ》の僧正益信《やくしん》から伝法灌頂《でんぽうかんじょう》を受け、ついで仁和寺に御室《おむろ》（住居）を造営してここに移る。一時は完全に俗人の生活を捨て去るのである。そして、比叡《ひえい》山・金峰山《きんぷせん》（吉野）・竹生《ちくぶ》島（琵琶湖）・熊野《くまの》山などにしばしば参詣し、沿道の国司や農民はその送迎に苦労させられるほどだった。このような点は、後の院政時代の法皇（出家した上皇）のありさまとまことによく似ている。

醍醐天皇像（醍醐寺蔵）

宇多上皇は仏教の系統からいえば東寺の密

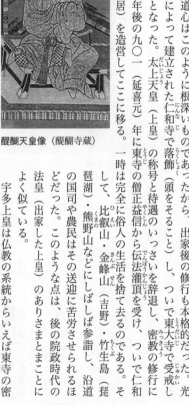

教に属し、上皇の弟子に寛空《かんくう》が出、寛《かん》空の弟子には法皇の実の孫にあたる寛朝《ちょう》が出た。この寛朝の系統はおおいに栄えて広沢流《ひろさわりゅう》とよばれ、後世真言宗《しんごんしゅう》はこの広沢流と、醍醐寺の聖宝《しょうほう》を祖とする小野流《おのりゅう》に分かれて発展することになる。そして小野流が庶民の間に広まったのに対して、広沢流は皇室や貴族によってあつく信仰された。

宇多上皇ゆかりの地、仁和寺の五重塔（PIXTA）

こうしてみると、真言宗あるいは広く貴族仏教の歴史において、宇多上皇はかなり重要な地位を占めている。後に述べるように、上皇はいわゆる国風文化の最高のリーダーだったが、仏教史における役割をも合わせて考えると、その文化史上の地位はもっと注目しなければならないと思う。

突然大宰府に流される

宇多上皇が仏門に入って修行にふけると、当然そのリモートコントロールの政治力は弱まらざるをえなかった。上皇もこれを予想して、出家直後に道真を関白にしようとしたが、道真はこれを辞退したという。このことは事実かどうかかなり疑問であるが、道真の立場がますます孤立し、ますます危機におちいったことは容易に想像がつく。

この危機を察した文章博士《もんじょうはかせ》三善清行《みよしのきよゆき》は、九〇〇（昌泰《しょうたい》三）年、道真に辞職勧告の手紙を送った。

某《それがし》（清行）昔《むかし》遊学の次《ついで》に、偸《ひそ》かに術数《じゅつすう》（陰陽・うらない）を習えり。天道革命の運《とき》、君臣尅賊《こくぞく》（たたかう）の期、緯候《いこう》の家（予言の書）、論を前に創《はじ》め、開元《かいげん》の経《けい》（天文の書）、説を下《しも》に詳《つまび》らかにせり。其の年紀を推《おしはか》るに、なお掌《たなごころ》を指すがごとし。（中略）伏して見《おもんみ》れば、明年辛酉《しんゆう》は、運《とき》変革に当たり、二月建卯《けんぼう》、まさに干戈《かんか》（武器）動かんとす。凶に遭《あ》い禍《か》に衝《つ》くこと、いまだ誰《たれ》ということを知らずと雖《いえど》も、是れ弩《いしゆみ》を引きて市《いち》に射る、またまさに薄命《はくめい》（不幸な人）に中《あた》るべし。（中略）伏して惟《おもん》みれば、尊閤《そんこう》（道真をさす）は翰林《かんりん》（学者）より挺《ぬきい》でて、超えて槐位《かいい》（大臣）に昇りぬ。朝《ちょう》の寵栄《ちょうえい》、道《どう》の光花《こうか》、吉備《きび》公《こう》が外《ほか》には、また美を与《とも》にすること無し。伏して冀《ねが》わくは、其の止《し》足《そく》を知り、其の栄分《えいぶん》を察し、風情《ふうじょう》（風流心）を煙霞《えんか》（自然）に擅《ほしいまま》にし、山智《さんち》（たかい智恵）を丘壑《きゅうがく》に蔵《かく》さば、後生《こうせい》（後輩）の仰《あお》ぎ視《み》ること、また美《うるわ》しからずや。ゆめゆめ、鄙《ひ》言《げん》（わがことば）を忽《いるかせ》にすること勿《なか》れ。

難解な文章であるが、文意はまことに手きびしい。明年は辛酉《しんゆう》の年で、易の理論からみると革命の運《とき》にあたり、二月には内乱の起こる危険さえある。あなたはすでに右大臣に上り、

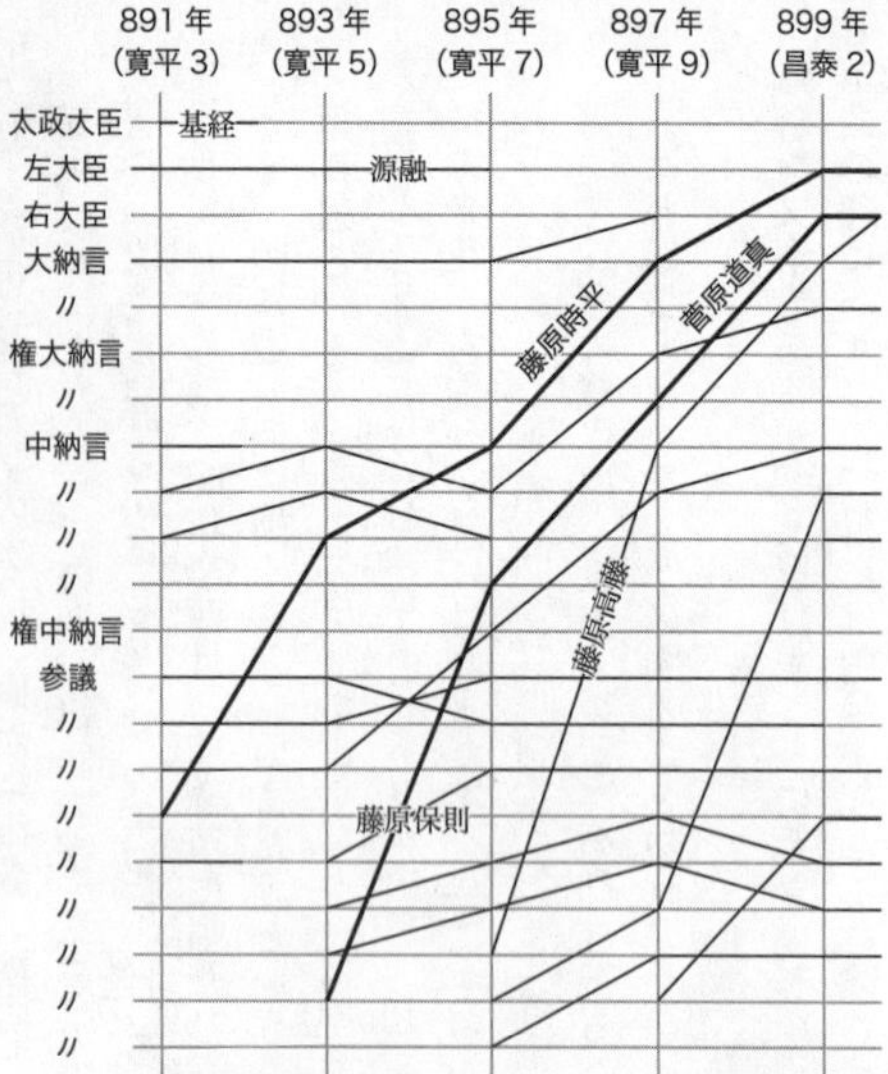

（注）1.「公卿補任《くぎょうぶにん》」による。
2. 時平・道真の昇任した年ごとに示す。
3. その年に昇任した人は、高いほうの官職だけを示す。

道真と時平の昇進

学者としては、昔の吉備《きび》真備《まきび》のほかにならぶ人もいないほどの出世をした。どうかこのへんで、節度を知って引退してほしい、というものである。

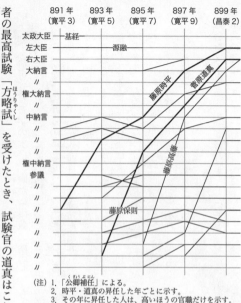

この勧告がほんとうの友情から出たとしても、行きがかり上道真が簡単に辞職できたかどうかわからない。しかも清行はもともと道真と仲が悪かった。清行が文章道出身者の最高試験「方略試《ほうりゃくし》」を受けたとき、試験官の道真はこれを落第させた。道真が清行をばかにすれば、清行も道真を危険人物と批評する間がらだった。そこで、いうまでもなく道真は勧告を受け入れなかった。

しかし、清行の勧告後わずかに三ヵ月、道真の運命は急転直下した。九〇一（延喜元）年正月二十五日、かれは突然大宰権帥《だざいのごんのそち》に任ずるという名目で、政界を追放された。その理由は、道真が宇多上皇をへつらいあざむき、醍醐天皇を廃して弟の斉世《ときよ》親王を位につけようとしている、というのであった。斉世親王は橘《たちばなのひろみ》広相の娘の産んだ皇子で、しかも道真の娘を妻としていたのである。窮地におちいった道真は、宇多上皇に、

流れゆくわれは水屑《みくず》となりはてぬ　君しがらみ（柵《さく》）となりてとどめよ

と悲痛な訴えをしたといわれる。おどろいた上皇はただちに内裏《だいり》に駆けつけたが、蔵人頭《くろうどのとう》藤原菅根《ふじわらのすがね》は上皇の意志を天皇に伝えようとせず、衛府《えふ》の役人も物々しく警固して通さない。上皇は一日じゅう内裏の庭で待ちあぐねた末、ついにむなしく御所にもどった。

道真が天皇廃立の陰謀を企てたというのは、事実だったろうか。醍醐天皇の日記によると、後に宇佐八幡宮《うさはちまんぐう》（大分県）に派遣された藤原清貫《ふじわらのきよつら》がついでに道真の配所《はいしょ》（流された住居）を視察しての報告に、道真は清貫に対して、「自分が計画した覚えはないが、宇多上皇の近臣源善《みなもとのよし》善にさそいかけられたことはあった。また上皇から、承和《じょうわ》の変《へん》（皇太子恒貞《つねさだ》親王が廃された事件、一二一ページ参照）の話をしばしばうけたまわったことがある。」と語ったという。

この告白が事実とすれば、宇多上皇が醍醐天皇と時平との結びつきを不快に思い、天皇を廃する意志を道真にもらしたことは事実であろう。道真が慎重にかまえて動かなかったとし

ても、少なくとも政変のかぎをにぎる立場にはあった。俊敏な時平はこの形勢を察して、逆に機先を制したものとみられる。このように考えると、道真がまったく無実の罪をこうむったとするのは、政治のきびしさ・けわしさを無視した感情論ということになろう。しかし、後に儒教的な考え方から、道真は「忠臣」の典型として崇拝されるようになり、裏面の事情はほとんど無視されてしまったのである。

秋思の詩篇独り腸を断つ

道真の末路をつけくわえておこう。大宰府での生活はきのうに変わるつらいものだった。官舎の屋根は漏り、床は朽ち、垣根もやぶれていた。しかも、そのわび住まいから、かれは一歩も外出しなかった。「門を出《い》でず」という詩の中の、

都府楼《とふろう》(大宰府《だざいふ》の建物)はわずかに瓦《かわら》の色を看《み》
観音寺《かんのんじ》(筑紫観世音寺《つくしかんぜおんじ》)はただ鐘《かね》の声を聴《き》く

という有名な句は、唐《とう》の白楽天《はくらくてん》の詩にならって、このわびしい境遇をうたったものである。健康は急速におとろえ、さまざまな病気に悩み、また、ただひとり連れてくることを許された最愛の末子も死なせてしまった。ほかの男子はみな方々に流され、都には妻だけが残っていた。「家書《かしょ》を読む」という詩には、「妻子の飢寒《きかん》の苦しみを言わず、これがために還《かえ》りて愁《うれ》

えて、余《われ》を懊《なやま》し悩《なやま》すなり」、妻が手紙に生活の苦しみをもらしてこないのが、かえって、きのどくでならないともうたっている。

道真は二年間配所に暮らして、五十九歳で世を去った。死ぬ前に詩稿をまとめて弟子の紀《きの》長谷雄《はせお》に送った「菅家後集《かんけこうしゅう》」が、王朝の詩文の花としていまに伝わっている。有名な「九月十日」の詩、

　去年の今夜清涼《せいりょう》（宮殿）に侍《じ》し
「秋思《しゅうし》」の詩篇《しへん》独《ひと》り腸《はらわた》を断《た》つ（「秋思」という詩を作った思い出がたまらなく悲しい）

筑紫観世音寺の鐘（Jakub Halun/CC BY-SA 4.0）

一朝逢九日合眼獨 鎌倉本作猶 愁臥菊酒爲
誰調長齋終不破
九月十日
去年今夜侍清涼 殿名 御在所 秋思詩篇獨斷
腸 勅賜秋思賦之臣詩多述所懐 恩賜御衣今在此捧持毎
日拜餘香 宴終晩頭賜御衣今隨身在筒中故云
慰小男女 古調
衆姉惣家留諸兄多謫去小男與小女

「菅家後集」（内閣文庫本）

「北野天神縁起絵巻」。醍醐天皇から賜った衣を見て天皇をなつかしみ、都をしのぶ菅原道真（北野天満宮蔵）

恩賜《おんし》の御衣《ぎょい》今《いま》ここにあり
捧持《ほうじ》して毎日余香《よこう》（天皇のうつり香）を拝《はい》す

も、その中にある。忠臣道真のイメージは、醍醐天皇の恩を思い起こしたこの詩を中心として育っていくのである。しかし、まことに不思議なことには、道真がもっとも愛され、もっとも懐かしんだにちがいない宇多上皇に関する詩が、「菅家後集」にはまったく見られない。道真か長谷雄かが、朝廷をはばかってはぶいたものであろうか。歴史のなぞの一つである。

3　延喜の荘園整理令

「大和魂」の持ち主時平の積極策

谷崎潤一郎は名作「少将滋幹《しょうしょうしげもと》の母」の中で、

従来藤原時平《ふじわらのときひら》と云うと、あの「車曳《くるまひき》」（歌舞技の題名）の舞台に出る公卿悪《くげあく》の標本のような青隈《あおくま》の顔を想い浮かべがちで、何となく奸佞邪智《かんねいじゃち》な人物のように考えられて来たけれども、それは世人が道真《みちざね》に同情する余りそうなったので、多分実際はそれ程の悪党ではなかったであろう。

といい、道真にくらべて、「時平《ときひら》の方が却《かえ》って政治的実行力に富んでいたかも知れない。」と書いている。

たしかに時平は道真に欠けていた果断な実行力を持っていた。「大鏡《おおかがみ》」は「やまとだましいなどはいみじくおわしましたるものを。」と評しているが、これは学者道真の詩文の才能「漢才《からざえ》」に対して、時平の政治能力を「大和魂」とよんだのである。「大鏡」はまた、時平が笑い上戸で、いったん笑いだすとなかなか止まらない癖があったことなどをおもしろおかしく書いているが、時平にはそういう陽気な一面もあって、陰険な陰謀家タイプではなかった。時平は悪玉にされすぎている。

さて、道真追放の半年後に、例の三善清行《みよしのきよゆき》の予言した辛酉革命《しんゆうかくめい》のわざわいを避けるために「延長《えんちょう》」と年号があらためられ、以後二十三年もの間、この年号が用いられた。つづく「延喜《えんぎ》」の九年間と合わせて三十年以上にわたった醍醐《だいご》天皇の治世を、後世の人々は「延喜《えんぎ》の治《ち》」とよび、後の村上《むらかみ》天皇の「天暦の治《てんりゃくのち》」とともに、聖代としておおいに賛美した。

この賛美は、村上天皇の死後に源　順《みなもとのしたがう》・大江匡衡《おおえのまさひら》などの学者文人がとなえだしたことで、理由は両天皇がすぐれた君徳を持っていたことと、人材が多く出て文化が栄えたことだった。しかし現代からみれば、かれらの見方はやや表面的である。実はこの三十余年の平和の底で、律令体制の解体と国家体制の転換が、ひそかに、しかし決定的に進行したことをみのがせない。それは醍醐天皇の死後まもなく起こる「承平《じょうへい》・天慶《てんぎょう》の乱《らん》」（次章参照）によって暴露する。また、「延喜の治」の最初の約三分の一、つまり時平政権の期間とその後の二十年余りの情勢には、大きな違いがあることもみのがせない。

「権門勢家」の大土地所有

時平は、矛盾を深めつつある地方行政に積極的に取り組もうとした。それはふつう「延喜の荘園整理令《しょうえんせいりれい》」とよばれる、九〇二（延喜二）年三月に発布された一連の有名な太政官符《だいじょうかんぷ》にみられる。いま、それを述べる前に、この一連の太政官符が制止の対象としている大土地所有の発展についてふり返ってみよう。たとえば、東大寺領の一荘園である。

奈良時代に鎮護国家の中心寺院として、律令政府から特別の保護を受けていた東大寺は、東は越前《えちぜん》（福井県）・越中《えっちゅう》（富山県）・越後《えちご》（新潟県）・尾張《おわり》（愛知県）から、西は周防《すおう》（山口県）・伊予《いよ》（愛媛県）にいたる二十三ヵ国にわたって、九十ヵ所以上の荘園を開発していた。七五六（天平勝宝《てんぴょうしょうほう》八）年に、聖武《しょうむ》天皇の勅命によって施入《せにゅう》（寄付）された因幡《いなば》の国（鳥取県）の高庭荘《たかばのしょう》もその一つである。ところが、八〇一（延暦二十）年、東大寺はこの荘園の土地五十五町を、春宮大夫藤原縄主《とうぐうのだいぶふじわらのただぬし》に売り、二年後に残りを因幡守藤原藤嗣《いなばのかみふじわらのふじつぐ》に売り払った。遠方の寺領を経営するには、現地の国司・郡司・富豪などの協力が必要だったが、光仁《こうにん》・桓武朝《かんむちょう》が寺院の経済活動をきびしく統制した（三〇ページ参照）ので、さしもの東大寺の権威も急速におとろえ、寺領の維持もしだいに困難となったのである。

しかし、東大寺が手放した高庭荘《たかばのしょう》は国家に回収されたわけではない。買い受けた藤原縄主は公卿《くぎょう》で、例の平城《へいぜい》天皇の寵愛を受けた藤原薬子《ふじわらのくすこ》の夫だし、藤嗣は高庭荘のある因幡の国の国司である。つまり高庭荘は「寺家《じけ》」とよばれた勢力の手から、「権門勢家《けんもんせいか》」（上級貴族）・「王臣家《おうしんけ》」（中・下級貴族）などとよばれた、はぶりのよい別の勢力の手にリレーされたにすぎない。

権門・王臣、さらに「院宮《いんぐう》」（上皇・皇后・皇太子など）が盛んに大土地所有につとめる情勢は、九世紀を通じて進んでいった。しかも仏教への統制がやがてゆるむと、かれらは盛んに寺院を建立し、その維持のために広大な土地を施入するようになった。たとえば、清和《せいわ》天皇（惟仁《これひと》親王）の誕生のとき、良房《よしふさ》が空海《くうかい》の弟子真雅《しんが》とはかって建立した貞観寺《じょうがんじ》という寺

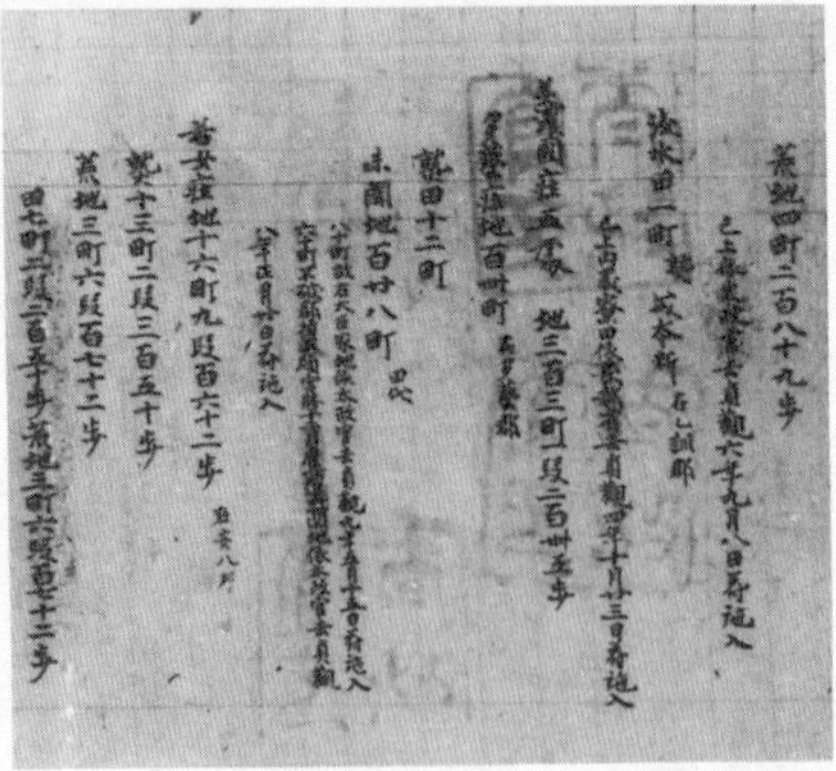

「貞観寺田地目録」の美濃の国の部分（仁和寺蔵）

があった。この寺が清和朝の約十年間に買い受けたり施入されたりした土地は、山城《やましろ》（京都府）・美濃《みの》（岐阜県）・伊賀《いが》（三重県）・信濃《しなの》（長野県）・武蔵《むさし》（東京都）・下野《しもつけ》（栃木県）・備《びん》後《ご》（広島県）・伊予《いよ》（愛媛県）などの諸国にわたって、合計一千町にも上っている。

　その集積された土地のごく一部を「貞観寺田《じょうがんじでん》地《じ》目録《もくろく》」でうかがうと、たとえば、美濃の国には荘園五ヵ所約三百三町があった。このうちで、熟田《じゅくでん》（現に収穫をあげている田）十二町と未開地百二十八町、計百四十町からなる多芸荘《たぎのしょう》は、うち八十町が右大臣藤原良相《ふじわらのよしみ》（良房の弟）、六十町が現地不破《ふわ》郡の郡司宮勝《みやのかち》 十二月麿《しはすまろ》の施入である。熟田十三町と荒地四町、計十七町からなる若女荘《わかめのしょう》は、そのうち、田七町と荒地四町が太政大臣良房の寄進、田六町が現地安八《あはちま》郡の郡司守部秀名《もりべのひでな》がその子の郡司に任ぜられた謝礼として寄進したものである。熟田六十町と未開地五十六町、計百十六町の長友荘《ながとものしょう》は、やはり郡司の一族らしい権博士守部広嶋《ごんのはかせもりべのひろしま》の寄進。熟田十五町の栗田荘《くりたのしょう》および熟田十五町の枚田荘《ひらたのしょう》は、故大納言源 定《みなもとのさだむ》（嵯峨源氏《さがげんじ》）所有の「賜田《しでん》」（後に述べる）を買い受けたものらしい。

公田の減少と荒地開墾の進行

この一部の状態からみても、貞観寺の広大な土地の大部分は、それまで権門の藤原氏・源氏や地方豪族の手に集められていた田地や空閑荒廃地からなっていたことがわかる。八四一（承和八）年三河《みかわ》の国（愛知県）に下された太政官符が、「この国はもと自然にめぐまれて、田地が多かった。いまは国おとろえ民少なく、荒地がことに多い。」と述べているように、公民の浮浪・逃亡によって公田《こうでん》は急速に減少した。しかし、その反面、広大な空閑荒廃地が権門・豪族によって開発されていた。

平安時代の前半は、荘園、ひいては社会経済全般についての史料がはなはだとぼしくて、当時の状況を数字的につかむことはできない。しかし、先の高庭荘《たかばのしょう》を例にとると、縄主《ただぬし》が買い受けたとき「見開田《げんかいでん》」（開墾ずみの田）はわずか三町だったが、二十年から三十年の間に三十町が開発され、また藤嗣《ふじつぐ》も一町未満の見開田を四町に広げている。

また中世のある史料によれば、奈良時代に一万町余だった播磨《はりま》の国（兵庫県）の田畑が鎌《かま》倉《くら》時代には一万七千町と、二倍近くに増加したとある。平安時代を通じて田地の開発が進んだことは、だいたいこれでもわかるだろう。

こうして開発された荘園の多くは、この時期にはまだ、後に多く見られる不輸《ふゆ》（田租《でんそ》を免ぜられる）の特権を持たなかったから、大土地所有の発達がただちに国の田租収入を減ずることにはならなかった。しかし権門や寺院はいろいろ理由をつけて、太政官・民部省から不輸の認可を受けようとした。そして、この認可を受けた荘園（「官省符荘《かんしょうふしょう》」という）が、八四五（承和十二）年の東寺領丹波《たんば》の国（兵庫県）大山荘《おおやまのしょう》の墾田九町をはじめ、しだいに史料の上にでてくる。こうして荘園は、国家財政のマイナスとなる性質を、しだいに現してくるのである。

こうした大土地所有の発達には、皇室も一役買っていた。まず「勅旨田《ちょくしでん》」とよばれる天皇領がさかんに設定されはじめる。もともと令制《りょうせい》では、皇室の収入源として「官田《かんでん》」が設けられていた。しかしそれではしだいに増大する宮廷費をまかなえなくなり、奈良時代後期に勅《ちょく》旨省《ししょう》という役所が設けられ、国費を用いて諸国の空閑荒廃地の開発をはじめた。桓武朝《かんむちょう》の律令体制再建方針によって勅旨省は廃止されたが、実際には勅旨所《ちょくししょ》と名を変えて存続した。そして淳和朝《じゅんなちょう》のころから、勅旨による開発はいちだんと活発になり、一ヵ所七百町、八百町といった広大な空閑荒廃地が、次々に勅旨田として設定された。勅旨田の開発に要する費用には諸国の正税稲《しょうぜいとう》があてられ、また労働力には農民がかり出され、国家の公有する灌漑《かんがい》用水の利用も認められた。いわば国家みずからの荘園開発である。それは、九世紀末までの正《せい》史《し》に見える断片的記事を集計すると、畿内《きない》から辺境まで、全国にわたってほぼ四千町にも上るのである。

次に親王たちには広大な「賜田」が与えられるようになった。前に述べたように（二七ページ）、桓武・嵯峨両天皇をはじめ、平安初期の天皇には多くの皇子・皇女が生まれた。これに対して令の規定による待遇のほかに、特別の詔によって親王家に諸国の空閑荒廃地をあたえて開発させたのが「賜田」である。たとえば八一八（弘仁《こうにん》九）年、桓武天皇の皇女朝原《あさはら》内親王の遺領が遺言によって東大寺に施入されたが、それは美濃の国（岐阜県）厚見荘《あつみのしょう》の墾田百十七町、越前の国（福井県）横江荘《よこえのしょう》の墾田百八十六町、越後の国（新潟県）土井荘《どいのしょう》の墾田二百町の、合計五〇三町からなっていた。

また同じく、八一二（弘仁三）年に東寺《とうじ》・西寺《さいじ》に施入された桓武天皇の皇女布勢《ふせ》内親王の遺領は、墾田七百七十二町の広大なもので、このうち東寺分は伊勢の国（三重県）大国荘《おおくにのしょう》、摂津《せっつ》の国（大阪府）垂水荘《たるみのしょう》、越前の国の蒜嶋荘《にらじまのしょう》など諸国にわたっていた。こうした親王への賜田は、仁明朝《にんみょうちょう》ころを頂点として、九世紀末までに五十例ほども正史に見える。嵯峨・淳和・清和・陽成各上皇の院（上皇の御所）の費用をまかなうために、院司《いんし》（院の役人）がそれぞれ活発に土地集積をおこなったことも見のがせない。

朝廷も国司も手に負えない「王臣家」

院宮・権門についで、いわゆる「王臣家《おうしんけ》」の活動も目だってきた。

かれらは国司として地方に赴任すると、任期終了後も都に帰らず、山野を占有して大規模な営田《えいでん》をおこない、その収穫をもとでにさかんに交易し、加速度的に巨大な富をたくわえた。これらの「秩満解任之人《ちつまんげにんのひと》」（任期の終わった前国司）とか「王臣子孫の徒」とよばれた地方ボスは、政府も国衙《こくが》もほとほと手を焼く強力な存在となりつつあった。

八四二（承和《じょうわ》九）年八月、豊後《ぶんご》の国（大分県）は、前豊後介《さきのぶんごのすけ》中井王《なかいおう》の不法な行動を大宰府《だざいふ》に訴えた。この王は任期が終わった後も日田《ひた》郡に大きな館《やかた》をかまえ、数郡にわたって私営田を持ち、前介《さきのすけ》の威光をふりかざして郡司・百姓をいじめていた。かってに国内を巡回して任期中の調《ちょう》・庸未進分《ようみしんぶん》や私《し》出挙《すいこ》の利息を、無慈悲に取り立てる。農民の調・庸未進分を代納しておいては、二倍もの高利を農民から責め取る。となりの筑後《ちくご》の国（福岡県）・肥後《ひご》の国（熊本県）までまたにかけて行動し、農民をおびやかし、農事をさまたげる。

こういった人もなげなふるまいに、国司もついにたまりかねて訴えたのだが、折しも嵯峨上皇崩御による恩赦にあたったので、なんの罪にもならず、単に「都へ帰還せよ。」という命令だけが出た。しかも王は帰還して後に、位も昇進している。

中井王以上に大きな問題を起こしたのは、前筑前《さきのちくぜん》（福岡県）守《のかみ》文室《ふんや》宮田麻呂《のみやたまろ》である。かれは近江《おうみ》の国（滋賀県）十二郡の大部分にわたって二、三町ずつの私営田を持っていた。おそらく近江の国の国司となったときに作った財産であろう。近江以外の各地にも所領があったかもしれない。八四〇（承和七）年に筑前守になり、すぐに解任されたが、つづいて筑前の国にとどまった。そして難波津《なにわのつ》（大阪）に持っていた館《やかた》を中継基地として、平安京と大宰府を結んで、唐物《とうぶつ》（大陸の物資）の交易を大規模におこない、巨利をえていた。つまり宮田麻呂は、私営田と私貿易の両方をあやつって巨大な富をたくわえた、「王臣」の典型である。

遣唐使《けんとうし》の衰退と反比例して、唐《とう》・新羅《しらぎ》の商人の来航は、しだいに盛んになっていた（一〇〇ページ参照）。役人が大宰府に派遣されて交易にあたったが、貴族・富豪も先をあらそって使者を出し、役人よりも先によい唐物を入手することに狂奔した。こういう唐物のさかんな需要に乗じた宮田麻呂は、八四〇（承和七）年に来航した張宝高《ちょうほうこう》という大商人に大量のあしぎぬ（絹布）を渡して、唐物の輸入契約を結んだ。ところが張は帰国後死亡し、その部下が二派に分かれて渡来した。宮田麻呂は先に渡しておいたあしぎぬの代償として、その一人の荷物を強引に取り押えた。

このようなあまりにも不敵な活動がわざわいしたか、八四三（承和十）年、宮田麻呂は謀反の企てありと、朝廷へ密告された。京・難波の邸宅が捜索され、弓矢・剣《つるぎ》・甲冑《かっちゅう》などが多数発見されたので、伊豆《いず》の国（静岡県）に遠流《おんる》に処せられた。近江《おうみ》の国（滋賀県）に散在した所領なども没収されて、前に述べた貞観寺《じょうがんじ》に施入されてしまった。

中井王も宮田麻呂も、その行動があまりにも目に余るものだったためついに破滅したのだが、それは地方に張った王臣家勢力の、いわば氷山の一角にすぎなかった。

荘園内部に富有農民が発生

中央・地方の有力者による大土地所有と活発な経済活動のかげに、さらに農民による「治《ち》田《でん》」（田を開墾すること）が、ひそかにしかし活発に進んでいた。それは山野や荘園の中に多くふくまれている未墾地・荒廃地を、かってに開墾し耕作したものである。荘園領主がうっかりして長い年月放置しておけば、おのずから耕作者の農民に既得権が生まれるわけだ。八五九（貞観《じょうがん》元）年に、奈良《なら》の元興寺《がんごうじ》が近江の国依智荘《えちのしょう》に僧延保《えんぽう》という者を派遣して実地調査をしたところ、これまで寺が、荒廃地と思っていた土地のあちらこちらが数反ずつ、「田刀《たと》」（または「田堵《たと》」）とよばれる有力農民らの治田となり、しかもその中には、すでに田刀によって、某中納言・某日向守などという権門・王臣に売却されたものさえあることが判明した。あわてた元興寺は、これらの治田から地子《じし》（耕作料）を徴収することにした。

このようにして土地公有制の崩壊過程に、中央・地方の大小さまざまな階層の土地への権利がいくえにも発生していく。

左大臣時平《ときひら》によって、九〇二（延喜二）年三月十二、十三両日に発布された一連の法令、つまり「延喜の荘園整理令」は、このように複雑をきわめた地方の実態に対する総合対策である。それは一世紀にわたる律令体制維持方針の総決算といえよう。

法令の内容は、国司に対して、班田《はんでん》を励行すること、調《ちょう》・庸《よう》を粗悪でないものにすること、交替の期限を厳守することを命じた条文と、院宮・権門・王臣・百姓各階層に対して、不法な土地所有を禁止、抑制した条文とに大別することができる。前者は「寛平の治」にはみられなかったが、時平はあらためてきびしく国司の責任を問うたのである。

歴史的な荘園整理令と時平内閣の崩壊

後者の条文のうちでもっとも有名なものは、次のように当時の社会情勢を分析している。

頃年《けいねん》、勅旨《ちょくし》の開田《かいでん》遍《あま》ねく諸国に在り。空閑《くうかん》荒廃の地を占《し》むと雖《いえど》も、是《こ》れ黎元《れいげん》の産業の便《びん》を奪うなり。しかのみならず新たに庄家《しょうけ》を立て、多く苛《か》法を施《ほどこ》す。課責尤《かしゃくもっと》も繁《しげ》く、威《い》脅耐《きょうた》え難《がた》し。

且《かつ》つ諸国の奸濫《かんらん》の百姓《ひゃくせい》、課役《かやく》を遁《のが》れんがために、動《やや》もすれば京師《けいし》に赴き、好みて豪家《ごうけ》に属す。或いは田地を以って詐《いつわ》りて寄進と称し、或いは舎宅を以って、巧《たく》みに売与《ばいよ》と号す。遂《つい》に使《し》を請《う》け、牒《ちょう》を取り、封《ふう》を加え、牓《ぼう》を立つ。

国吏は矯餝《きょうしょく》の計《けい》を知ると雖《いえど》も、権貴《けんき》の勢《せい》を憚《はばか》り、口を鉗《つぐ》み舌を巻きて、敢《あえ》て禁制《きんぜい》せず。これに因《よ》りて、出挙《すいこ》の日、事を権門に託《たく》して正税《しょうぜい》を請《う》けず、収納の時、穀《こく》を私宅に蓄《たくわ》えて官倉《かんそう》に運ばず。賦税《ふぜい》の済し難《がた》きは斯《こ》れに由《よ》らざるは莫《な》し。

加うるに、賂遺《らくい》の費す所、田地は遂《つい》に豪家の庄となり、奸搆《かんこう》の損《そこな》う所、民烟《えん》長く農桑《そう》の地を失う。終《つい》には身《み》を容《い》るるに処《ところ》無く、還《かえ》りて他境に流冗《りゅうじょう》す。

（近年勅旨田《ちょくしでん》があまねく諸国に開発された。これは空閑荒廃地を占めたものであるとはいえ、やはり農民の生産手段をうばうものである。しかも新たに荘園が設定され、苛酷《かこく》な方法で収奪がおこなわれるので、これも農民にとってたえがたい脅威となっている。

一方、諸国の悪がしこい百姓は、調・庸などの負担をまぬがれるために、ややもすると都に出てきて権門に従属する。そして自分の田地を権門に寄進したとか、家・倉を権門に売却したとか偽りをいいふらす。ついには権門の使者を招請し、文書《もんじょ》を発してもらい、土地の境界を区画して、権利を確保してしまう。

国司はそれが悪だくみだと知っておりながら、権門の威勢をはばかって口をつぐみ、禁止しようとしない。そこで百姓は、公出挙《くすいこ》の割り当てにあたって権門にかこつけて正税を請けようとせず、納税のときには穀《こく》を自宅にたくわえて官倉《かんそう》に運ぼうとしない。税の完納されないのは、ひとえにこの理由によるのである。

このように、賄賂《わいろ》や悪だくみによって荘園はふえ、農民の土地はうばわれ、かれらはついに生活の場を失って、ほかの土地に流れていく。)

この分析の中でとくに注目されるのは、勅旨田開発と百姓の土地寄進とをまっこうから批判していることである。以後この批判にもとづいて、国司・郡司による国費を用いての勅旨田の経営は停止され、これまでに開発された分も、農民の請負による方法に切り替えられた。この勅旨田への抑制は、皇室経済に大きな打撃をあたえるものであった。

しかし、有力農民の権門への土地寄進という「悪だくみ」のほうは、寄進した者には杖六《じょう》十、これを受けた権門と黙認した国司にもそれぞれ制裁規定が示されたにもかかわらず、ほとんど効力を発揮しなかった。むしろ寄進行為は十世紀から十一世紀にかけて盛大をきわめる。摂政・関白をはじめ有力な貴族は、官職にともなう公式の給与よりも、むしろ寄進された荘園からの収入によって、経済をまかなうことになる。これに対して政府がいくたびも荘園整理令を出すことになるが、延喜の整理令は、その法令の最初のものとしても、注目すべき歴史的意義を持つのである。

このような総合対策を発布したところに、時平のすぐれた政治的意欲と力量がみられる。

しかし、その実施状況はほとんど明らかでないし、もはや多年の弊害を一片の法令によって根絶できる段階ではなかった。やがて九〇九（延喜九）年、時平は三十九歳の働きざかりで死んでしまう。かれの死に先立って、その片腕であった大納言藤原定国《さだくに》と、道真追放に一役買った参議藤原菅根《ふじわらのすがね》も死んだ。時平内閣は総くずれとなったのである。

時平の政権を最後として律令体制維持の方針はみられなくなる。そして次の忠平の政府は変化した底辺の動きに柔軟に対応した新しい方針に転換するのである（第五章の6）。それによって延喜初年の緊張した政治的雰囲気は消え、延喜十年代に入ると、その反動といってもよいほどはなやかな宮廷文化が展開する。

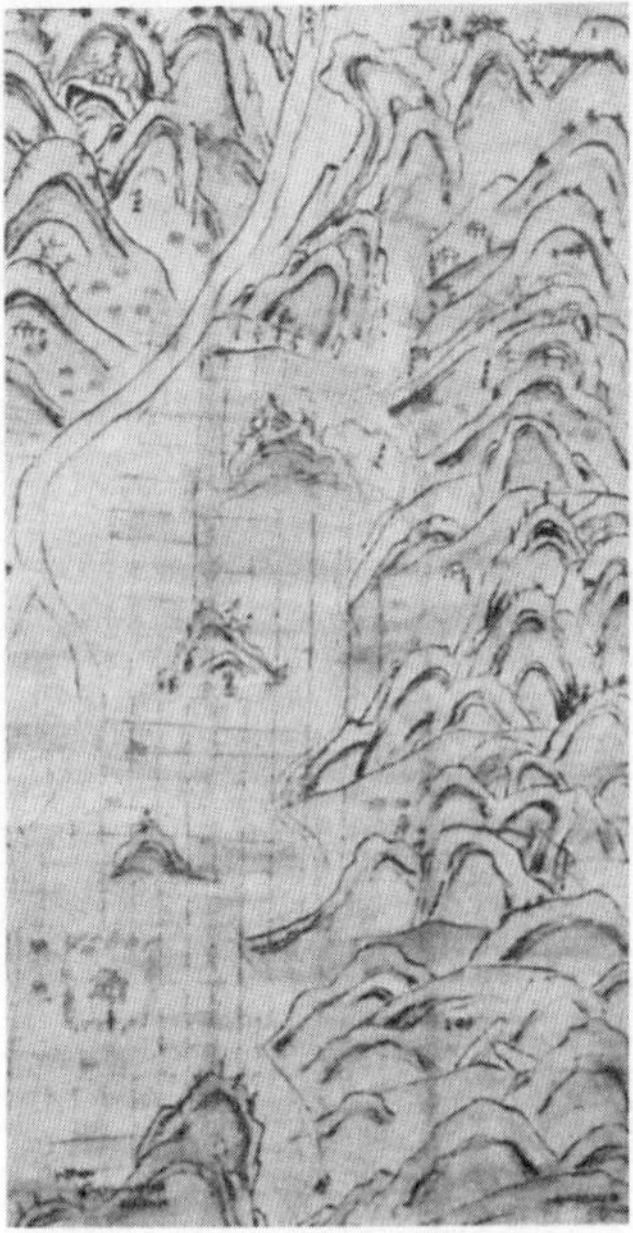

神護寺の荘園図（備中の国足守荘《あしもりのしょう》）

4　「古今和歌集」なる

勅命に紀貫之ら編者の感激

九〇五（延喜《えんぎ》五）年四月のある夜のこと、内裏《だいり》の内御書所《うちのみふみどころ》（図書館）で、四、五人の者が堆《うずたか》く積まれた和歌の紙片を前にして、白熱の議論をたたかわせていた。その夜更けに一声高く鳴いてほととぎすが空を渡った。季節からするとまだめずらしい。ほどなく仁寿殿《じじゅうでん》（天皇のすまい）から醍醐《だいご》天皇の使いがきて、ほととぎすの歌を詠んで奉るようにとの勅命を伝えた。勅命に応じて、

異夏《ことなつ》はいかが鳴きけん時鳥《ほととぎす》　こよいばかりはあらじとぞ聞く

と詠んだのは、御書所預《みふみどころのあずかり》紀貫之である。「ほととぎすは昨年まではどんなふうに鳴いたことでしょうか。こよいほどすばらしい声は聞いたことがありません。」という意味だ。この手放しのよろこびの歌は、「古今和歌集」を編集せよという醍醐天皇の勅命を受けた、紀《きの》友則《とものり》や貫之らの感激を率直に示している。

これまでにも、法令集や歴史書の勅撰《ちょくせん》ならば数多くあった。そして、延喜《えんぎ》時代はこうした律令制下の勅撰事業の最後を飾った時期である。それは若い醍醐天皇と時平《ときひら》の意欲的な政治

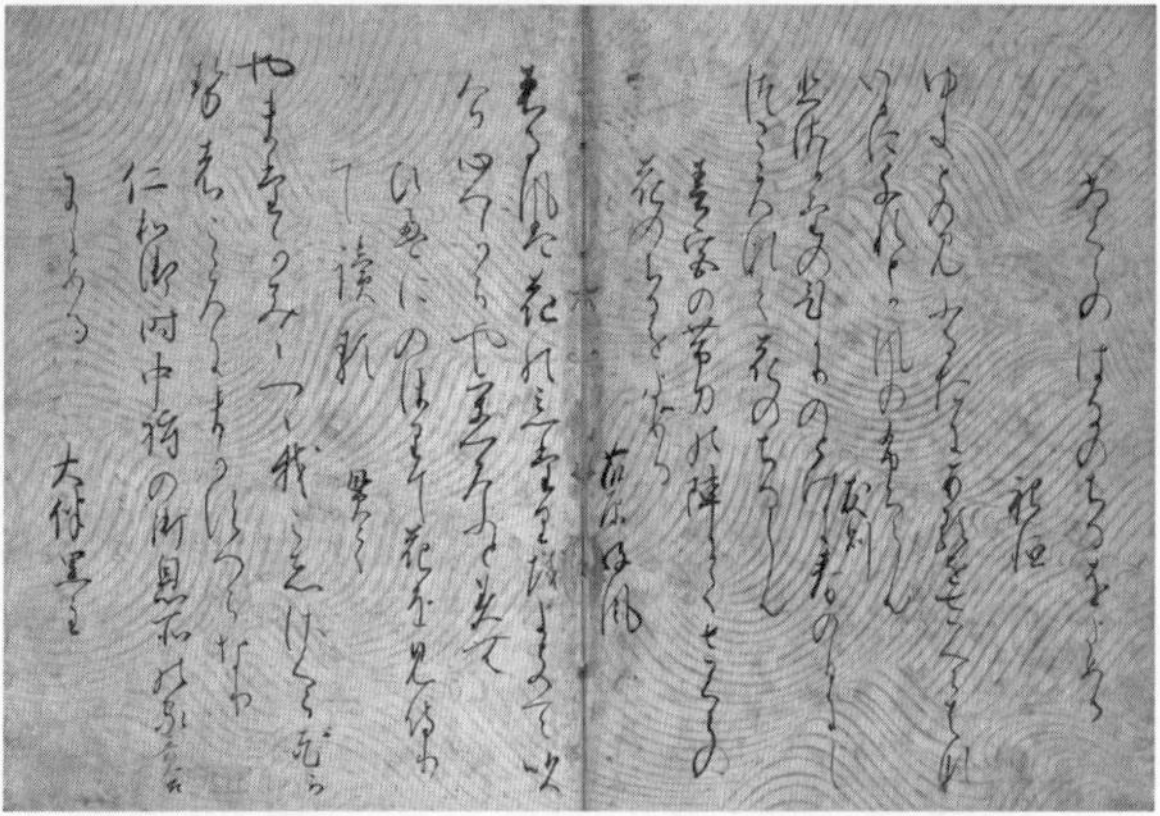

「古今和歌集」。紀友則の「ひさかたの……」の歌（6、7行目）や紀貫之の歌（15、16行目）が見える（元永本）

のあらわれで、「延喜格《えんぎきゃく》」「延喜式《えんぎしき》」「延喜《えんぎ》儀式《ぎしき》」（朝廷の恒例・臨時の儀式を規定したもの）「日本三代実録《にほんさんだいじつろく》」（清和《せいわ》・陽成《ようぜい》・光《こう》孝《こう》三天皇時代の歴史）などが続々と完成しつつあった。しかし文学方面では、嵯峨天皇の生前に作られた三部の詩文集（九一ページ参照）以後、勅撰はまったくおこなわれなかった。それがこんど漢詩とは比較にならないほど低俗なものとみられていた和歌について、五位にも達しない低い身分の貫之らに勅撰の命が下ったのである。まことに画期的なことだった。

「歌合」から発展して「古今和歌集」に

和歌興隆の気運をここまで盛り上げたのは、ひとえに皇室の家父長宇多《うだ》上皇の力である。

　上皇は文才がすぐれていた。今いろいろ

な書物に引用された断片しか伝わっていないその日記（「宇多天皇御記《ぎょき》」）は、天皇・臣下を通じてもっとも古い日記であるが、しかも飼い猫について書いた「猫の消息」など、なかなか文学的・個性的なおもしろさに満ちていて、後に続出する公卿《くぎょう》の日記のような、退屈きわまるものと全く違う。そういう人柄だから、上皇は天皇の位《くらい》にあったころから和歌に目をつけ、これを宮廷の「晴れ」の場に引き出し、またもっと水準の高いものに引き上げようと考えた。そこでまず、母后班子《ぼこうはんし》女王や兄の是貞《これさだ》親王のもとに歌人たちの試作を集め、その中からよい歌を選抜して「歌合《うたあわせ》」形式に整理させた。

歌合というのは、左右二手に分かれた貴族たちが、かねて歌人たちに作らせておいた作品を一首ずつ出し合って、判者に優劣を判定させ、百番なり二百番なりの結果、点数の多いほうを勝ちとする競技、つまり相撲《すまい》・競馬《くらべうま》・賭弓《のりゆみ》などと同じ性質の遊びである。当時の後宮《こうきゅう》では、菊・なでしこ・女郎花《おみなえし》といった季節の花とか、小箱・扇・紙といった身のまわりの品々とかを比べ競う「物合《ものあわせ》」が流行していた。宇多天皇はそれらの遊戯の形式にならって、歌合を作品批評の手段として活用したものらしい。

これが「寛平御時后宮歌合《かんぴょうのおんときさいのみやうたあわせ》」および「是貞親王歌合《これさだのみこのうたあわせ》」として伝えられているものだが、天皇はこの中に選抜された作品をもとにして、菅原道真《すがわらのみちざね》に命じて「新撰万葉集《しんせんまんようしゅう》」を編集させた。道真はいかにも文章道の学者らしく、「新撰万葉集」を万葉仮名（漢字によって国語を表記したもの）で記し、しかもそれぞれの歌と同じ情趣を表現した漢詩を作ってこれにそえた。こうして、詩文を基準として和歌の修辞《しゅうじ》（ことばづかい）や発想を洗練させ、ま

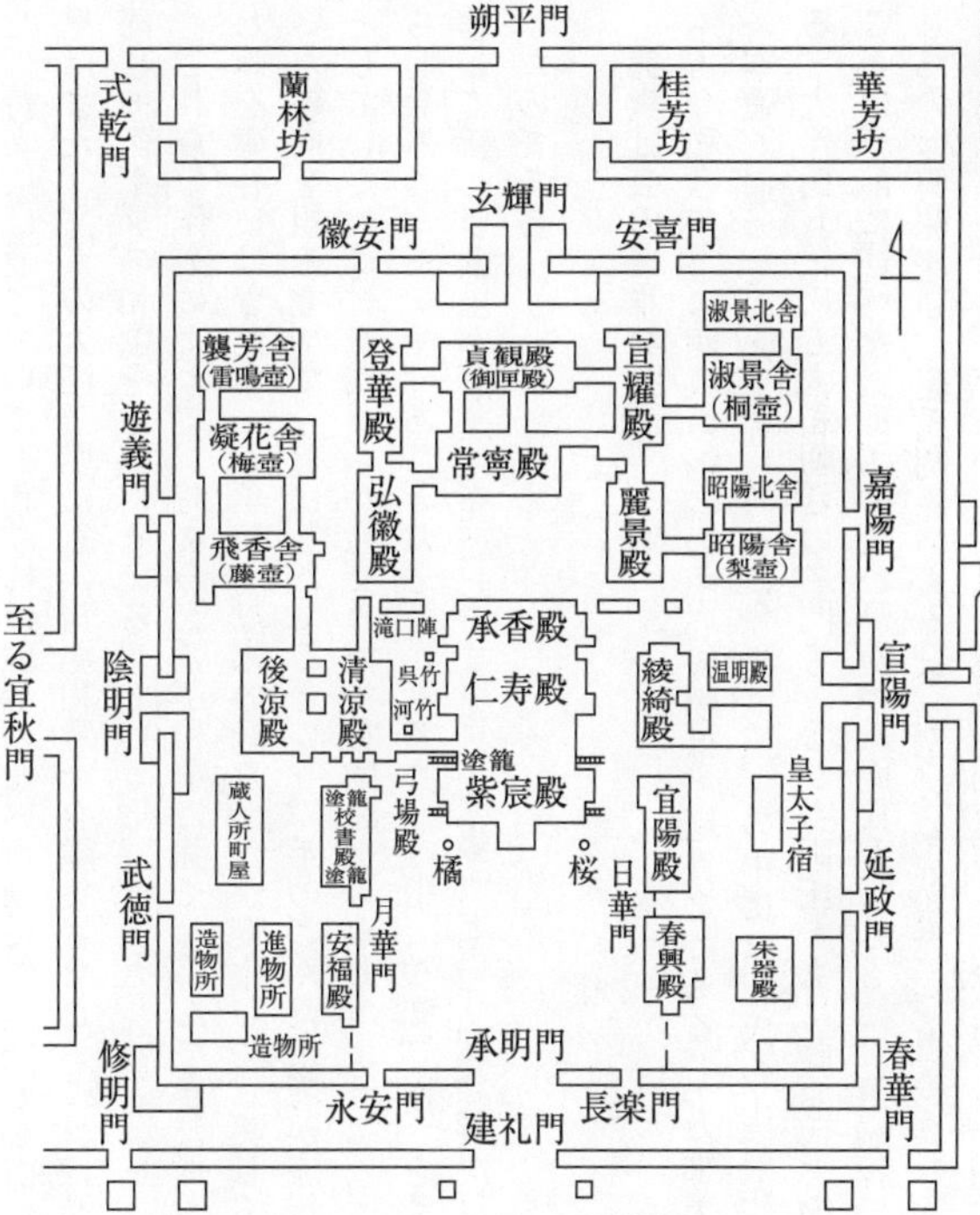

内裏見取図

読み方

凝花舎＝ぎょうかしゃ
飛香舎＝ひぎょうしゃ
弘徽殿＝こきでん
貞観殿＝じょうがんでん
昭陽舎＝しょうようしゃ
清涼殿＝せいりょうでん
滝口陣＝たきぐちのじん
仁寿殿＝じじゅうでん
紫宸殿＝ししいでん
弓場殿＝ゆばどの
承明門＝しょうめいもん
建礼門＝けんれいもん

た、詩文には通じていても和歌には理解のない貴族たちの関心を引こうとしたのである。天皇はまた、文人の大江千里《おおえのちさと》にも「句題和歌《くだいわか》」を編集させた。これは漢詩の名句をあげては、同じモチーフの和歌をそれにそえる、という形式だった。

これらの作業によって、詩文の影響が和歌に強くおよんできた。つまり心のよろこびや悲しみを素朴《そぼく》にはきだす「万葉集」以来の詠みかたが変化して、美しく飾ったことばや気のきいた趣向を組み立てて一首にしたてるという、手のこんだ技巧が流行しはじめたのである。そしてしだいに、貴族たちが社交の場で和歌をよみかわすようになったので、相手を軽くわらわせるユーモアや、あっとおどろかせるウイット（機知）が、とくにもてはやされた。こうして新しい歌風が急速に発展し、「古今和歌集」という記念碑が打ち立てられることとなったのである。

貴族社会の優雅な会話

「古今和歌集」の四人の編者の中心人物は、紀貫之である。「万葉集」の中に大伴氏《おおともし》の線が一本強く通っているように、「古今和歌集」の中には紀氏《きし》の山脈が高く大きくそびえている。大伴氏も紀氏も大和朝廷《やまとちょうてい》の名門で、しかも両氏ともに藤原氏との競争に敗れて没落したことは、前に述べた。武勇の誉れ高かった両氏が、ともに没落過程で歌に生きる者を多く出したのは興味深い。紀氏関係の人々は、「古今和歌集」作者のうちで名まえの明らかな者のほぼ二十パーセントを占める。惟喬《これたか》親王・紀有常《きのありつね》・在原業平《ありわらのなりひら》らの和歌グループがそのみなもとをなしたことはいうまでもないが、貫之の父望行《もちゆき》、友則《とものり》の父有朋《ありとも》の兄弟もこのグループに加わっていたようである。

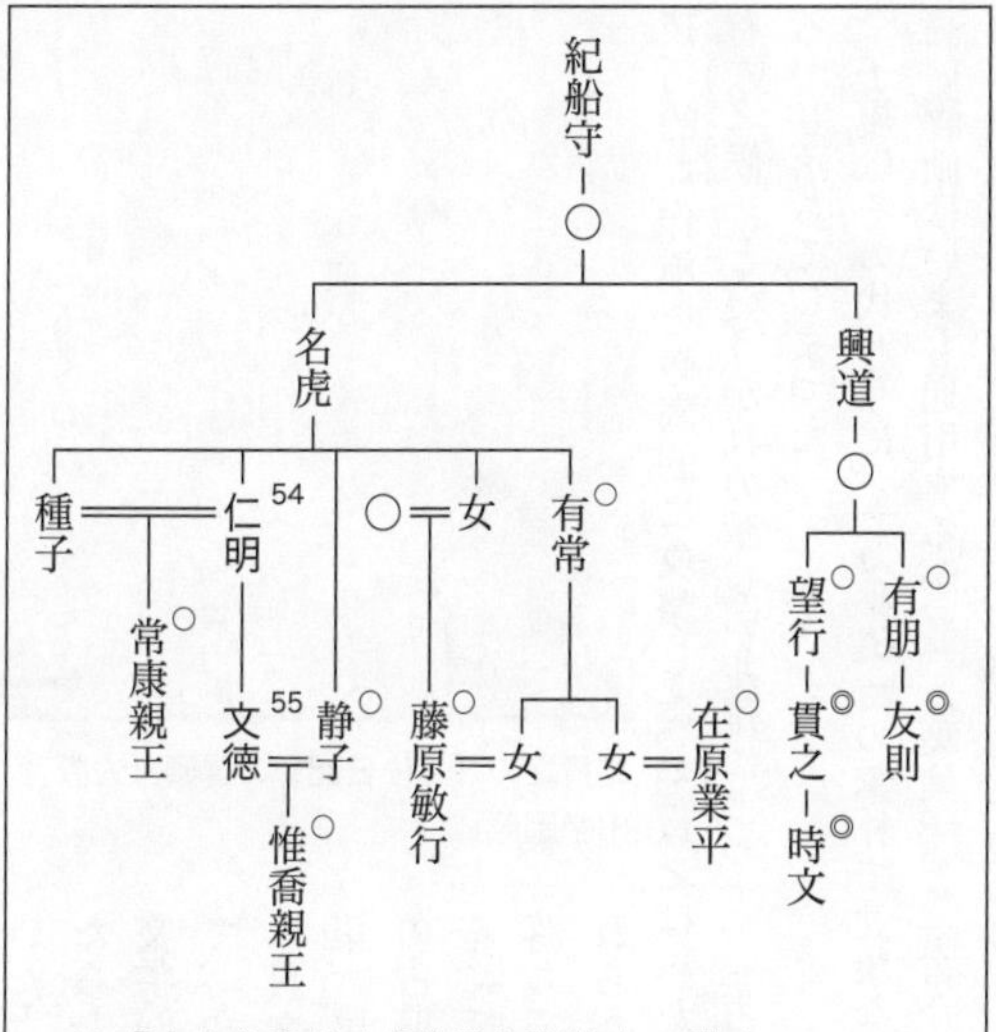

○は「古今和歌集」「後撰和歌集」の歌人
◎は同編者

貫之は幼い時の名を「内教坊《ないきょうぼう》の阿古久曾《あこくそ》」とよばれたところをみると、内教坊に勤めていた女性を母として生まれたらしい。内教坊とは、宮廷専属の女性歌手・舞姫を養成する芸能機関である。貫之がそうしたはなやかな芸能女性の世界に育ったとすれば、それは「古今和歌集」の「たおやめぶり」（女性的）といわれる歌風を確立するには、まことにふさわしい環境であった。

そのうえ、貫之は友則とともに、中務省《なかつかさしょう》の「内記《ないき》」という詔勅の草案などを作る職務につ

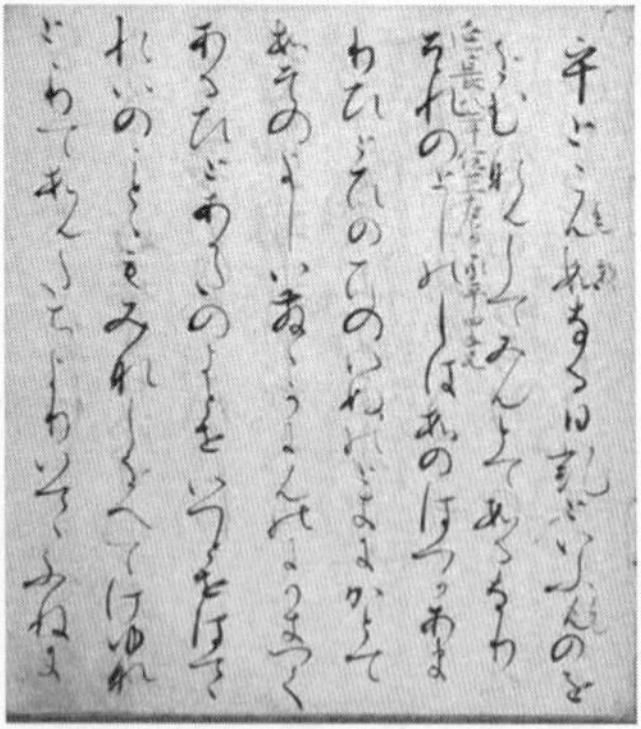

紀貫之の「土佐日記」の冒頭（大阪青山学園蔵）

いたところをみると、詩文の能力もすぐれていたらしい。つまり、詩文の基準によって和歌の文学的価値を引き上げるという時の課題にとって、かれはうってつけの人だった。

貫之らが精魂をこめて編集した「古今和歌集」は、ほぼ一千年間、和歌における唯一最高の古典とあおがれてきた。ところが明治の中ごろにでた正岡《まさおか》子《し》規《き》が、当時古くささのどん底に落ちていた歌人たちを目覚めさせるために、かれらが最高権威と考えていた「古今和歌集」の技巧的な作風を徹底的に攻撃した。「貫之はへたな歌よみにて、古今集はくだらぬ集に有レ之候《これありそうろう》」というかれの激しい非難によって、「古今和歌集」はたちまち古典の王座からころがり落ちてしまった。

子規はその代わりに、「万葉集」の素朴で健康な歌風を口をきわめて賞賛した。万葉への高い評価はいまも通用するが、「万葉集」と「古今和歌集」とを同じ観点から見た論には、再考の余地がある。古今時代の歌は、いわば貴族たちの優雅な会話である。子規の論は、明治の質実剛健なナショナリズムを背景としているので、こうしたホモ・ルーデンス的な「遊び」のおもしろさを理解できなかったのである。かれの素朴な目にはなんの価値もなかった優雅な感情と機知に富んだことばが、この集には豊かにあふれている。しかも、「新古今和歌集」を頂点とする代々の勅撰和歌も、「源氏物語」「枕草子」などのすぐれた女流文学も、中世の連歌や近世の俳諧のような日本独特の詩形式も、みなこの集を規範として創造されたのである。この「古典」としての価値は、もう一度見なおさなければならないし、その気運はここ数年急速に高まりつつある。

重大な意義を持つ仮名書きの序文

「古今和歌集」の価値は、そうした歌の粋《すい》一千首を選んだことのほかに、これを絶妙な秩序で配列したことにもある。まず各巻は春・夏・秋・冬・恋《こい》・雑《ぞう》などに分類されている。日本の風土と日本人の心情にぴったりしたこの分類法は、以後のすべての歌集に継承されただけでなく、連歌《れんが》にも俳諧《はいかい》にも応用された。季節に対する鋭敏な感覚は、日本人の美意識の一つの特色だが、これをみごとに生かしたのはすぐれた独創である。

さらに、各巻の中での一首一首の配列にも苦心がはらわれた。たとえば春の部を見ると、立春の歌からはじまって、雪・うぐいす・若菜《わかな》・柳・帰雁《きがん》・梅・桜・藤・山吹・三月《やよい》の晦日《つごもり》といった題材の歌がつづいていく。それはまるで季節の移り変わりを絵巻物にしてながめるように、リズミカルに組み立てられているのである。この配列はそれ自身一つの創作であって、勅撰集の名にふさわしい、一分のすきもない芸術品であった。

こうした香り高い歌集の編集を終わった後、貫之はみずから仮名文の序を書いた。それは、「やまとうたは、人の心を種《たね》として、万《よろず》の言《こと》の葉《は》とぞなれりける。世の中にある人、ことわざしげきものなれば（いろいろなことがあるので）、心におもうことを、見るもの、聞くものにつけて、言い出《いだ》せるなり。」にはじまり、「花に鳴く鶯《うぐいす》、水にすむ蛙《かわず》の声を聞けば、生きとし生けるもの、いずれか歌を詠《よ》まざりける。力をもいれずして天地《あめつち》を動かし、眼《め》にみえぬ鬼神《おにがみ》をも、あわれと思わせ、男女《おとこおんな》のなかをもやわらげ、猛《たけ》きもののふ（武人《ぶじん》）の心をも慰《なぐさ》むるは歌なり。」と和歌の本質を述べ、さらに和歌の理論、その歴史、六歌仙評《ろっかせんひょう》などにおよび、勅撰歌集の出現した栄える御代をたたえる歓喜をもって文を結んだ。そこには延喜の太平に生きた人々の時代感情が、余すところなく代弁されている。

この仮名序が貫之の作かどうか疑問とした説もあるが、ともかくこれは、仮名で書かれた散文の最初の成果にちがいない。つまり、このころになって、日本人ははじめて自国の文字で国語を自由に書くことができたのだ。このことは、日本人独特のものの見方・考え方・感じ方が成長していく、明るい見通しが開けてきたことを意味する。それは日本文化のために、はかり知れない意義を持つ事実である。

政治意識の後退と美的感覚の洗練

しかし、前（第二章の3）に述べたように、仮名文は男性の公的活動の場で使用されたわけではない。公用文はこの後もあくまでしかつめらしい漢文である。したがって、十世紀を境として文化全体が唐風《とうふう》から国風へ転換したなどと考えることは、前代の唐風を純粋に中国的なものと考えることと同様に誤りである。和歌や仮名文の世界は、詩文の世界、つまり男性の公的活動の場のかたわらに、それと表裏し並行しつつ展開したのである。それはあくまでも貴族の私生活と、その中から生まれるなまの感情の表現だった。

「古今和歌集」は、勅撰とすることと詩文を模倣することとによって和歌を晴れの場に引き出そうとした野心的な試みであったけれども、結局は、このような和歌の本質を変えることはできなかった。それは五十年後にできる第二の勅撰集「後撰和歌集《ごせんわかしゅう》」が、逆に、「古今和歌集」に漏れた私生活の歌を主として集めたことによってもわかる（二七〇ページ参照）。

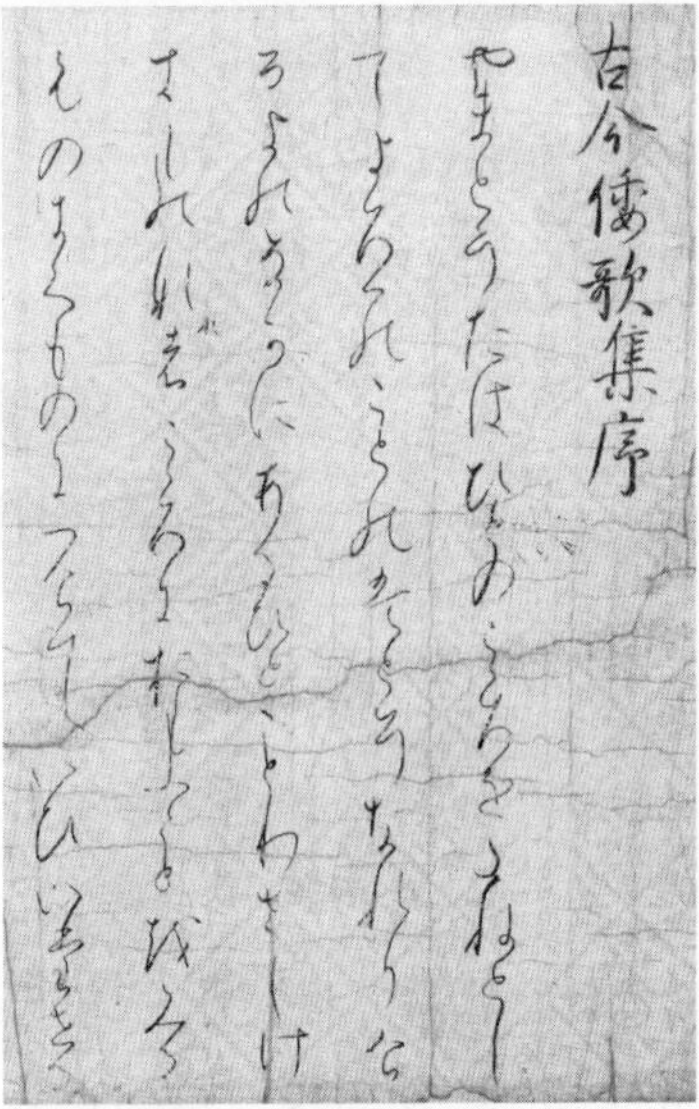

「古今和歌集」より紀貫之の「仮名序」

このように、政治や道徳などと縁のうすい和歌が、「古今和歌集」を契機として貴族男性にも愛好されだしたことは、かれらが政治への関心を失っていく傾向と対応するものであった。こう考えると、これを単純に「文化の日本化」などとして、無条件にほめるわけにもいかない。

ともあれ「古今和歌集」完

成のころ、つまり時平の死の前後から本格化した社交と歓楽の世界で、貫之や同僚の凡《おおし》河内躬《こうちのみ》恒《つね》ら専門歌人の演じた役割ははなやかだった。とくに屏風《びょうぶ》歌や歌合《うたあわせ》の歌をたのまれることは、かれらの人気のバロメーターであった（二四四ページ参照）。宮廷や権門では、算《さん》賀《が》のさいなどに名高い歌人に四季や名所の歌を詠ませ、これを図柄として絵師が筆をふるった屏風を、贈りものとする習慣があった。この屏風歌を注文された第一人者は貫之で、それはかれの歌集「貫之集」八百首あまりのうち、実に五百首以上を占めている。

歌合も流行し、かつ大規模となった。なかでも有名なのは、九一三（延喜十三）年にもよおされた「亭子院歌合《ていじいんうたあわせ》」である。宇多上皇に寵愛された女流歌人伊勢《いせ》が書いたといわれるくわしい記録によると、上皇の前にずらりとならんだ親王・公卿たちの衣服は、左方が赤、右方が青とあざやかな対照をなすなど、みごとな演出があった。洗練された美的感覚にかけては天才的ともいえる王朝貴族の才能は、このころから急速にみがきがかけられていくのである。

「国風文化」という言葉は適当か

この時期に成立し、やがて次の摂関時代にますます発展した文化を、いつごろからか「国風文化」と呼ぶようになっている。国風というのは、前代の平安初期の文化が唐風とか漢風とか呼ばれるのに対しての呼び方であろう。しかし、それならばむしろ「和風」と呼ぶべきで、国風という語は適当ではない。もともと「国風」とは地方の風俗というほどの意味の言葉で、中国の古典詩集「詩経《しきょう》」の中に「国風」という分類があるが、これは民間に伝えられた地方色ゆたかな歌謡を意味するのである。ところが、わが国風文化はそうした土のにおいのする文化ではなく、反対に、地方政治を国司以下にまかせてしまった都の貴族たちが、ちりひとつ止めぬ宮廷を中心につくり上げた典雅・華麗な文化である。「詩経」には「国風」に対して「雅《が》」とよばれる周王室の詩があるが、わが国風文化はまさにその「雅」にあたる日本語「みやび」を特徴とするのである。

しかも前に述べたように（第二章の3）、漢詩文はこのころもこの後も、ずっと男子の公の世界での表芸であったから、唐風から国風へと、つまり国際的から国粋的へと文化の性格が転換したわけでもない。したがって、「国風文化」をかりに「和風文化」などと言いかえてみても、文化の推移を全体としてとらえたことにはならない。それよりも、平安時代の文化が全体として宮廷と貴族の創造した文化であったことに、もっと注目する方がよいと思う。つまり「王朝文化」とか「貴族文化」という方が、平安時代の文化をあらわす概念としてはより適当であろう。

ただし、「貴族文化」などと言うと、ではじぶんたち庶民とは何も関係のない文化だと、冷淡に考えられるかも知れない。しかし、文化というものは日々の生活に余裕ある者によってしかつくられないものだから、古い時代にさかのぼるほど少数の特権階級がその担い手だったのは、歴史の必然である。そして少数の手によって創造された文化が、しだいに底辺にひろがって民衆全体のものになってゆくのも、これまた歴史の必然である。王朝の貴族文化もその例にもれず、たとえばお雛《ひな》様や百人一首などを取ってみても、現代の庶民生活の中に広く深く根をおろしているのである。したがって、この文化が庶民生活とかけ離れた貴族社会の中で創造されたことと、それが後世および現代文化の基礎となったこととは、区別して考えるべきで、王朝文化はその意味では日本人の永遠のクラシックであると言わなければならない。すこし議論めいたことになったが、本書の歴史が現代に対してもつもっとも大きな意味は、こうした点であろう。

5　延喜の太平とその暗転

繰り広げるはなやかな太平の行事

九〇七（延喜七）年九月、宇多《うだ》上皇は洛西《らくせい》の大井川《おおい》にでかけて舟遊びをし、歌会を開いた。小倉《おぐら》山のあざやかな紅葉《もみじ》が水にうつって、すばらしい風情があった。随行していた侍従藤原忠平《ふじわらのただひら》は、醍醐《だいご》天皇にもこの風情を味わっていただきたいものと、その日帰るとすぐ天皇にすすめたので、翌日行幸がおこなわれた。

小倉《おぐら》山峰《みね》のもみじ葉心あらば　いまひとたびのみゆき（行幸《ぎょうこう》）待たなむ

という「小倉百人一首」の有名な歌は、このとき忠平が、紅葉《もみじ》に託して、上皇・天皇そろっての御遊《ぎょゆう》を望む心を述べたものである。これは上皇・天皇・忠平三者の関係をよく示す挿話である。

忠平は兄時平《ときひら》と対照的に、まことにおだやかな、要領のいい人物で、醍醐天皇よりも宇多上皇に密着していた。上皇は俊敏な時平には心を許さなかったが、温厚な忠平を早くから側近に仕えさせ、皇女（妹とする説もある）順子《じゅんこ》を妻として与え、腹心に育て上げようとした。忠平も上皇の恩顧にこたえて、道真《みちざね》追放のときにも兄に協力しなかった。

皇室の家父長たる宇多上皇と、時平の死後に藤原氏の氏長者《うじのちょうじゃ》（氏の統率者）となった忠平との親密な関係は、時平死後約二十年もつづく太平のかぎとなった。延喜十年代に入ると、久しく仏教に没入していた上皇の心は、ふたたび宮廷世界へ立ちもどった。そして、中宮《ちゅう》温子《ぐうはるこ》の残した亭子院《ていじいん》という離宮で、詩宴《しえん》・歌合《うたあわせ》・競馬《くらべうま》・相撲《すまい》・算賀《さんが》など、はなやかな御遊をたえずくり広げた。

上皇はまた、いつのころからか、亡き時平の娘褒子《ほうし》を御息所《みやすんどころ》（きさき）とした。褒子の母は美貌《びぼう》で有名な業平《なりひら》の孫である。上皇は、平安時代屈指の美人系の血を持つ褒子を、ほかのきさきたちとは別に、賀茂《かも》川のほとりの河原院《かわらのいん》に住まわせた。この宮殿は、嵯峨《さが》源氏《げんじ》の左大臣源融《みなもとのとおる》が昔造営したもので、陸奥《むつ》の名所塩釜《しおがま》（六八ページ参照）の風景に似せた池を掘り、難波《なにわ》から毎日わざわざ海水を運んで海の魚を飼うなど、こりにこった名園である。

一方、醍醐天皇は、寒夜に「諸国の民百姓いかに寒からん。」と、わざわざ衣《ころも》を脱いで民の生活を思いやったとか、わざと時平に規定をやぶった華美な服装で参内させてこれをしかりつけるといったお芝居をして、貴族たちのおごりをいましめたとか、そのまじめな人がらをしのばせるいろいろな逸話が伝えられている。それらは「延喜聖代《えんぎせいだい》」という観念から生まれた説話かもしれない。しかし、もともと天皇の地位は上皇のように自由な生活の許されないものだったので、太平のはなやかな行事は、宇多上皇を中心として繰り広げられたのである。

宮廷の年中行事の発達について、宇多上皇は嵯峨上皇の後継者である。とくに正月十五日の七種粥《ななくさがゆ》、五月五日の五色粽《ちまき》、十月はじめの亥《い》の子餅《こもち》など、さまざまな民間の風習を宮廷に取り入れた新鮮な感覚は、前節で述べた和歌の振興とあいまって、宇多上皇の文化史上の地位を重くするものである。

暗転、道真の怨霊猛威をふるう

やがて、さしも太平をうたった延喜の舞台も暗転する。そのきっかけは九二三(延喜二十三)年の皇太子保明《やすあきら》親王の急死だった。二十一歳の若い皇太子の死はすべての人々を悲しませ、「泣き声は雷《かみなり》のようにとどろいた。」と、「日本紀略《にほんぎりゃく》」という書物に記されている。ところがこの書物にはさらに、「世をあげて言う。菅帥《かんのそち》の霊魂の宿忿《しゅくふん》(長い間のいきどおり)のなすところなり。」とある。皇太子は道真の怨霊《おんりょう》によって死んだというのである。

道真の怨霊は、時平が死んだころからうわさされていたらしいが、ここにはじめて公然と文献に現れた。醍醐天皇はただちに道真の位を復し、さらに正二位を贈り、流罪《るざい》の詔書を破棄させた。しかしそのかいもなく、九二五（延長《えんちょう》三）年、流行の天然痘《てんねんとう》のために、故保明皇太子の皇子で次の皇太子になった幼少の慶頼《よしより》王が亡くなった。皇室の重なる不幸は、久しくつづいた太平にぶきみな影を投げかけた。

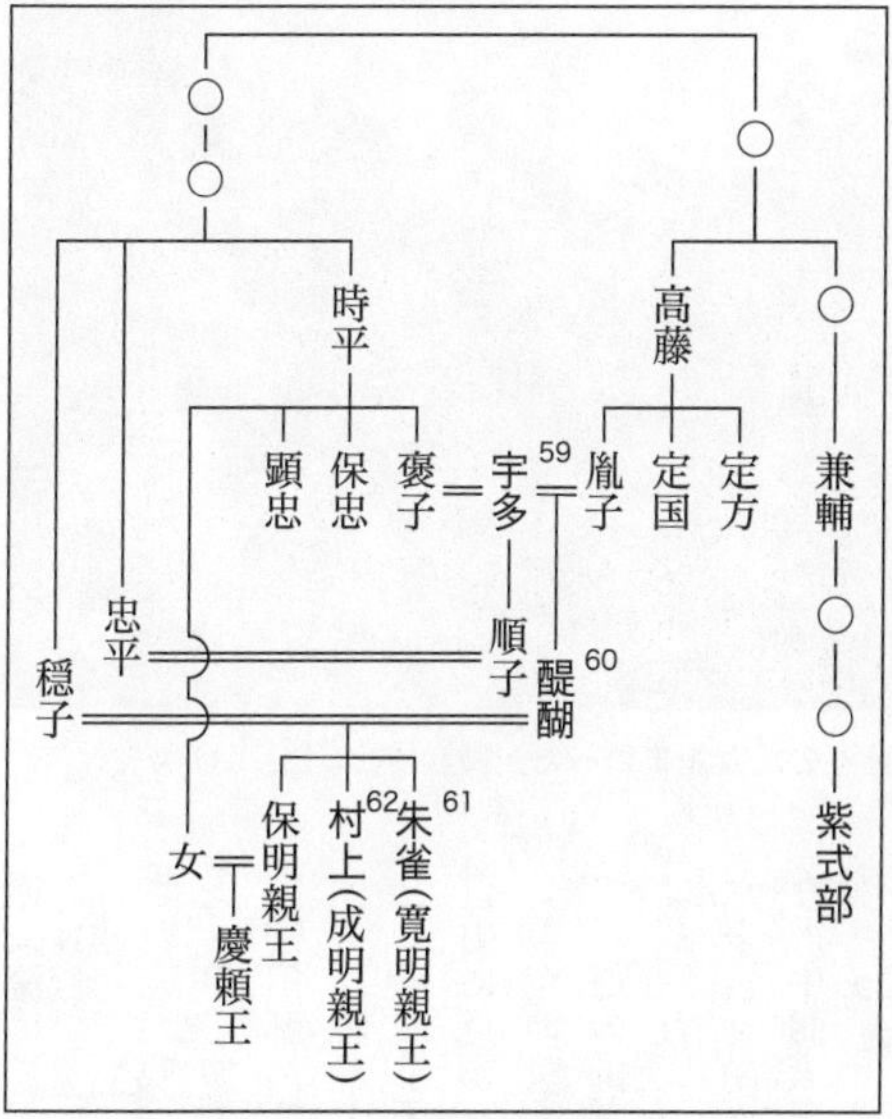

怨霊思想は迷信にすぎない。しかしその底には、一種の政治批判がある。怨霊になるのは、一般に無実の罪と信じられるような理由で失脚した人物に限られていた。しかも、怨霊は流行病の原因であると考えられた。暗い権力闘争と流行病を、社会全体の不幸をみちびく点で結びつけて考えたのは、民衆の本能的な感覚であろう。皮肉なことに、強大な権力者ほど、怨霊に悩まされることが多かった。晩年の桓武《かんむ》天皇は早《さわ》良《ら》親王の怨霊に悩まされたし、晩年の藤原良房《ふじわらのよしふさ》もまた、ひどく怨霊に悩まされた。

八六三（貞観《じょうがん》五）年、京中に咳《がい》

諸々の怨霊をまつった上御霊神社（PIXTA）

逆《ぎゃく》（流感）が大流行した。これをしずめるために「御霊会《ごりょうえ》」というさかんな祭りが神泉苑《しんぜいえん》でもよおされた。良房の養子基経《もとつね》の主催のもとに、早良親王・伊予《いよ》親王とその母藤原吉子《ふじわらのよしこ》・橘逸勢《たちばなのはやなり》・文《ふん》室宮田麻呂《やのみやたまろ》ら六人の霊前に、花や供物をささげ、盛大な読経とはなやかな歌舞が繰り広げられた。とくに神泉苑の四門を開いて、平安京の庶民にも自由に見物を許した。

現在の京都の祭りには、祇園祭《ぎおんまつ》りをはじめとして、この御霊会に結びつくものが多い。祇園祭りは八六九（貞観十一）年の疫病流行のとき、日本六十六ヵ国の数にちなんで六十六本のほこを造り、牛頭天王《ごずてんのう》という疫病神をまつったことからはじまった。この牛頭天王に匹敵する怨霊の大物が、いまやたたりはじめた菅原道真の怨霊であった。

道真の怨霊が天下をふるいあがらせたのは、九三〇（延長八）年六月二十六日のことである。久しいひでりのため、公卿が清涼殿《せいりょうでん》で雨ごいのことを協議していると、愛宕《おたぎ》山の上に黒雲が巻き起こって雷鳴がとどろくと見る間に、火柱が真一文字に殿上に突きささった。大納言藤原清貫《ふじわらのきよつら》は胸を裂かれて即死し、そのほか数人が死傷した。醍醐天皇は恐怖のあまり発病し、それから三ヵ月後に、中宮《ちゅうぐう》藤原穏子《ふじわらのやすこ》の産んだ八歳の寛明《ひろあきら》親王（朱雀《すざく》天皇）に位を譲り、左大臣藤原忠平に摂政を命じて亡くなった。

外戚《がいせき》忠平《ただひら》は摂政となったが、それ以上の実力者は宇多上皇であった。摂政忠平は忠実にその指示に従って政務をとった。しかしそれもわずか一年間で、翌九三一（承平《じょうへい》元）年七月、六十五歳の上皇は仁和寺《にんなじ》の御室《おむろ》（住居）で亡くなった。

急転して藤原氏全盛の時代へ

世はふたたび藤原氏の全盛へ向かって急速に変わろうとしていた。この変化は、たとえば、文化界第一人者の紀貫之の身の上にもたちまち影響している。

延喜太平の花形であった貫之も役人としては没落した紀氏のひとりで、うだつが上がらなかった。かれは醍醐天皇の外戚として栄えている右大臣藤原定方《ふじわらのさだかた》やそのいとこの中納言兼輔《かねすけ》、とくに後者に名簿《みょうぶ》（契約書）を差し出して主従関係を結び、叙位・任官の世話をたのんでいた。兼輔は「源氏物語《げんじものがたり》」を書いた紫式部《むらさきしきぶ》の曾祖父にあたる人で、和歌にも豊かな才能を持っていたので、その家には、貫之《つらゆき》・躬恒《みつね》など多くの歌人たちが集まって、風流のサロンを形作っていた。ところが貫之が、土佐《とさ》（高知県）守《のかみ》として遠く都を離れている間に、定方も兼輔も、醍醐天皇のあとを追うように亡くなってしまった。そこで帰京した貫之はまったく官職にもありつけない。かれはしかたなく、忠平の子の中納言実頼《さねより》、参議師輔《もろすけ》に接近していった。そしてこれら藤原氏主流のために数多くの屏風歌《びょうぶ》を作って、奉仕につとめた。それが文化界の第一人者のこのような身のふり方は、いかにもきのどくな感じがするが、それが時の流れと、流れにただよう中・下級役人たちの姿だった。

忠平とその子孫の全盛ぶりは後章にくわしく述べるが、本来からいえば、かれらよりも、兄時平の子孫が藤原氏の主流となるはずである。それが逆転したのは、時平の子孫が道真の怨霊への恐怖によって、自滅するように次々に消えていったからである。時平の長男保忠《やすただ》は朱雀朝のはじめには大納言兼右大将となっていた。保忠は「賢人大将《けんじんだいしょう》」とよばれたほど人望があり、近い将来にかならずかれの時代がくると期待されていたが、四十七歳で死んでしまう。

弟の敦忠《あつただ》も、妹二人（宇多上皇の女御褒子《にょうごほうし》と保明親王《やすあきら》のきさき）も、そろって早く死んでしまった。ただ時平の二男顕忠《あきただ》だけは、昼夜庭に出て天神《てんじん》（神にまつられた道真）をおがむことをおこたらず、万事控えめに暮らしたので、たたりをまぬがれて長生きし、右大臣になったという。しかしそんなにすくんでいては、とても忠平系統と対立する勢力になれるはずもなかった。

道真の怨霊はこのように時平一門にたたったが、生前の道真と親しかった忠平の子孫は、反対に天神の守護を受けて栄えるのだと、当時の人々は信じていた。これは、あまりにも忠平一門に好都合な話である。ことによると忠平がわの何者かが、怨霊という流言を放って時平一門を自滅に追いやったのではあるまいか、と角田文衛氏は推測している。そういう秘密もなかったとはいえまい。

第五章　承平・天慶の乱と「天暦の治」

1　武者の起こり

武力をふるいはじめた東国の豪族

太平にうかれる平安京を去って、しばらく東国に目を転じてみよう。ここには「たおやめぶり」（女性的）の都と反対に、「あらえびす」（都人《みやこびと》が勇猛な東国人をよんだ語）の殺気だった状況が、すでにはっきりと現れていた。

宇多《うだ》天皇が譲位してまもない八九九（昌泰《しょうたい》二）年、上野《こうずけ》の国（群馬県）の国司《こくし》が相模《さがみ》の国（神奈川県）足柄坂《あしがらざか》と上野の国碓氷坂《うすいざか》に関《せき》を置いて取り締まりを強化するよう、政府に要請してきた。坂東《ばんどう》諸国（関東地方）の北と西の戸締まりを厳重にしなければならなくなった理由を、国司は次のように述べた。

此《こ》の国、頃年《けいねん》強盗鋒起《ほうき》し、侵害尤《もっと》も甚し。静かに由緒《ゆいしょ》を尋《たず》ぬるに、皆《みな》馬を僦《やと》うの党なり。何となれば、坂東諸国の富豪の輩《ともがら》、ただに駄《だ》を以って物を運ぶのみならず、その駄の出《い》ずる所は皆掠奪《りゃくだつ》に縁《よ》る。山道《さんどう》の駄を盗みて、以って海道に就《つ》き、海道の馬を掠《かす》めて、以って山道に赴《おもむ》く。ここに一疋《ぴき》の駑《ど》に依《よ》りて百姓の命を害《そこな》い、遂《つい》に群党を結び、既に凶賊を成す。これに因《よ》りて、当国・隣国共に以って追討《ついとう》するに、解散の類《たぐい》件《くだん》の堺《さかい》に赴く。仍《よ》りて碓氷《うすい》・坂本に権《かり》に逓邏《ていら》を置き、勘過《かんか》を加えしめ、兼ねて相模《さがみ》国に移送すること既に畢《おわ》んぬ。然《しか》れども官符《かんぷ》を蒙《こうむ》るに非《あら》ずんば、拠《よ》りて行《おこな》うべきこと難《かた》し。

（上野の国には、近年群盗が出現して、被害がはなはだしい。これはみな馬を駆使するグループである。坂東諸国の富豪たちは、山道（ここでは北関東）の駄馬をぬすんで海道（ここでは南関東）で使い、海道の馬をうばって山道で運搬に用いる。一匹の馬をとるためには、人命をそこなうのも平気で、ついには群党を結び、凶賊となってあばれまわる。近隣の国司が協力して追討すると、ばらばらになって足柄坂・碓氷坂を突破し、信濃《しなの》の国（長野県）や駿河《するが》の国（静岡県）へ逃げ込んでしまう。そこで碓氷・坂本にパトロール隊を配置し、取調べて相模国に引き渡しをする処置をとっている。しかし太政官の命令を受けないと、本腰をいれて取り締まりができない。）

この報告は、地方の農村に成長をつづけていた富豪の中から、ついに、大規模に治安をみだす勢力が出てきたことを明らかにしている。

もともと辺境は治安が悪かったから、足柄・碓氷以東や山陰・九州地方の国司・郡司は、みな武装することになっていた。しかしそれは、役人自身の威厳を示し一身を守るだけで、警察力としては十分でない。政府はしだいに、地方豪族の有力者を選んで、これを検非違使《けびいし》・押領使《おうりょうし》・追捕使《ついぶし》などという官職につけ、治安の維持と犯罪者の追捕にあたらせるようになった。これは、国家が警察力を民間にまかせてしまったことである。取締まる者も取締まられる者も、いわば一つ穴のむじなである。状況によってはどちらにころぶかわからない。しかも、こうした治安のみだれは、地方豪族によって引き起こされるだけではなかった。国司どうしのあらそいも、しばしば殺伐な戦いに発展した。

九一五（延喜《えんぎ》十五）年二月、信濃の国と武蔵《むさし》の国が朝廷に駅馬《えきば》を飛ばして、上野介《こうずけのすけ》藤原《ふじわらの》厚載《あつのり》が土地の豪族上毛野某《かみつけののぼう》に殺害されたと報告した。犯人はただちに捕えられたが、半年後に、被害者の部下の大掾《だいじょう》藤原某《ふじわらのぼう》が賊の首領と親しい仲で、殺害をまったく制止しなかったという、おどろくべき事実が判明した。現任の国司さえこのように公私をわきまえない行動に出るのだ。土着した王臣の武力を備えた者にいたっては、群盗よりもはるかにやっかいな勢力となった。

どの程度の武力だったか

九一九（延喜十九）年、武蔵の国の前権介《さきのごんのすけ》源《みなもとの》任《よさし》が官物を力ずくで運び出し、正倉《しょうそう》を焼きはらったうえ、武蔵守《むさしのかみ》高向利春《たかむこのとしはる》を攻撃しようと企てているという急報が、都に飛来した。高向利春は宇多《うだ》上皇の院司《いんし》で、前（一五七ページ）に述べた院分国《いんぶんこく》の国司として武蔵の国に赴任していた。しかし、大きな権威を持つ上皇を背景としたかれも、現地に根をおろして強力な武力を持つ源任に太刀打ちできかねたのである。では源任はどのような武力を持っていたのだろうか。

この「任《よさし》」という名は、左大臣源融《みなもとのとおる》の孫源仕《みなもとのつかう》のあやまりではないかといわれている。もしそうだとすると、仕《つかう》の子に源充《みなもとのみつる》という者がいるから、充の武力からさかのぼってだいたいの見当をつけることができる。充は通称を箕田源二《みのだげんじ》といい、父仕《つかう》のあとをついで武蔵の国に土着し、私営田《しえいでん》を経営しながら、弓馬の鍛錬にはげんだ。これが当時のことばにいう「武者《むさ》」であり、「兵《つわもの》」である。かれらの営田の労働力となっている農民の中には、事があればただちに武器をとる兵力として訓練された者どもがいた。次の時代の主役となる武士の前身である。

「今昔物語《こんじゃくものがたり》」に、この箕田源二と下総《しもうさ》の国（茨城県）の平良文《たいらのよしぶみ》、通称村岡五郎という武者とが武をあらそった話が出ている。二人はどちらも腕に覚えがあるところへ、中傷する郎《ろう》等《とう》（家来）がいたので、互いに、「あいつなどに負けるものか。」といきり立ち、ついに日をきめて勝負をつけることになった。その日がくると、双方数百の兵の中からひとりずつが進み出て、挑戦状を取りかわした。二人が引き返すのを合図に攻撃がはじまる。ところがその場にのぞんで良文がいった。

「きょうは、部下を使わず二人だけで勝負しようではないか。そのほうが互いの手並みの優劣がはっきりする。」

充もこれを承知し、二人は一騎打ちをはじめた。馬にむち打ち、風のように走らせ、すれちがいざまに雁胯《かりまた》（やじりの先端が二つに割れた矢）をつがえて引き放つ。取って返してまた射合う。良文の放った矢を、充は落馬せんばかりに身をかがめて避けた。矢は太刀の金具にあたってはね返った。充の矢は良文の刀の皮帯にあたって落ちた。二人は顔を見合わせて、「もうお互いの腕前は互角とわかった。」と、合点《がてん》して引き上げた。

物語のことだから誇張はされているだろうが、これでは戦いもまるでスポーツである。しかし、後の源平合戦のころでさえ、一騎打ちが合戦の花で、集団戦法はまだ発達していない。これから述べる承平《じょうへい》・天慶《てんぎょう》の乱の主役平将門《たいらのまさかど》は、この平良文の甥《おい》にあたるのだから、将門の戦闘力の主体をなした「伴類《ばんるい》」というものも、この程度の兵力にちがいない。そうした、まだプロとはいえない程度の集団の働きでも、これまで述べてきた国家権力の弱体化のすきを突いたために、ついに歴史に残る大争乱に発展したのである。まさに時の勢いというものであろう。同時に、将門一党がいともあっけない最期をとげたのも、その武力の未熟さからすれば当然である。

平将門はどんな人物か

風雲児平将門について、明治の文豪幸田露伴《こうだろはん》は次のように鋭くつっこんだ批評をしている。

一体将門は気の毒な人である。「大日本史《だいにほんし》」（水戸徳川氏編集）には、叛臣伝《はんしんでん》に出されて、日本はじまって以来の不埒者《ふらちもの》に扱われているが、ほんとに悪《にく》むべき窺《き》窬《ゆ》（皇位をねらうこと）の心をいだいたものであろうか。それとも勢いに駆られ情に激して、水は静かなれども風之《これ》を狂わせば巨浪《きょろう》怒って騰《あが》って天を拍《う》つに至ったのだろうか。（中略）古《いにしえ》より今に至るまで、関東諸国の民、あすこにも此所《ここ》にも将門の霊を祀《まつ》って、隠然として其の所謂《いわゆる》天位の覬《き》覦《ゆ》者《しゃ》たる不届者《ふとどきもの》に同情し、之《これ》を愛敬《あいけい》していることを事実に示している。此等《これら》は抑ゝ《そもそも》何に胚胎《はいたい》しているのであろうか、又抑ゝ《そもそも》何を語っているのだろうか。ただ其の驍勇剽悍《ぎょうゆうひょうかん》（勇猛なこと）をしのぶためのみならば、然《さ》程《ほど》にはなるまいでは無いか。考えどころは十二分にある。（「平将門」）

　これは謀反人の汚名をきせられていた将門にとって、最大の知己《ちき》のことばであろう。しかし将門は、千年後（一九二〇年）の露伴を待つまでもなく、当時にも知己を持っていた。将門の滅びた直後に「将門記《まさかどき》」という記録が書かれている。仏教色を帯びたみごとな漢文で、事件の一部始終を目撃した人でなければ書けないような、細かい描写がある。後の「平家《へいけ》物《もの》語《がたり》」など、いわゆる軍記物の先駆をなす作品で、筆者の名はわからないが、将門に対して深い理解と同情をもって見ている。いま主としてこの「将門記」によって、乱のいきさつをたどるが、その前に、まず将門の祖先のことを知っておこう。それが将門だけでなく、諸国の武者《むさ》の成長の歴史を推測する手がかりになるからだ。

武者の成長を語る将門の祖先

平将門は桓武《かんむ》天皇の五代の孫である。天皇の皇子葛原《かつらばら》親王の子に、高棟《たかむね》王・高見《たかみ》王の兄弟があった。兄高棟王は大納言まで昇進し、その子孫もかなり栄えたが、弟の高見王は無位で終わったらしい。早く死んだのかもしれない。前（二八ページ）にも述べたように、親王の待遇はまことに厚かったが、ただの王ともなれば、本人の力量によって官職をえて昇進しないかぎり、特別の収入はほとんどなかった。高見王も、さだめし日のあたらぬ生涯だったにちがいない。

その子高望《たかもち》王は、宇多《うだ》天皇のときに平姓《たいらせい》を賜り、やがて上総介《かずさのすけ》となった。父子二代京にいてもまったくうだつがあがらなかったので、平高望《たいらのたかもち》は上総《かずさ》の国に赴任し、そこに土着して、土地開発と営田によって財力をたくわえたらしい。ここからいわゆる桓武平氏の一大勢力が、坂東の地に発展することになった。

「尊卑分脈《そんぴぶんみゃく》」（室町《むろまち》時代に作られた諸家系図）には、高望の子八人がしるされている。常陸《ひたちの》大掾《だいじょう》・鎮守府将軍国香《ちんじゅふしょうぐんくにか》（本名良望《よしもち》）、下総介良兼《しもうさのすけよしかね》や、前に述べた村岡五郎良文である。この記載は「将門記」と対照すると確実ではないらしいが、ともかく平高望の子は多く坂東の国司となり、また陸奥《むつ》の国の治安維持にあたる鎮守府将軍となった。かれらは幼少のころから、起伏の多い関東の原野で、荒馬を乗り回し、鳥獣を追いかけつつ、筋骨たくましいつわものに成長した。

東国には、奈良時代の称徳《しょうとく》天皇の詔《みことのり》に「東人《あずまびと》は額《ひたい》には箭《や》は立つとも、背《そびら》は箭《や》は立たじ。」といわれたように、敵に後ろを見せない剛健な気風がみなぎっていた。そうした環境に鍛えられたかれらは、やがてひとたびは京に上って下級の官職につき、ついで住みなれた故郷や、さらに遠い陸奥の国に赴任した後、思い思いの土地を選んで本拠とした。

東国には、はるか昔の大化改新《たいかかいしん》以前に、朝廷の直轄領「屯倉《みやけ》」が作られ、また天皇の親衛隊「舎人部《とねりべ》」が置かれていた。つまり、皇室との結びつきが格別に強かった。その後、あるいは防人《さきもり》として徴用され、あるいは蝦夷征討《えみしせいとう》に動員されるなど、人的、物的な負担が重くかかり、そのために社会の発展がおくれていた。そんな事情から東国の農民には、天皇家の血筋を持つ貴人を無条件に尊敬する、素朴な心情が強く残っていた。

桓武天皇の血を引く平氏の地盤は、こうした条件によって着々と固められたのであった。「尊卑分脈」には、将門は良将《よしまさ》の子と記されているが、おそらく「将門記」に良持《よしもち》の子とあるほうが正しいのだろう。

2　平氏一族のあらそい

頼むところは自分の実力だけだ

平将門《たいらのまさかど》は、父や祖父たちにならって、少年時代に平安京《へいあんきょう》に上り、滝口《たきぐち》の武士（清涼殿《せいりょうでん》を守る武士）かなにかになったらしい。かれは権門藤原忠平《ふじわらのただひら》をたより、名簿《みょうぶ》をさし出して主従関係を結んだ。しかし父やおじたちよりも一世代だけ武骨な田舎者になった将門は、抜け目

将門の本拠のあった石井《いわい》

なく忠平のきげんをとる器用なふるまいなど、おそらくできなかったのだろう。かれは国司にも、鎮守府将軍にも、検非違使《けびいし》にもなれないまま東国に帰る。もはや頼むところは自分の実力だけである。

東国に帰った将門が本拠としたのは、下総《しもうさ》の国(茨城県)猿島《さしま》郡の石井《いわい》(今の岩井町)というところで、利根《とね》川と飯沼《いいぬま》川がY字形をなす中にはさまれた低湿地帯である。早く父を失ったらしい将門は、ここで私営田を営み、武者《むさ》としての鍛錬にはげんだ。そのうちに、かれを取り巻く情勢が険悪になったのだが、そのあたりがあいにく「将門記《まさかどき》」の現存部分には欠けている。どうも朱雀朝《すざくちょう》の初めごろ、おじの下総介《しもうさのすけ》平良兼《たいらのよしかね》と仲が悪くなったらしい。将門は良兼の娘を妻としているから、この結婚に良兼が反対したのかもしれない。それとも所領をめぐるごたごたでもあったのだろうか。

九三五(承平《じょうへい》五)年から九四〇(天慶《てんぎょう》三)年まで六年間にわたった将門の乱の前半は、ほとんどおじ良兼との戦いである。良兼は下総介というれっきとした国司であり、対する将門には肩書きがなにもない。したがって国司に対する豪族の反抗という形に見えるが、要するにおじと甥《おい》との内輪もめにすぎない。そのあらそいは、しだいに殺気だっていた東国情勢を大きく悪化させはしたが、この段階の将門は、まだ正面から朝廷に敵対しようなどと考えていたわけではない。

はじめの部分の欠けた「将門記」がまず述べるのは、将門と常陸大掾《ひたちのだいじょう》源護《みなもとのまもる》一族との戦いである。次の「将門記」の原文から、激しい戦いのさまをいきいきと感じ取ることができる。

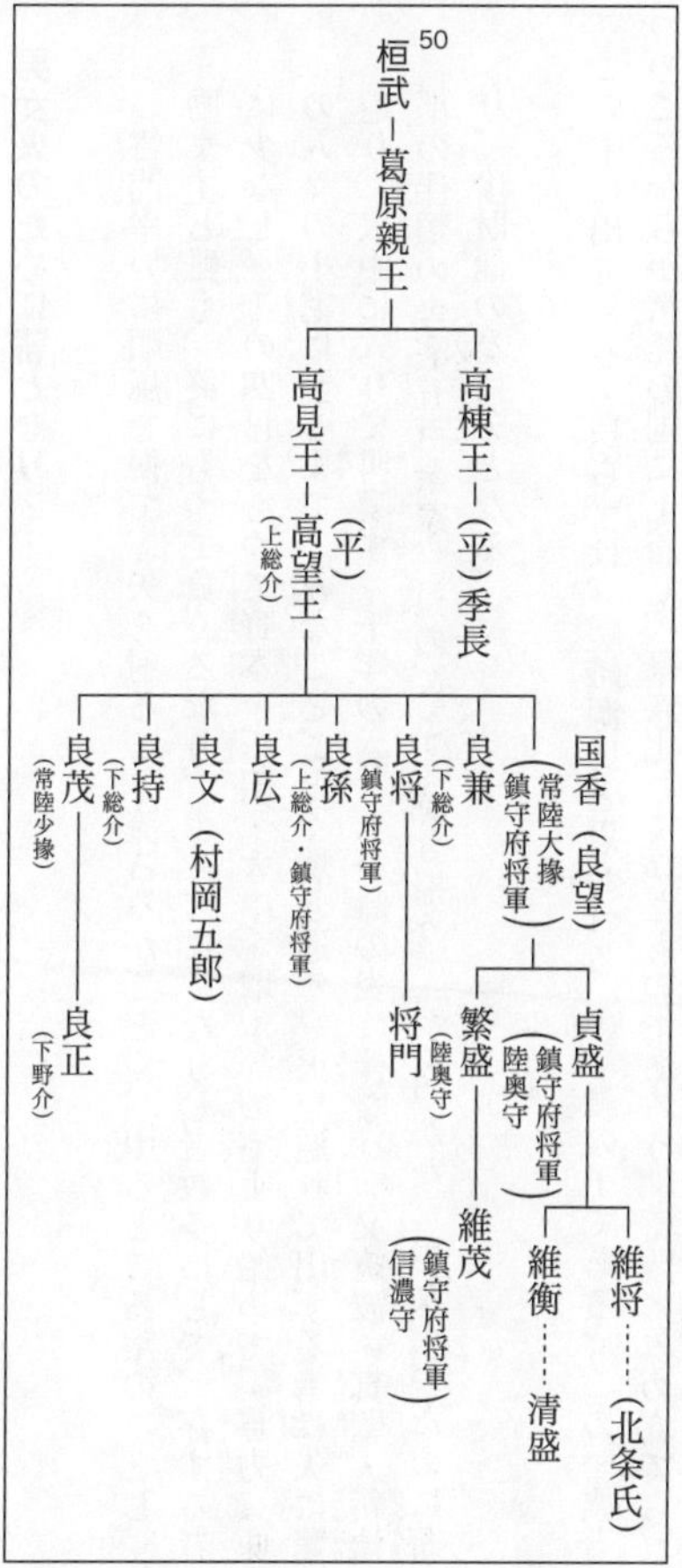

男女火のために薪となり……

将門《まさかど》幸いに順風を得て、矢を射ること流るるがごとく、中《あた》るところ案のごとし。扶《たすく》ら励ますと雖《いえど》も、終《つい》にもって負くるなり。よりて亡くなりし者数多《あまた》にして、存《そん》する者すでに少なし。その四日をもって野本《のもと》・石田《いしだ》・大串《おおくし》・取木《とりぎ》等の宅《たく》より始めて、与力《よりき》（味方）の人々の小宅《しょうたく》に至るまで、みなことごとく焼き巡る。火を遁《のが》れて出《い》ずる者は矢に驚きて還《かえ》り、火中に入りて叫喚《きょうかん》す。千年の貯《たくわえ》も一時の炎に伴《とも》なう。又筑波《つくば》・真壁《まかべ》・新治《にいはり》三箇《か》郡の伴類《ばんるい》の舎宅五百余家、員《かず》のごとく焼き掃《はら》う。哀《かな》しいかな、男女火のために薪《たきぎ》となり、珍財他《た》の為《ため》に分《ぶん》となる。

この中に出てくる「扶《たすく》ら」は、嵯峨源氏と思われる源護《みなもとのまもる》の子である。この一族も、いつのころからか常陸《ひたち》の国に土着し、豪族化していたものであろう。将門に攻め立てられて、扶《たすく》ら兄弟は戦死した。それればかりか、将門のおじ常陸大掾平国香《ひたちのだいじょうたいらのくにか》が護《まもる》に味方したので、勢いあまった将門は国香までも攻め殺してしまった。

この国香の子孫が、後の太政大臣平清盛《たいらのきよもり》へとつながるのだが、当時都に出て左馬允《さまのじょう》を勤めていた国香の子貞盛《さだもり》は、変事を聞いて急いで帰国した。とても将門に敵対できないとみたかれは、むしろ将門と仲よくしながら、自分の所領を保持しようとした。しかし、将門のおじの良正《よしまさ》と良兼《よしかね》は、源護の娘を妻としていたので、貞盛の奮起をうながして味方に引き入

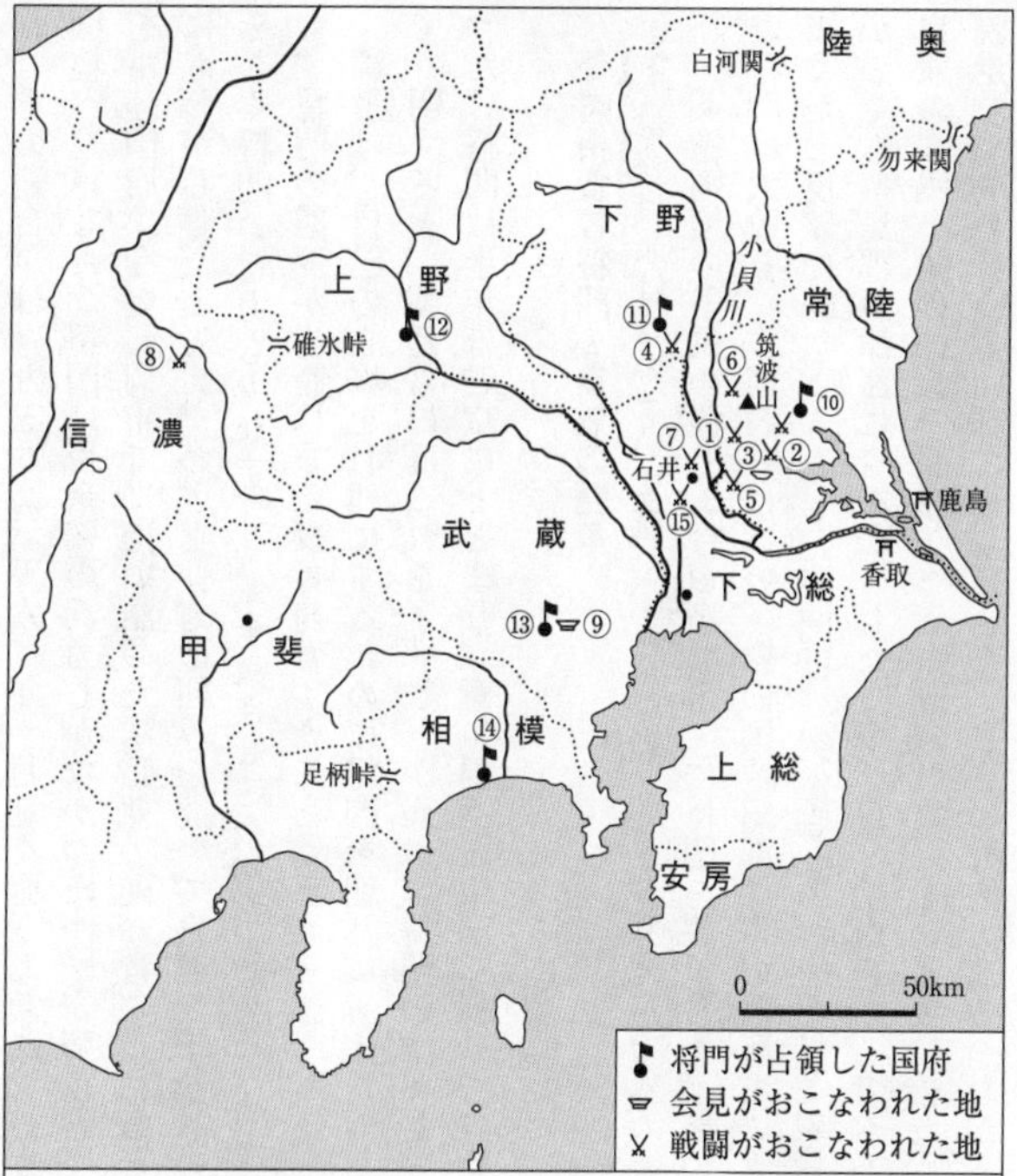

①	935年2月	源護との戦い	⑧	938年2月	貞盛を追撃
②	10月	平良正との戦い	⑨	3月	興世王と武蔵武芝の争いに介入
③	936年6月	平良兼と貞盛が会見	⑩	939年11月	常陸介藤原維幾を破る
④	10月	良兼を下野国府に囲む	⑪	12月	下野国府を占領
⑤	937年8月	良兼に敗れる（子飼川の戦い）	⑫	12月	上野国府を占領
⑥	10月	良兼を破る（真壁郡の戦い）	⑬	12月	武蔵国府を占領
⑦	12月	石井の営所，良兼に夜襲される	⑭	12月	相模国府を占領
			⑮	940年2月	将門敗死

将門の乱

れ、その連合軍は、九三六（承平六）年十月地を動かし草をなびかす勢いで下野《しもつけ》（栃木県）国境へ進軍した。将門は百余騎の兵力しかなかったが、奇襲攻撃でこの大敵を破り、介良兼《すけよしかね》を常陸国府《ひたちのこくふ》（今の石岡市）に追い詰めた。良兼の運命はここにきわまったが、将門は、かりにもわがおじだと考え、わざと一方の囲みを開いて良兼と千余人の兵を逃がしてやった。おそらく将門の兵力も少なすぎて、全滅させる余裕がなかったのでもあろうが、それにしても、将門の態度が当時はまだ受け身だったことがわかる。

源護は、自己の立場を有利にするために将門を朝廷に訴えた。しかし将門が急いで上京して弁明すると、朝廷もほぼこれを了解し、かえって将門の雄々しい武者《むさ》ぶりが都の評判になった。将門は半年ほど京にとどまり、意気揚々と東国へ帰ってきた。

骨肉相食む将門・良兼の闘争

下総介良兼《しもうさのすけよしかね》は、いよいよ深く、このこしゃくな甥《おい》をにくんだ。そして九三七年八月、常陸・下総国境の子飼《こがい》の渡《わた》し（今の小貝《こがい》川）に将門を襲撃した。旅の疲れもまだ回復しなかった将門は大敗し、本拠石井《いわい》に近い下総の国豊田郡一帯の営所《えいしょ》をことごとく焼きはらわれてしまった。反撃に転じようとした将門は、突然脚病《きゃくびょう》（かっけ）の発作を起こしてまた敗れ、からくも猿島郡葦津江《さしまぐんあしづえ》に身をかくした。妻子は、手引きする者があって、敵軍に発見され、良兼の本拠上総《かずさ》の国（千葉県）へ連れ去られた。しかし妻は弟たちのはかりごとでからくも脱走し、夫の待つ豊田郡に帰ってきた。まさに骨肉《こつにく》（血のつながる者）相食《あいは》む闘争の頂点である。

こんどは将門の奮起する番だ。良兼が常陸の国へ出かけたことを聞きこむや、将門は兵千八百余人をひきいて常陸の国真壁《まかべ》郡へ押し寄せた。良兼は敗れて筑波山へ逃げ込み、将門は良兼の所領をことごとく荒らして引き上げた。この大勝利によって将門は完全に優勢に立ったとみてよかろう。良兼はついに窮地を脱するために謀略を用いるにいたった。将門が身辺

平将門の激戦の地、子飼の渡し

に召し使っていた丈部子春丸《はせつかべのこはるまる》という若者を買収して、将門の本営の兵器置き場、夜のかくれが、出入口その他をすっかりさぐらせておいて、十二月半ば、石井《いわい》の背後から夜討ちをかけたのである。将門は十人にも足らぬ宿直の兵をはげまし、必死に戦って危難をのがれ、裏切り者子春丸を捕えて首をはねた。

将門、桓武平氏の覇者となる

不利な形勢を打開しようとする平貞盛は、翌九三八（天慶元）年二月、ふたたび京に上って将門を訴えようとした。これを知った将門は兵百余人で追跡し、はるかに遠い信濃の国（長野県）小県《ちいさあがた》郡の国分寺のあたりで追いつき、千曲《ちくま》川のほとりで合戦した。貞盛はからくも逃れて山中にかくれ、やがて京に入って、たびたび太政官に訴えをくり返した。武力だけを得意とする将門にくらべて、貞盛のほうが政治的には一枚も二枚もうわてだった。かれはとうとう将門を追捕《ついぶ》せよとの太政官符を受けて、六月東国へ帰ってきた。

しかしそのとき将門は、もはや一片の官符など問題にしない勢いになっていた。一方、介《すけ》良兼《よしかね》は病死してしまった。やむをえず、貞盛は陸奥の国に逃れようとしたが果たさず、ついに常陸・下総のどこかに身をひそめてしまった。

坂東諸国一帯に勢力を張った桓武平氏の武者のあらそいは、このような経過で将門の勝利に帰した。この間に、弱者の側は、虎の威を借る狐のたとえのように、たびたび将門の暴状を朝廷に訴えている。しかし、これは一種の戦術にすぎなかった。ところが、覇者となった後の将門には、ここで矛を収めて東国を平穏に治める分別が欠けていた。それどころか勢いに乗って、周囲のいろいろな勢力あらそいに無用の口出しをしたために、ついに国家権力に正面から敵対する立場へ、みずからを追い込んでいくことになる。風雲児将門の運命である。

3　東西二つの謀反

将門、謀反人への道をたどる

九三八（天慶元）年の二月ごろ、武蔵《むさし》の国で権守《ごんのかみ》（正任《せいにん》の守《かみ》のほかに任ぜられた守）興世《おきよ》王《おう》と同国足立《あだち》郡の郡司武蔵武芝《むさしのたけしば》とがあらそいを起こした。中央政府の出先である国司《こくし》と、地方勢力を代表する郡司の衝突は、前（第三章の5）にも述べたように諸国で起こっていた。興世王は何天皇の子孫かわからない。武芝は武蔵の国名を名乗るところをみると、国造《くにのみやつこ》の流れをくむ武蔵の国きっての名門であろう。しかもかれは人望があり、政府への貢納も欠かさず、名声は武蔵の国内に聞こえていた。

二人のあらそいは、興世王が正任の守が到着しないうちに、税を取り立てるため足立郡に立ち入ろうとしたことから起こった。そういう先例がないと武芝が拒否すると、興世王は武力を用いてこれを強行し、武芝の舎宅や民家の財物に封印して立ち去った。武芝はくり返し私財の返還を請求したが、興世王は取り合わず、ついに合戦のけはいがみえてきた。

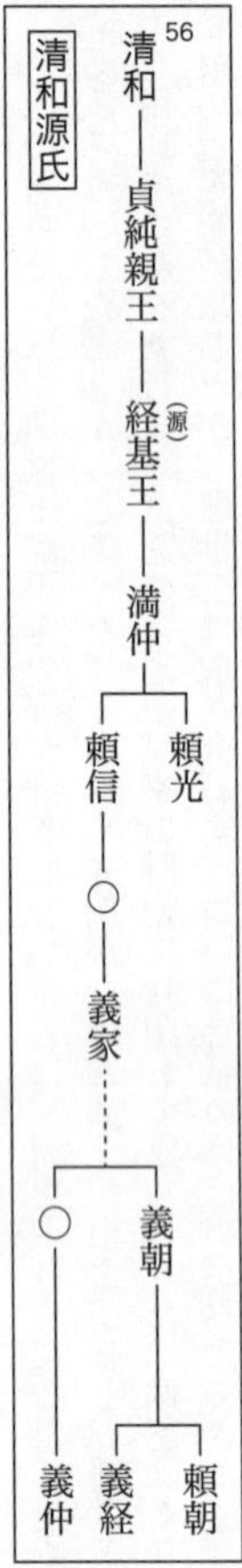

ここに将門が一枚加わる。武芝も興世王も、将門にとって、別に兄弟・近親というわけではないが、乱をしずめるために武蔵の国へ出向いてやろうとしたのである。もし将門が、追《つい》捕使《ぶし》・検非違使《けびいし》などの職を帯びていたならば、その行動はおおやけに認められるわけだが、ただ実力だけでくり出したのだから、朝廷の誤解を招くおそれが十分にあった。それにしても、とにかく将門は武芝を武蔵国府に同行して、興世王と和解させることに成功した。

ここに武蔵介《むさしのすけ》 源《みなもとの》経基《つねもと》という者がいた。清和《せいわ》天皇の孫で源《みなもと》の姓《せい》を賜り、その子孫からやがて八幡太郎義家《はちまんたろうよしいえ》や征夷大将軍頼朝《せいいたいしょうぐんよりとも》などが出る。いわゆる清和源氏《せいわげんじ》の祖先である。しかし経基自身はまだ都ぶりの貴族で、武者《むさ》としての鍛錬をつんでいなかった。あくどく官物を取り立てる国司で、むしろ興世王よりも先に、土地の名門武芝と対立していたのかもしれない。せっかく和解の宴が開かれたのに、かれは過去をさっぱりと水に流して加わることをしなかった。この態度をにくんだ武芝の兵が、宴たけなわのころ、いきなり経基の営所を包囲した。このためせっかくの和解はつぶれてしまった。しかも経基は将門と興世王が武芝にそそのかされて自分を討つのではないかという疑いに駆られ、将門謀反と朝廷に急報した。

「将門記《まさかどき》」によるかぎり、将門を謀反人にしたてたのは介《すけ》源経基《みなもとのつねもと》ということになる。しかし、将門にも太政大臣忠平という主君があった。忠平は、九三九（天慶《てんぎょう》二）年三月、家司《けいし》（けらい）多治助真《たじひのすけざね》を派遣して実情を取り調べ、将門は坂東《ばんどう》五ヵ国の証明書を取って、無実を申し立てた。そこで、朝廷はかえって経基を処罰して、この一件はかたづいた。しかし、罪はまぬがれても、将門の行動はようやく危険視されはじめたにちがいない。いまの場合は、幸いにも武芝が郡司の職に忠実な人物だったから無事にすんだが、もし将門が相手を選ばず肩入れすれば、どのように大きな紛糾が起こるかしれない情勢となっていた。そしてその機会はたちまち来た。

常陸《ひたち》の国に藤原玄明《ふじわらのはるあき》という豪族がいた。「将門記」によれば、「もとより国のためには乱人《らんにん》にして、民の毒害なり。」というやっかいな男であった。ついに常陸の国司藤原維幾《ふじわらのこれちか》の追捕を受け、下総《しもうさ》の国豊田郡へ逃げる途中で、将門に助けをもとめた。将門は気性の単純な荒武者である。こういうやっかい者にも、たのまれればいやとはいえない。九三九年十一月、千

将門影武者の図（神田明神社蔵）

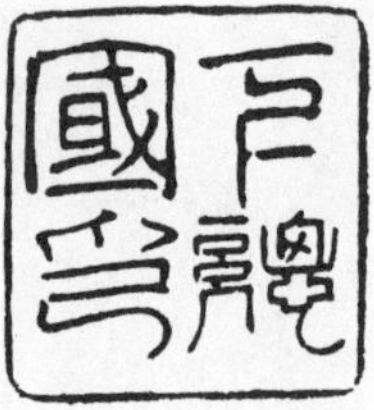

下総の国印（正倉院文書から模写）

人余の兵力をひきいて常陸の国に向かい、玄明を追捕しないよう国司に交渉した。

軍勢三千人を用意した常陸介維幾は、将門の干渉を拒絶し、合戦となった。将門の兵はたちまち常陸の国府を包囲して維幾らを捕え、国衙《こくが》にとってもっとも大切な国印と正倉《しょうそう》のかぎをうばった。勢いとはいえ、これはもう弁解の余地ない国家への反逆である。このとき興世王が、「こうなったからには、いっそ坂東全体を征圧してしまえ。」と、将門をそそのかした。王はこれより先、正任の武蔵守と意見が合わず、やむなく武蔵の国を退去して下総の国に移っていた。将門は、この失意の国司のおだてにうまうまと乗ってしまったのだ。

将門の行動はにわかに積極化した。たちまち下野・上野・武蔵・相模などの国々を巡回し、諸国の国印と正倉のかぎをうばい取った。ここに八幡大菩薩《はちまんだいぼさつ》の使いと称するいかがわしい女が現れ、菅原道真《すがわらのみちざね》が書いたと称する位記《いき》（位をさずける文書）を将門にさずけた。将門はこれから「新皇《しんのう》」と名のり、弟たちや興世王らを坂東諸国の守に任命し、石井《いわい》の付近に王城を建設することにした。

現れて当然の武士の先駆者

「将門記」によれば、このとき左右大臣以下文武百官を任命したが、暦博士《れきのはかせ》だけは専門知識を持つ者がいなかったためか、決定しかねたという。いかにも話はうまくできている。しかし、いったい興世王や弟たちを国司に任命したほかに、もっと偉い左右大臣などにふさわしい者がいただろうか。将門王国のプランが平安京朝廷のさるまねなのは、それが「将門記」筆者の貴族的教養から出た、フィクションだからではあるまいか。事実は、坂東諸国の国衙《こくが》に一党を配置したのがせいぜいのところで、それ以上のプランは、時間的にも能力的にも持っていなかったと思われる。

こうした実情は、将門が「新皇」を名乗った時点で主君忠平に出した手紙を読めば、いっそうよくわかる。それには、不本意ながら坂東諸国を征服することになったことを弁明して、

> そもそも将門《まさかど》少年の日に名簿《みょうぶ》を太政大殿《だいじょうのおおとの》（忠平）に奉《たてまつ》り、数十年にして今に至れり。相国《しょうこく》（太政大臣）政《せい》を摂《と》るの世に、この事を挙《あ》ぐるとは意《おも》わざりき。歎念《たんねん》（なげき）の至り、言うに勝《た》うべからず。将門国を傾《かたむ》くるの謀《はかりごと》を萌《きざ》すといえども、何ぞ旧主《きゅうしゅ》の貴閣《きかく》（あなた）を忘れんや。

と結んでいる。まるで泣訴だ。一国を創業しようとする意気どころか、だだっ子があばれながら泣きわめいているようなものである。

こうなると、ほんとうに「新皇」などと名乗ったかどうかも疑わしくなる。あるいはこれ

も、「将門記」筆者の筆の走りかもしれない。ところが皮肉なことに、後世、儒教《じゅきょう》の道徳思想がさかんになると、この「新皇」の名がたたって、将門は反臣・逆賊と非難されるようになったが、それは将門の知ったことではあるまい。将門は、律令体制が崩壊し、武士が擡頭《たいとう》する長い歴史の上に、現れるべくして現れた先駆者である。それ以上でもそれ以下でもない。

将門謀反の飛報は、九三九年の暮れ、続々と京にとどき、朝廷ははげしい衝撃を受けた。そして、同時に西方に起こったもう一つの事件が、この衝撃を倍加した。海賊の首領藤原純友《ふじわらのすみとも》の謀反である。

純友、東の将門に呼応するかのように

山陽道《さんようどう》・南海道《なんかいどう》（中国・四国地方）に海賊が横行しはじめたのは、ずっと古いことである。すでに良房摂政《よしふさせっしょう》のころ、山陽道・南海道だけでなく、時には山城《やましろ》の国（京都府）・摂津《せっつ》の国（大阪府）にまで、海賊を追捕するよう、しばしば太政官符が出ていた。その官符に、海賊は「水に浮き陸をいく。」とある。東国の群盗の馬の代わりに、西国の群盗は船を機動力として暴れまわった。瀬戸内海《せとないかい》は古代交通の最大幹線だから、ここをおびやかす海賊は、政府にとって、東国の治安よりもはるかに重大な関心事《かんしんじ》だった。

朱雀朝《すざくちょう》に入ると、海賊の活動は急激にさかんになり、大規模にもなった。九三六（承平《じょうへい》六）年六月、瀬戸内海に一千余艘《そう》の海賊大船団が現れた。官物・私物を略奪し、人命をうば

ったために、一時内海交通が途絶した。政府は良吏紀淑人《きのよしひと》を伊予《いよ》（愛媛県）守《のかみ》に任命して、追捕にあたらせた。淑人の寛容な政治方針を聞いて海賊二千五百人余りが投降したので、淑人は衣食・田畑・たねを支給して、農業によって生計を営ませた。

このあざやかな成功は、淑人ひとりでできることではない。かならずや海賊の幹部級と接触してそれを手なずけたにちがいない。その首領が、豊予海峡《ほうよかいきょう》の日振《ひぶり》島を根拠地にする、前《さきの》伊予掾藤原純友《いよのじょうふじわらのすみとも》であった。純友はおそらく広大な私営田《しえいでん》を経営し、交易をおこない、勢いあまれば海賊も働くという、やっかいな王臣のひとりだったのだろう。かれは淑人にうまく手なずけられ、一時はむしろ海賊追捕の役割を果たしたらしい。しかし民生安定をかえりみない政治が根本的に変わらないかぎり、かれがふたたび暴れだすのも時間の問題だった。

三年後の九三九（天慶《てんぎょう》二）年十二月、将門の謀反と同時に、伊予の国から、前掾純友の謀反が報告された。しかも、十日もたたないうちに、都の目と鼻の先の摂津の国菟原《うはら》郡須岐駅《すのまたえき》で、備前介藤原子高《びぜんのすけふじわらのさねたか》が、純友の部下藤原文元《ふじわらのふみもと》に襲撃され、耳や鼻をそがれる残酷な目にあった。このころ、平安京には連夜放火があり、人々は不安におびえていた。子高はそれが純友の部下のしわざだという情報をつかみ、報告のため上京しようとしてつかまったのである。

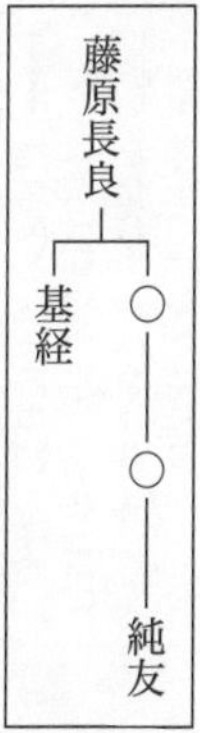

この将門・純友の謀反は、あまりにもタイミングがよく合っていたので、都では、両人がかつて比叡《ひえい》山から平安京を見おろしながら謀反の約束をかわしたなどと、まことしやかな流言も飛んだ。

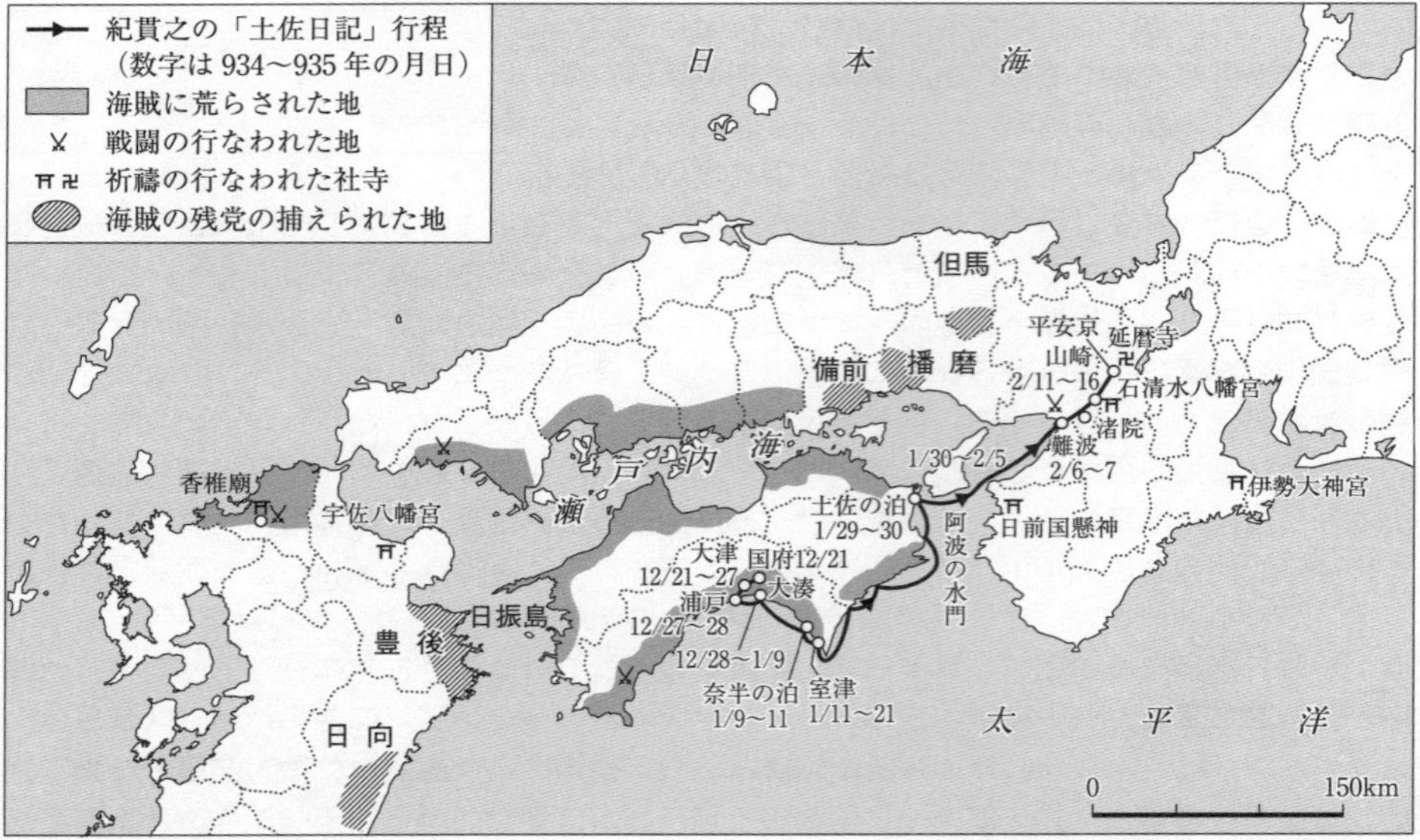
紀貫之の「土佐日記」行程
（数字は 934～935 年の月日）
海賊に荒らされた地
戦闘の行なわれた地
祈禱の行なわれた社寺
海賊の残党の捕えられた地
日本海
但馬
備前
播磨
平安京
延暦寺
山崎
2/11～16
石清水八幡宮
渚院
難波
2/6～7
1/30～2/5
瀬戸内海
香椎廟
宇佐八幡宮
土佐の泊
1/29～30
阿波の水門
日前国懸神
伊勢大神宮
大津
12/21～27
国府12/21
大湊
浦戸
12/27～28
12/28～1/9
奈半の泊
1/9～11
室津
1/11～21
日振島
豊後
日向
太平洋
0
150km

純友の乱

4　将門・純友の末路

将門の首、東市にさらされる

九四〇年正月の平安京《へいあんきょう》は、「平安」どころか異常な不安におおわれていた。年頭の行事はすべて最小限度にひっそりとおこなわれた。公卿《くぎょう》は暮れの二十九日から額を寄せて協議をかさね、正月一日、東海・東山・山陽道などに派遣する追捕使《ついぶし》十五人が発令された。三日には、内裏《だいり》の諸門に矢倉《やぐら》（防備施設）がものものしく組まれ、護衛兵が配置された。伊勢神宮をはじめ諸社に奉幣《ほうべい》の使者が送られ、延暦寺《えんりゃくじ》をはじめ諸寺は、朝敵の降伏を祈る祈禱《きとう》をはじめた。

十九日、参議藤原忠文《ふじわらのただふみ》（式家《しきけ》）が征東大将軍《せいとうたいしょうぐん》に任ぜられ、二月八日出発した。しかし、もとより多くの兵をひきいた様子はない。「征東大将軍」の権威によって現地の武者《むさ》をその旗の下に招き農民を徴発して、陣容をととのえるほかに方策はなかった。もし武者たちが大将軍になびかず、将門のもとに団結したとすれば、まったく処置はなかったろう。ところが大将軍忠文がまだ東国に入らないうちに、将門の運命はあっけなく決まってしまう。

これより先、坂東の支配権を収めて意気あがった将門は、残敵を一掃するために、一月中旬、五千の兵をひきいて常陸《ひたち》の国へ出陣した。目ざすはうらみ重なる平貞盛《たいらのさだもり》だが、吉田郡《よしだ》蒜間江《ひるまえ》で貞盛の妻を捕えただけだった。将門は貞盛を捕えることを断念し、諸国から集めた兵力を解散して、わずかに千人足らずの手兵だけを残した。

（北家）
藤原房前 ── 魚名 ─ ○ ─ ○ ─ ○ ─ 秀郷 ┬ ○……（奥州藤原氏）
└ ○……義清（西行）

雌伏《しふく》に雌伏を重ねた貞盛は、この将門の油断を情報網に捕えると、下野《しもつけ》の国の押領使《おうりょうし》藤原《ふじわら》秀郷《のひでさと》の協力をえて四千余人を動員し、急に起って将門に合戦をいどんだ。秀郷は、北家《ほっけ》の魚《うお》名《な》の系統が下野の国（栃木県）に土着して、豪族化した者である。九一六（延喜《えんぎ》十六）年に、罪をえて一族十八人とともに配流《はいる》の命令を受けているところをみると、これもそうとうな「つわもの」だったらしい。貞盛にとって、この「俵藤太《たわらとうた》」（秀郷の通称）は千万人の味方だったろう。

貞盛・秀郷の決起におどろいた「新皇《しんのう》」将門は、二月一日下野の国へ進撃した。しかし、将門のひきいる前陣は敵のありかを発見できず、副将軍のひきいる後陣が秀郷の陣をついたが、大敗した。貞盛・秀郷は追撃して、川口村で将門と相対した。将門はみずから剣をふるって戦ったがついに敗れ、常陸の国の兵は敗将将門にそむき去った。勢いに乗った貞盛・秀郷は、二月、将門の本拠下総《しもうさ》の国へ進撃し、将門は辛嶋《からしま》の広江《ひろえ》にかくれた。

強風吹きすさぶ二月十四日、将門は手兵わずかに四百余人で最後の決戦をこころみた。戦況一進一退の間に、ひとすじの流れ矢が将門をつらぬいた。

「新皇」が倒れて、陣営はたちまち総くずれとなった。興世《おきよ》王が上総の国で殺されたのをはじめ、残党は諸国で次々に切られ、ここに、将門王国はわずか三ヵ月の夢と消えた。将門討たるの吉報は、信濃の国の駅馬《えきば》によって、二月二十五日、平安京に達した。四月二十五日、秀郷は上京して、将門の首を朝廷に献じた。それは東市《ひがしのいち》の木に高々とかけられ、謀反人の末路のみせしめとされた。ところで、もう一人の謀反人純友はどうしたか。

将門の霊をまつった国王神社

純友、西国を荒らし回る

九三九年の暮れ、純友の暴虐な行為（前節）があった後も、一方に将門の乱があったために、朝廷はなお純友を手なずけようとの方針をすてなかった。山陽道の追捕使《ついぶし》小野好古《おののよしふる》を一月十六日に出発させながら、二月三日に、純友に従五位下をあたえているほどである。ところが、二月二十二日に純友が海路都に押し上がろうとしているとの報告が到着した。摂政忠平《ただひら》はよほどおそれたとみえて、その夜庭に出て諸社に祈りをささげ、近衛府《このえふ》などの人数を調べさせたことを、日記「貞信公記《ていしんこうき》」に記している。翌日、山崎《やまざき》と淀《よど》川口に警固使《けいごし》を任命したが、この危急

年	平将門	藤原純友
931	このころ、おじの下総介平良《しもうさのすけたいらのよし》兼《かね》と不和になる	このころより海賊しきりに出没し、追捕使を定める
935	2月 おじ平国香《たいらのくにか》を殺害 10月 平良正《たいらのよしまさ》を常陸《ひたち》の国で破る	
936	10月 平良兼・貞盛の連合軍を下野《しもつけ》の国で破る 上京して、朝廷に弁明	6月 伊予守紀淑人《いよのかみきのよしひと》のもとにくだる
937	8月 子飼の渡しで良兼軍に敗れる 11月 将門追捕の官符、坂東諸国に下る 12月 良兼が石井の営所を夜襲、これを撃退	
938	2月 平貞盛《たいらのさだもり》と千曲川のほとりで戦う 3月 興世王《おきよおう》と武蔵武芝《むさしのたけしば》との争いを仲介	
939	源経基《みなもとのつねもと》、将門を朝廷に訴える 3月 摂政忠平、謀反の実否をただす 5月 弁明が朝廷に認められる 6月 平良兼没 11月 常陸の国府をおそい、ついで坂東諸国を押領 12月 忠平に書を送って弁明	12月 純友の部下が備前介藤原《びぜんのすけふじわらの》子高《さねたか》らを摂津の国で襲撃
940	1月 参議藤原忠文《ふじわらのただふみ》、征東大将軍に任ぜられる 2月 貞盛・秀郷に敗れて、将門没	8月 讃岐《さぬき》の国をおそい、介藤《すけふじ》原国風《わらのくにかぜ》を追う 11月 周防《すおう》の国の鋳銭司《じゅせんし》を焼き払う 大宰府を焼き払う

平将門・藤原純友対照年表

年	平将門	藤原純友
941		5月　征南海賊使小野好古《おののよしふる》に敗れる 6月　純友没 8月　純友の将佐伯是基《さえきのこれもと》、日向で捕えられる 9月　純友の将桑原生行《くわばらのいきゆき》、豊後で捕えられる 10月　純友の将藤原文元《ふじわらのふみもと》、但馬で殺される

平将門・藤原純友対照年表（つづき）

のおりもおり、二十五日に将門が倒れたという報告があった。かれのよろこびは大きかった。

自信を回復した朝廷は、六月、あらためて純友追捕の方針を立てた。しかし、八月十八日讃岐《さぬき》の国（香川県）と阿波《あわ》の国（徳島県）から、賊船四百余艘《そう》が讃岐の国府をおそったという急報が入った。讃岐介《さぬきのすけ》藤原《ふじわらの》国風《くにかぜ》の軍勢数百人が討たれ、国風は阿波の国からさらに淡路島へと敗走した。純友は讃岐の国府に入って放火・略奪をほしいままにし、伊予・讃岐両国は純友の征圧下に置かれてしまった。

やがて純友は讃岐の国をしりぞいたが、十月、安芸《あき》（広島県）・周防《すおう》（山口県）両国で大宰府《だざいふ》追捕使《ついぶし》の兵を破り、十一月、周防の国の鋳銭司《じゅせんし》（貨幣を製造する役所）を焼きはらった。こうして、山陽道・南海道は無政府状態におちいったまま、九四〇年は暮れる。

追捕使長官小野好古は、播磨《はりま》（兵庫県）・讃岐《さぬき》両国で二百余艘の船を用意し、賊の本拠伊予の国へ向かった。純友は千五百余艘の船で意気盛んにこれを待ち受

藤原純友の本拠地日振島

けた。ところが、内輪もめのためか、追捕使にうまく誘惑されたのか、次将藤原恒利《ふじわらのつねとし》という者が、純友の陣を脱出して讃岐介藤原国風のもとに走った。国風はこの恒利に精兵をあたえて賊軍を討たせた。ここでも政府軍は結局「夷《い》をもって夷を征する」(敵と敵を戦わせる)方法をとったのだ。

純友は大敗して、木の葉の散るように海上に逃げ散ったが、一転して大宰府をおそった。大宰府は長年月たくわえた大量の財物をうばわれ、放火によって焼きつくされた。

余波を残して純友の首も京へ

この報が都にとどくと、朝廷はあらためて事の重大さをさとり、九四一(天慶四)年五月十九日、先に東国から帰還した藤原忠文《ふじわらのただふみ》を征西大将軍《せいせいたいしょうぐん》に任命した。しかしこのたびも、将門のときと同様に、この大将軍が現地に到着する前に大勢は決する。追捕使小野好古が陸地から、その部下は海上から相並んで筑前《ちくぜん》の国

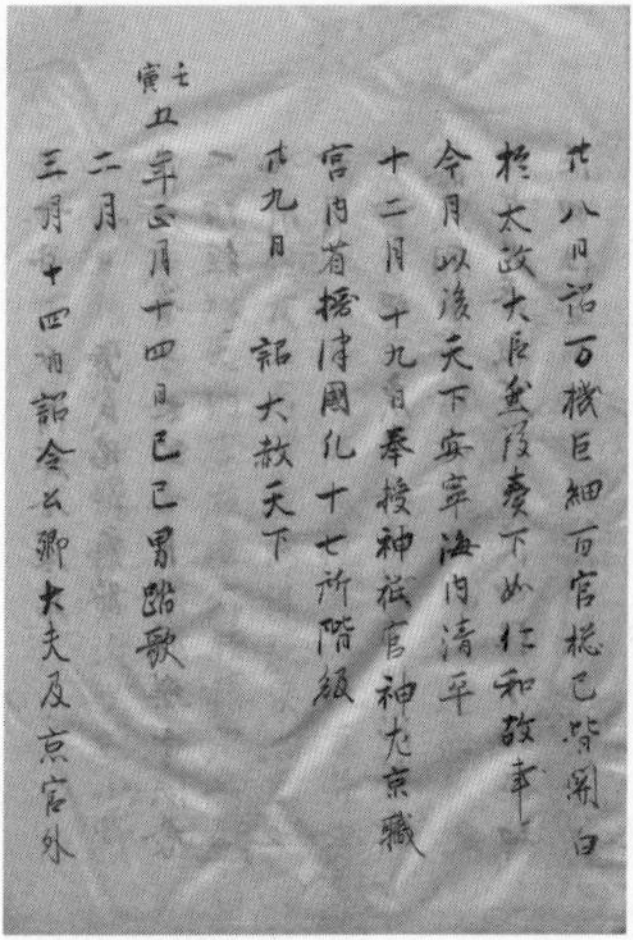
廿八日詔百揆巨細百官総己皆関白
於太政大臣並後奏下如仁和故事
今月以後天下安寧海内清平
十二月十九日奉授神祇官神大京職
宮内省摂津国化十七所階級
廿九日　詔大赦天下
壬寅
五年正月十四日己巳男踏歌
二月
三月十四日詔令公卿大夫及京官外

日本紀略（「海内清平……」の文が見える、内閣文庫本）

の博多津《はかたのつ》（福岡市）に進み、五月二十日、待ち受けた純友と大激戦を展開した。好古の部下と藤原恒利《ふじわらのつねとし》が奮戦して、海陸で純友勢を圧倒し、八百余艘の船をうばい、数百人を死傷させた。純友は小船に乗って本拠伊予の国に逃げ帰ったが、子どもの重太丸《しげたまる》とともに、伊予の国の警固使 橘 遠保《たちばなのとおやす》に捕えられた。七月、その首は都にとどけられた。

首領純友の死後も、動乱の余波はしばらくつづいた。その残党が日向《ひゅうが》の国（宮崎県）・豊後《ぶんご》の国（大分県）・備前《びぜん》の国（岡山県）などをおそった。なかでも、備前に上陸した藤原文元《ふじわらのふみもと》ら六人は、国郡の兵に追われて、播磨の国（兵庫県）から但馬《たじま》の国（同上）へと逃げ回り、進退きわまってたずねた旧知の、但馬の国の豪族賀茂貞行《かものさだゆき》という者にだまし討ちにされた。この残党の行動半径だけをみても、純友の乱の規模の大きさがわかるであろう。

こうして将門・純友の「承平《じょうへい》・天慶《てんぎょう》の乱《らん》」は平定されたものの、この乱によって国家権力の根がどんなに浅くなっているかは、十分に証明された。にもかかわらず、摂政忠平以下の貴族たちは、そのことをどれほど根本的に反省したであろうか。残党がほぼ捕えられた十月末、山陽道・南海道の警固使・押領使がめでたく停止されたときの歴史書「日本紀略《にほんぎりゃく》」には、「今月以後、天下《てんか》安寧《あんねい》、海内清平《かいだいせいへい》なり。」という文字が見える。これはおそらく太政官の日誌の中に、役人がもらした安心の気持ちが書きとめられたのであろう。これが貴族たちの共通の気分だった。

ともかく、平安京はふたたび「平安」を取りもどした。古代国家の傾いていくさまは、今やはっきり見えるが、その速度は、まことに緩慢そのものだった。

5　藤原氏と後宮

太后穏子を先頭に後宮文化の開幕

「天下安寧《あんねい》、海内清平《かいだいせいへい》」になった九四一（天慶《てんぎょう》四）年十月末、太政大臣藤原忠平《ふじわらのただひら》は摂政の辞意を認められたが、かつての基経《もとつね》の例にならってひきつづき政務を「関白《かんぱく》」することになった。成年に達した朱雀《すざく》天皇をこのような形だけの君主にしてしまったのは、母の皇太后穏子《やすこ》の罪である。

穏子が寛明《ひろあきら》親王（朱雀天皇）を産んだのは三十九歳のときである。年とってできた子は特別にかわいいというし、道真《みちざね》の怨霊《おんりょう》もおそろしかったので、穏子は養育に極端に神経を使った。生後三年間も、弘徽殿《こきでん》の塗籠《ぬりごめ》（壁のある部屋）の格子を昼も上げることなく、灯《ひ》をともした御帳《みちょう》（とばり）の中で育てたといわれる。こんな過保護では、健康で気力ある男子に成長するはずがない。朱雀天皇は死ぬまで穏子と起居をともにし、いわば一生乳離《ちばな》れをしない状態ですごした。

忠平・穏子の兄妹が思うままにふるまうことができた理由は、ここにあった。「大鏡《おおかがみ》」は、「朱雀院が生まれなかったなら、藤原氏はこんなにも栄えなかったろう。」と評している。

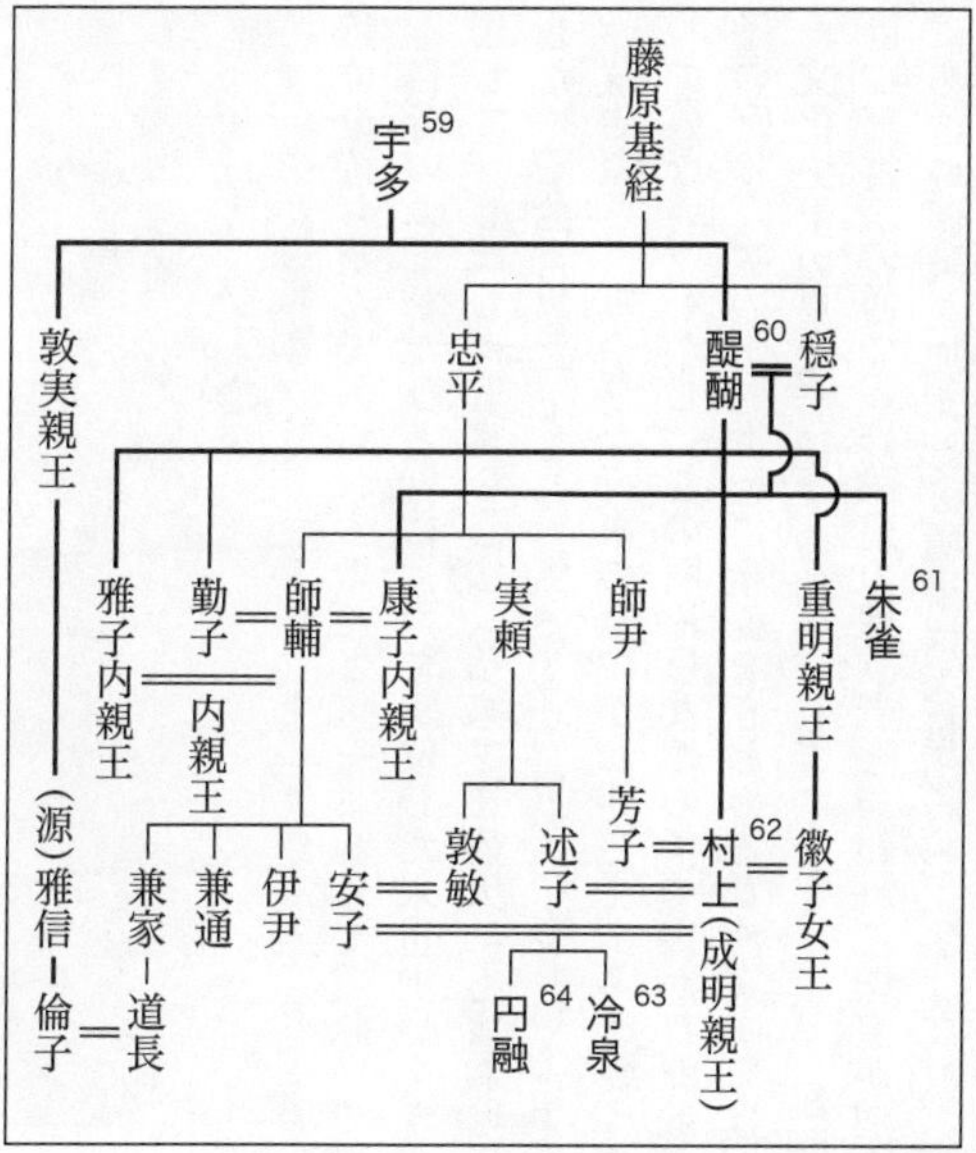

九四六（天慶九）年四月、まだ二十歳の朱雀天皇が三歳下の皇太弟成明《なりあきら》親王（村上《むらかみ》天皇）に譲位したのも、あまりにも皇太后に気をつかいすぎたためであった。朱雀天皇が皇太后穏子のもとに朝覲《ちょうきん》したとき、穏子がその行列のすばらしさを感嘆したついでに、「こんどは東宮《とうぐう》がこんなふうにしてこられるのを見たいものだ。」といった。気の弱い朱雀天皇は、これは母后が

醍醐寺の五重塔のてんじょう板から発見されたかな文字。建立時の落書きと考えられる。平仮名・片仮名のごく初期の形を表している

譲位を待ち望んでおられるのだと気をまわして、急いで譲位した。

自分のふとしたひと言によって譲位した朱雀上皇をきのどくに思った穏子は、朱雀院に同居して、しばしば遊宴や修法《すほう》（仏事）を盛大にもよおした。村上天皇もなにかにつけて行幸した。「太后日記《たいこうのにき》」とよばれる和文の日記がもしいままで世に伝わっていたなら、穏子の強い政治力と、みやびな行事の全貌《ぜんぼう》がわかるであろうが、惜しいことにごく短い断片しか伝わっていない。しかし、この断片は女性の手で書かれた散文のごく早い例である。つまり、穏子の宮は、次の十一世紀に全盛をきわめる女流文学をはぐくみつつあったのである。

文化史上の皇太后穏子の功績として、もう一つ、醍醐寺《だいごじ》の五重塔の建立《こんりゅう》がある。醍醐寺は、真言宗《しんごんしゅう》の僧で、修験道《しゅげんどう》の確立者といわれる聖宝《しょうほう》が建立した寺で、生前の醍醐《だいご》天皇がこれにあつい保護を加えた。穏子は天皇の冥福《めいふく》のためこの寺に五重塔を建立することを発願《ほつがん》した。工事は将門《まさかど》・純友《すみとも》の反乱のためにのびのびになり、二十年もかかって九五二（天暦六）年にようやく完成した。

この五重塔は、京都市に残っているもっとも古い建造物である。高さ三十六メートルほど

の均整《きんせい》のとれた姿が、美術史の上で「藤原時代」とよばれる優美な芸術の開幕を告げている。

藤原師輔、宮廷の実権をにぎる

さて九四九（天暦三）年以後、忠平・朱雀上皇・太皇太后穏子がつづいて亡くなると、ここに村上天皇の親政がはじまった。村上天皇は兄朱雀上皇と違い、すぐれた帝王の素質をそなえていた。しかしその親政は、もはや完全には「親政」の名に値しないものだった。それは、第一に忠平一門に取り囲まれ、そのスクラムに乗せられた地位であり、第二に政治の実態が地方の支配を放棄してしまった、形式的なものになっていたからである。

まず前者から述べると、すでに太政大臣忠平の生前、長男実頼《さねより》と弟師輔《もろすけ》が左右大臣になっていた。太政官の最高位をこのように父子で独占したのは、長い藤原氏の歴史の中でもはじめてのことである。忠平の死後は、実頼が上位にいたにもかかわらず、政治の実権はむしろ師輔に移った。それにはいろいろの理由があるが、まず両者の性格が対照的だった。

実頼は謹厳な気むずかしやで、たとえば、小野宮《おののみや》という自分の家の南側に出るときには、かならず冠《かんむり》をきちんとつけたが、それは、その方角に深草《ふかくさ》の稲荷明神《いなりみょうじん》の森が見えるので、だらしない姿を神さまに見られては失礼だからというわけだ。こう堅苦しくては、とかく下の者に敬遠される。

一方、弟の師輔は清濁《せいだく》合わせのむ性格だった。後世の文献に見える逸話だが、将門征討の

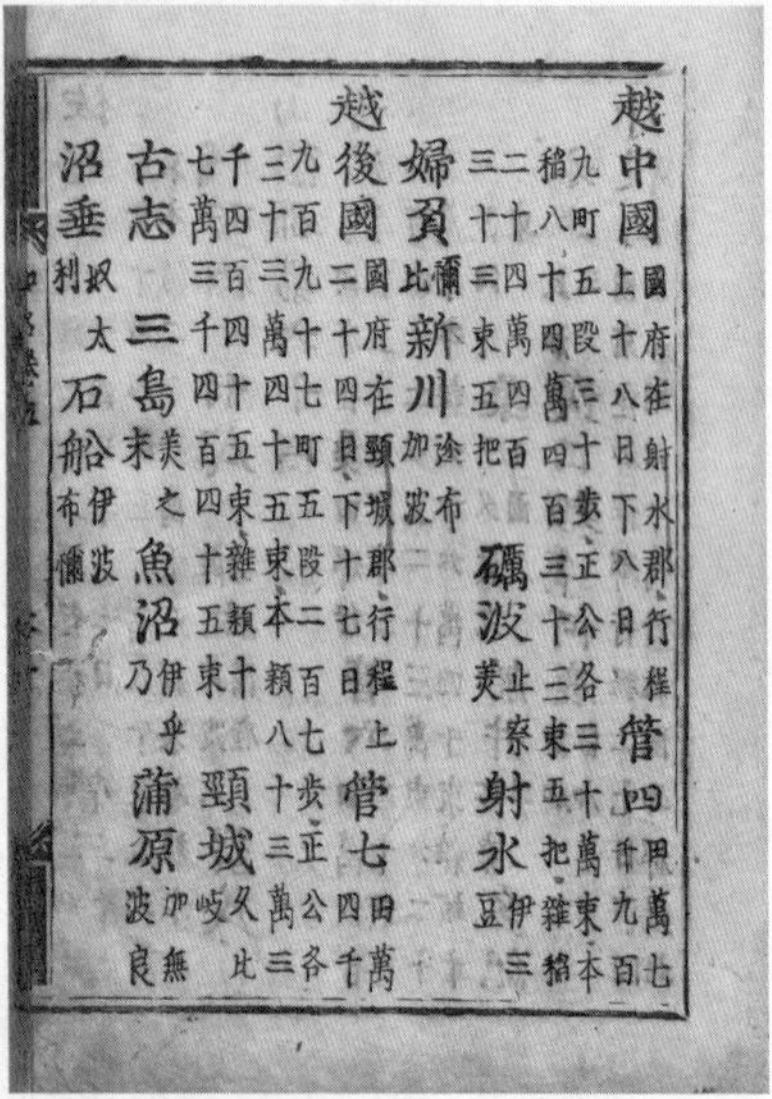

和名抄（倭名類聚抄）。百科辞典的な国語辞書で、写真は各国府の所在地を示し、郡名の読みをしるした部分（内閣文庫本）

大将軍《たいしょうぐん》藤原忠文《ふじわらのただふみ》が凱旋《がいせん》したとき、「まだ戦場に到着しないうちに将門が滅びたのだから、賞を与えるにはおよばない。」と主張したのが実頼で、「いや、刑の疑わしきは罰すべきではないが、賞はあまりむずかしいことをいわずに与えるがいい。」と論じたのは師輔だった。師輔はこのような流儀で、多くの中・下級貴族の信望をかちえたようである。

次に、師輔は皇室と深い縁を結ぶことに努め、この点で実頼をはるかに引き離した。まずかれは、醍醐天皇の皇女勤子・雅子・康子の三内親王を次々に妻に迎えた。勤子内親王は父天皇にとくに愛され、手を取って箏《そう》（琴の一種）を教えられた才女で、文人源順《みなもとのしたがう》に命じて「和名抄《わみょうしょう》」という国語辞典を作らせたことでも有名である。

師輔が勤子内親王を妻としたのは、画期的なことである。祖先良房《よしふさ》が嵯峨《さが》天皇の皇女源《みなもとのきよひめ》潔姫を妻とした先例はあったが（一二二ページ参照）、臣下が内親王の位《くらい》にある皇女を迎えたことはまだなかった。後に、師輔の孫道長《みちなが》が、左大臣 源《みなもとのまさのぶ》雅信（宇多《うだ》天皇の孫）の娘倫子と結婚したときさえ、雅信はもってのほかの縁組みだと豪語したほどだから、天皇家の血筋の女性には、藤原氏もなかなか近づきがたいものとみられていたことがわかる。それだけにこの結婚は師輔にとって大きなプラスとなった。

勤子内親王が早く亡くなると、師輔はさらに雅子・康子両内親王と結婚した。それが、まったくの打算から出たものとはいえないけれども、少なくとも結果的には愛情と政治的利益がこのようにうまく結びついた点に、宮廷政治家師輔の成功の秘密があった。さらに師輔の成功を決定的にしたのは、九四〇（天慶三）年に長女安子を成明親王、つまり後の村上天皇のきさきとしたことだ。

これより先、実頼も娘述子を女御《にょうご》としていたが、述子は疱瘡《ほうそう》とお産が重なって十五歳の若さで死んでしまった。その不運にひきかえ、安子は九五〇（天暦四）年に憲平《のりひら》親王（冷泉《れいぜい》天皇）を産んだ。そして師輔は、中納言藤原元方《ふじわらのもとかた》の娘祐姫《さちひめ》の産んだ第一皇子をさしおいて、生後三ヵ月めの憲平親王を強引に皇太子に決定してしまった。

後宮の安子、藤原氏全盛へ重要な役割

太后穏子《やすこ》が九五四（天暦八）年に亡くなった後、安子は師輔と村上天皇を結ぶ鎖として、さらに重要な役割を果たした。もとより村上天皇の後宮には安子のライバルも何人かいた。

一人は醍醐天皇の息子重明《しげあきら》親王の娘徽子女王（「斎宮女御《さいぐうにょうご》」とよばれた）である。徽子女王が入内《じゅだい》した翌朝、村上天皇は、

思えども猶《なお》あやしきは　逢《あ》う事のなかりし昔なに思いけむ

という歌を女王に贈った。女王を知らなかった昔の自分はなにを考えていたのだろうと、みずからあやしむほど、女王の魅力は強く天皇をとらえたのであった。

容色もさることながら、女王は和歌などに豊かな天分があり、その歌集「斎宮女御集《さいぐうにょうごしゅう》」には、天皇との間にかわされた多くの恋歌《こいうた》がある。その大部分は、天皇が里に下っている女王に早く内裏《だいり》へ参るようにうながした歌と、女王の返歌だが、このような天皇と女王との深い愛情の障害となったのは、安子とその父師輔の存在にちがいあるまい。

もう一人、天皇の寵愛が深かったのは、師輔の弟師尹《もろただ》の娘芳子《よしこ》であった。「大鏡」は、その美貌《びぼう》と才媛《さいえん》ぶりをおおげさに伝えている。平安時代の女性美では、色の白さ、下ぶくれのふっくらした顔つき、夢みるような細い目、小さな口などのほかに、黒髪の長さ・豊かさがたいせつなポイントである。ところが芳子の髪の美しさは格別で、彼女が庭先に置かれた牛車《ぎっしゃ》に乗っても、髪の先はまだ寝殿造《しんでんづく》りのひさしよりもさらに内側の、母屋《もや》の柱の下にあったという！　彼女はまた、「古今和歌集《こきんわかしゅう》」の歌を全部暗記していて、村上天皇のテストに応じ、いともやすやすと答えて感嘆されたという。

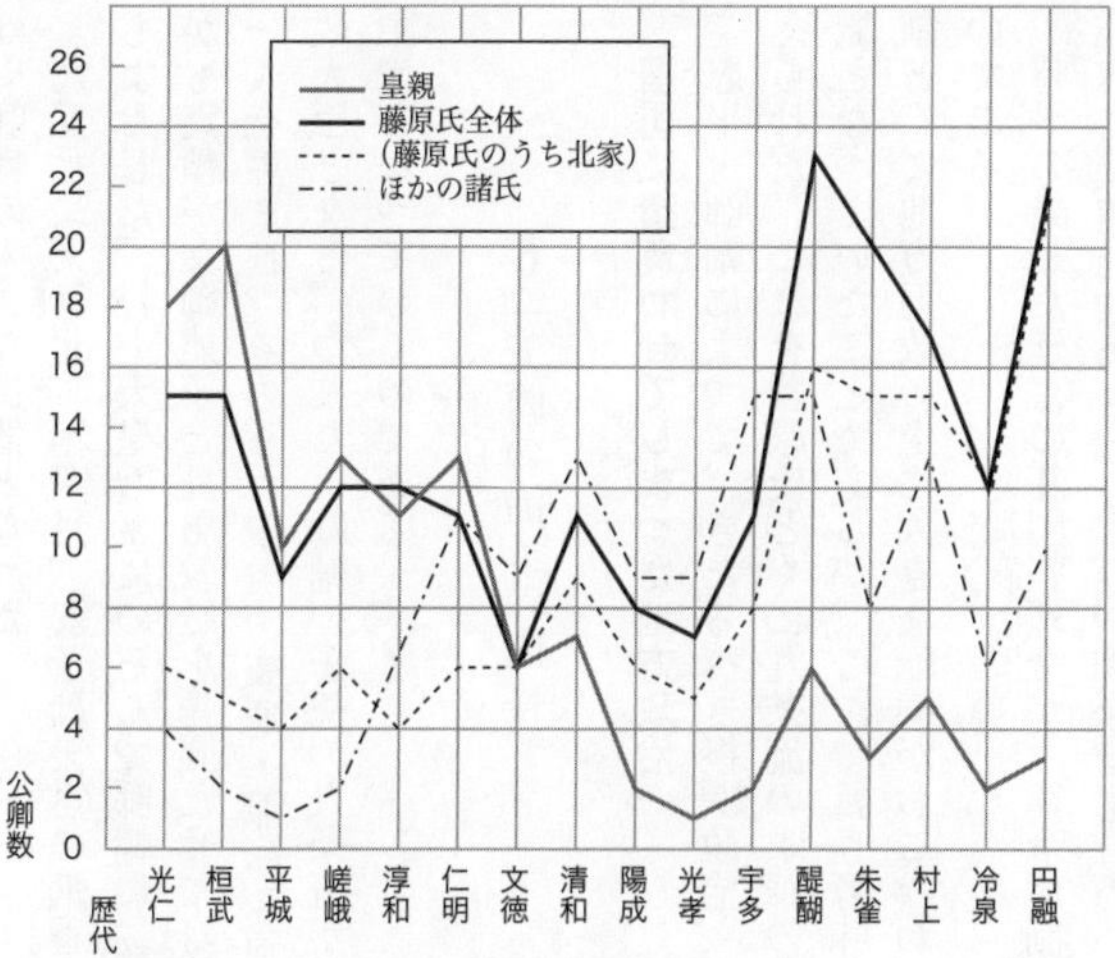

9、10世紀の公卿（藤原氏北家の進出がわかる）

　このようなすぐれたライバルにも、勝ち気な安子は負けてはいなかった。あるとき安子は壁に穴をあけて隣の間の芳子をのぞき、あまりの美しさに腹がたち、焼き物の破片を穴から芳子めがけてぶつけさせた。さすがの天皇もおこって、これは安子の兄弟の伊《これ》尹《ただ》・兼通《かねみち》・兼家《かねいえ》などがそそのかしたことだろうと、やつあたりで三人に謹慎を命じた。すると、安子は天皇に強硬な抗議をして、処分を撤回させてしまった。この安子の勝ち気の背後には、もちろん師輔の勢力があったにちがいない。しかし、それだけでなく、安子が女御《にょうご》・更衣《こうい》たちをうまくリードし、後宮の中心として堂々たる貫禄を示し、村上天皇もこれに一目置かざるをえなかったからである。安子の存在は、師輔の大きな武器となった。
九五七（天徳《てんとく》元）年四月、安子は後宮の飛香舎《ひぎょうしゃ》（藤壺《ふじつぼ》）で、父師輔の五十歳の賀《が》を盛大にもよおした。村上天皇も席にのぞんで師輔に杯《さかずき》をあたえ、師輔の盛運は絶頂に達した。しかも実頼が女御述子と長男敦敏《あつとし》を先立たせて身辺寂寥《しんぺんせきりょう》としていたのに対して、師輔は男子十一人を恵まれ、そのうち伊尹・兼通・兼家（道長の父）・為光《ためみつ》・公季《きみすえ》の五人までが、後に太政大臣となる。つまり、師輔の子孫の九条流が実頼の子孫の小野宮流をしのいで、藤原氏の主流となっていくのである。

6「天暦の治」の内幕

国司に請負わせてしまった地方政治

忠平《ただひら》・師輔《もろすけ》によって、きたるべき摂関政治、すなわち「藤原氏の時代」の基礎はかたくすえられた。これを藤原氏とくに九条流の栄華の基礎という意味にとれば、それは古くから常識となっていたことであるが、ここで言う意味はそれだけではない。実はこの時期に国家体制とくに地方行政の上に大きな転換がおこなわれ、摂関の栄華はこの基礎の上にあらわれたのである。

時平《ときひら》の発した延喜《えんぎ》の荘園整理令《しょうえんせいりれい》が、律令体制の維持をはかる最後の努力だったことは前に述べた（第四章の3）。それが効果をあげないうちに時平の死によって終止符が打たれると、次の忠平の政府は地方行政を思い切りよく受領《ずりょう》（任国に赴任して政務をとる国司）の手に一任することにした。今後中央は受領の任免権だけをしっかりとにぎり、それぞれの国のこまかな行政には一切口出しをしない。中央で積極的に政策を立てたり指令を発したりもせず、ただ国司からさまざまな申請や伺いがあれば適当に決裁する。つまり農業の振興も税の徴収もすべて国司に請負《うけお》わせるという、おどろくほど徹底した受け身の方針に切り替えたのである。

この転換の大きさに注目して、時平以前を律令国家、忠平以後を王朝国家と規定する観方もある（四ページ参照）。しかし困ったことには、この体制転換の具体的な経過を語る史料が、全くといってよいほど失われているのだ。ともかくそれは藤原氏の祖先の鎌足《かまたり》・不比等《ふひと》のように革新的、創造的な活動ではなく、また平安初期の園人《そのひと》・緒嗣《おつぐ》らのような、民政に対する真剣な努力ともちがうが、それなりに社会の底辺の事情に柔軟に対応した、忠平一流の政治的見識であった。

これ以後の中央の政治は、地方行政を請負う受領を任免する「除目《じもく》」などを例外として、ほとんど実質を失ってしまう。そして人間のすることは、とかく、実質を失うと、それに反比例して形式がやかましく問題にされるものだ。朝廷の儀式、貴族の礼法は忠平・師輔らによってわずらわしいまでにととのえられ、あたかもそれだけが政治であるかのようになったのである。

窮屈な故実の尊重と日記

忠平は、父基経《もとつね》、兄時平《ときひら》、醍醐《だいご》天皇などのおこなった儀式・作法を「故実《こじつ》」（先例）として極端に重んじた。かれの日記「貞信公記《ていしんこうき》」は臣下の日記としては最も古いものであるが、残念ながら記事が極端に省略された形でしか伝わっていないので、代わりに師輔の日記「九暦《きゅうれき》」を読んでみると、たとえば次のような例がある。

ある年の正月、忠平は病気のために、自分が貴族たちを招待する「大饗《だいきょう》」（中宮・東宮・大臣のもよおす新年宴会）に出席できそうもなかった。そこで忠平は師輔を招き、「先例を調べると、父基経公がある年の大饗に欠席したことがあるが、父はそのとき太政大臣だった。自分は左大臣だから、これを先例としてもよいものだろうか。」と相談した。師輔は、「父上は摂政です。摂政はほかの大臣と違う特別な地位ですから、基経公の例によってもさしつかえないでしょう。また、大饗をとりやめて、いきなり叙位《じょい》（五位以上の位をさずける儀式）をおこなうことは、かえって先例無視の非難を受けると思います。」と答えた。忠平はなお右大臣仲平《なかひら》（忠平の兄）の意見もたずねた結果、結局御簾《みす》の中にいて、客にやつれた顔を見せないことにして、大饗をとりおこなうことに決定した。いやはやまことに窮屈なことである。

宴の灯は明るく、倉庫には草がしげる

もともと朝廷の儀式・行事の形式がととのえられたのは嵯峨《さが》天皇のころからで、「内裏

式《しき》」その他の規定がいろいろ定められたが（第二章の2参照）、それらは儀式・行事を担当する役所の参考にするためだった。ところが、貴族文化の進むにつれて、それらの儀式・行事に出席する貴族一人一人の、手の動かし方、足の運び方までが、すべて窮屈に規定されるようになった。忠平一門がこの傾向を促進し、さらにそのような儀式の規定者になることによって、貴族たちに対する藤原氏主流の権威はおのずから強められるからである。したがって、行事の形式が完璧《かんぺき》になるにつれて、かえって政治の実質が失われていくことについての反省などは、起ころうはずもなかった。ほかの貴族たちも、一所懸命にこの形式主義つまり王朝国家の秩序に従うばかりだった。

こうして、無内容の形式美こそかえって最上の価値とみられるようになった結果、政治の実質がいかにおとろえたかについて、鎌倉《かまくら》時代の史料ではあるが、「古今著聞集《ここんちょもんじゅう》」に一つの話が見える。

ある日村上《むらかみ》天皇が、紫宸殿《ししいでん》のきざはしの下で働いていた下役人を見かけて、「世間ではいまの政治をどのように申しているか。」とたずねた。するとこの下役人は、「りっぱなものだと申しております。ただし主殿寮《とのもりょう》でたいまつが多く消費され、率分堂《りちぶんどう》には草がはえていると見受けます。」と答えた。

下役人の答えに天皇はおおいに恥じ入ったというが、事実これは、天暦の親政の内幕を余すところなく暴露している。主殿寮は内裏の各部署で用いる物品を調達する役所である。その役所がたいまつを多く配給するのは、役人がおそく出勤して、夜までだらだら仕事をする

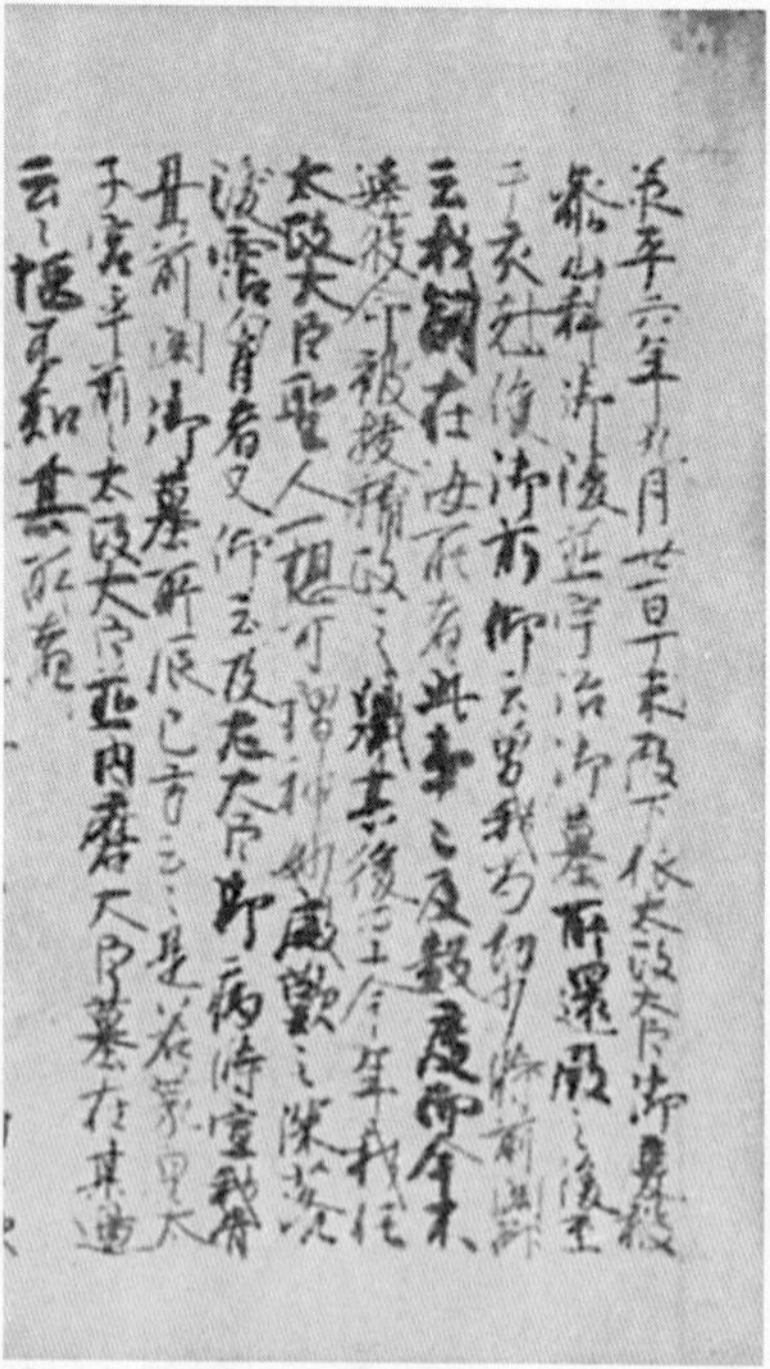

「九暦」より、936（承平6）年9月21日の記事（陽明文庫蔵）

ことや、儀式・宴会などがはでになり、しばしば夜更けまでおこなわれるためだった。また、率分堂という諸国から納入される官物をたくわえておく倉庫に草が生えているのは、官物の徴収が思うようにいかず、国家財政が衰弱したことを示すものだった。

怠惰と不正の横行

村上天皇は兄の朱雀《すざく》天皇とちがい、なかなか英明の性質であったから、即位するとすぐ、前代以来の悪習を除き、政治に活を入れようと意気込んだようである。それには、まず役人の怠惰な勤務ぶりをあらためなければならない。

毎年十二月に、諸国の調《ちょう》の品々を山陵《さんりょう》（天皇の墓）などにたてまつる「荷前《のさき》」という行事があった。この寒い季節に郊外の悪路をたどる陰気な墓詣《もう》では、ありがたいしごとではない。そこで役人はなにかと口実を設けてその使いをのがれようとし、無断で欠勤する者も多かった。皇太子のときからこのありさまを苦々しく見ていた村上天皇は、師輔に厳命して、使いの集合場所の待賢門《たいけんもん》でいちいち首実検をして欠勤者を摘発した。長いあいだ放任主義をとっていた太政大臣忠平も、この新帝のきびしさに閉口したようだ。そのときの報告書を師輔の日記「九暦」によって見ると、役人たちが仮病を使ったり、みえすいた苦しい弁解にこれ努めているようすに、思わず失笑させられる。

わずか一日の使いさえ怠けるくらいである。国司に任じられてもなかなか任地におもむかない、いわゆる「遥任《ようにん》」がふえたのも当然だろう。村上天皇は、延喜の例にならって目に余るものを処罰したが、徹底的に取り締まることはできなかった。遥任が多くなる一方では、赴任しても、ただ自分のふところを肥やすことしか考えない国司はいよいよ多くなった。農業を振興して民政を安定させるという「勧農《かんのう》（農業をすすめる）」はお留守になり、「受領《ずりょう》ハ倒ルルトコロニ土ヲツカメ」と悪口をいわれたほど「徴税」だけがきびしくなれば、地方行政はますます空白の度を増していく。

九四七（天暦《てんりゃく》元）年朝廷は、五千束《そく》、六千束といった大量の正税《しょうぜい》をごまかす王臣・富豪に対して、検非違使《けびいし》に命じて逮捕するむねの警告を発した。また国司に対して、かってに「弁済使《べんざいし》」などという私的な使者に中央へ官物を送る重要な事務を請負わせたり、中央の下級役人と結んで書類をごまかしたり、また官物に不足をきたした責任を輸送人夫にかぶせたりするなどの不正を叱責《しっせき》した。しかし、諸国から納める絹《きぬ》に、時として野草の皮が織りまぜられるほど乱脈になった事態は、そもそも中央が政治責任を放棄してしまった体制の自然の結果であった。

公然と受領のふところへ

では国司の請負のもとで、中央の財政はどのようにして財源を確保したであろうか。すでに班田収授《はんでんしゅうじゅ》がなくなったので、それまでは班田ごとに田地を調べて作りなおしていた台帳(これを「国図」といった)もしだいに古くなってゆく。国図に記された「公田」は当然荒廃するいっぽう、空閑荒廃地があたらしく開発されて田地となる。そこで受領は赴任するとかならず「検田《けんでん》」をおこなって実態をつかみ、徴税の基礎をかためる。そして従来の租《そ》・出挙《すいこ》にかわる「官物《かんもつ》」と、従来の調《ちょう》・庸《よう》・雑徭《ぞうよう》にかわる「臨時雑役《りんじのぞうやく》」という二本立ての税を、検田面積に応じて課賦するが、しかし取り立てた税をそのまま中央へ送ることはしない。国図に記された公田面積に見合う分だけ送れば、受領は責任をはたしたことになり、国図の基準と検田の実態との差額は、公然とふところへ入れることができたのである。腕利きの受領ならば、この差をいくらでも拡大することができたであろう。

いっぽう、中央はともかく固定された基準だけの分が送られて来るかぎり、何の面倒もみずに最小限の財源は得られる。政治の機能が縮小してしまっただけ、官庁の経費も少なくてすむし、それぞれの役所に付随した財源もあるから（一五六ページ参照）、何とかこれで間に合わせられる。とすると、これは実に安直な方法であった。

ただし貴族や下級役人一人一人の経済は、これでは余裕もないし成長もない。そこでかれらは別に荘園の寄進を受けたり、年給を割り当てられたり、または権門の御用を勤めて手当てをもらったり、それぞれの身分と才覚に応じた形で副収入を求める。当然、栄華をほこる者と手もとの不如意をなげく者との違いは大きくなるが、政治の規制がゆるやかになれば経済の隔差が生ずるのは自然のいきおいかも知れない。

いつわりの耕作不能地が大幅にふえる

ところで名うての受領たちは、いつもいつも公田分の徴税を全額中央へ納めるほどお人好しではない。実際また公田《こうでん》のうちには、災害などのために耕作不可能となる田が毎年できる。これを不堪佃田《ふかんでんでん》といい、律令時代から国司はその面積をかならず朝廷に報告することになっていた。ところが、たとえば九四五（天慶八）年の長門《ながと》の国（山口県）の申告によれば、十年来、国じゅうの疲弊がはなはだしく、ある年の不堪佃田は三千七百町から三千八百町にものぼったという。これは純友《すみとも》の乱《らん》のためもあろうが、そのことにかこつけた国司の水増し申告も大きかったと考えられる。

不堪佃田が多くなれば、当然取り立てる官物・雑役が減る。中央政府はもちろんこれを放置することができないから、検査の使者を派遣して、十パーセント以上の水増し申告が暴露したばあいは受領を処罰し、反対に多くの開田面積を申告した受領の位を昇せるなどの処置をとった。ところが、その検査を命ぜられた役人が口実を設けて赴任をしぶるありさまで、なかなか効果があがらなかった。

九四八（天暦二）年、政府は申告と検査との差が十パーセント以上出た十四ヵ国の受領をきびしく処罰しようとした。たとえば伊勢の国（三重県）の場合には、十パーセントを超過した水増し分だけで四百八十町にものぼった。しかし、この不正申告によって浮いた収入を、受領が自分のふところに入れたという確証もつかめず、また即位の恩赦もあったために、結局、不正と認められた分の正税《しょうぜい》を埋め合わせさえすれば処罰しないことになった。村上天皇の晩年になると、国司申告の三分の二を機械的に太政官が承認するようになり、その後は、ただ「不堪佃田《ふかんでんでん》の奏《そう》」という年中行事だけが、いたずらに形式的につづけられる。政治の空白はこんな風にして決定的となったのである。

「中世」を招く有力農民

さて、このように公田が固定し膨大な不堪佃田が生じたりしたけれども、もちろん諸国の農業生産が実際に停滞し荒廃したのではない。勧農《かんのう》の主役は、すでに国司・郡司から有力農民に移っていた。かれらは牛やすきの新技術を使って生産能率をあげるようになり、むしろ

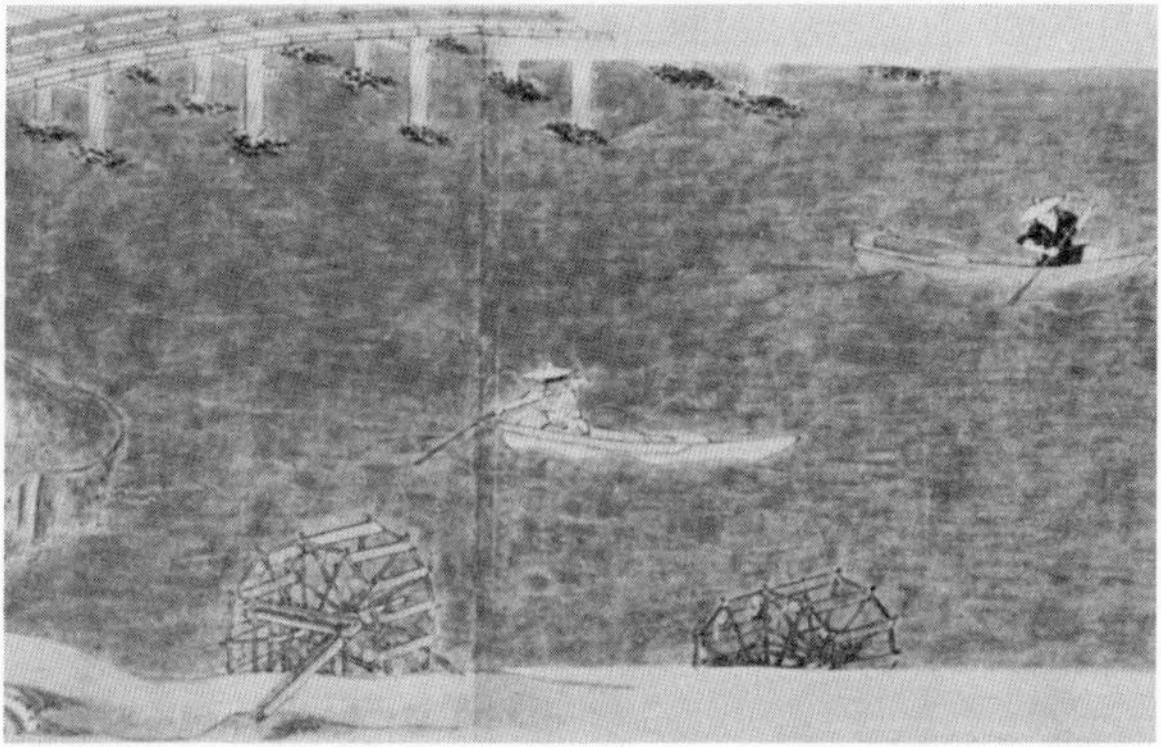

舟をこいでいく農民と、かんがい用水車（「石山寺縁起絵巻」）

農業生産力はたゆみなく向上しつつあった。

九四五（天慶八）年七月、「志多良神《しだらしん》」とか「八面神《はちめんしん》」とかいう、由来もよくわからない奇妙な神々が、東方・西方から入京するといううわさが京中に流れた。はたして月末になると摂《せっ》津《つ》の国の西方から志多良神のみこし三台をかついだ数百人の群衆が、御幣《ごへい》をかざして歌い舞いながら現れた。群衆は、数日後に淀《よど》川をさかのぼって山崎《やまざき》に達したときには、六台のみこしを囲む数千万人（！）にふくれていたと、山崎の対岸の石清水《いわしみず》八幡宮《はちまんぐう》から朝廷に報告があった。この異常な熱狂に包まれた大群衆はこんな歌を歌っていた。

月は笠着《かさき》る　八幡《はちまん》は種《たね》まく　いざわれら
は荒田《あらた》開かむ
しだら打《う》てと　神は宣《のた》まう　打《う》つわれら
が命《いのち》　千歳《とせ》

しだら米《よね》　早買《はや》わば　酒盛《みきも》れば　その酒《みき》　富《と》めるはじめぞ
しだら打《う》てば　牛は湧《わ》ききぬ　鞍打《くらう》ち　敷《し》け　さ　米負《お》わせむ

反歌《かえしうた》
朝《あした》より　蔭《かげ》は蔭《かく》れど　雨やは降《ふ》る　さ　米《よね》こそ降《ふ》れ
富《とみ》は揺《ゆす》み来《き》ぬ　富《とみ》は鏁懸《かぎか》け　揺《ゆす》み来《き》ぬ
宅儲《たくもう》けよ　煙儲《けむりもう》けよ　さてわれらは　千年栄《さか》えて

この歌を読むと、田地を開発し、牛を飼い、酒を醸《かも》し、天の恵みの下で着々と富をなしつつある、活気にあふれた有力農民の姿が目に浮かぶようである。古代は都市に象徴され、中世は農村に根ざすといわれる。その「中世」とよばれる次の時代が、このように各地でじっくりと成長をつづけていたのである。

都にも地方にも群盗が横行

中央政府は、もはやそのような底辺の動きをみずから規制する努力を放棄した。そこで過渡期の無秩序が、あらゆる場所、あらゆる階層に現れてくる。東国の無法な者どもが横行しないように、碓氷坂《うすいざか》と足柄坂《あしがらざか》に関《せき》を設けたのは、将門《まさかど》の乱《らん》以前のことだったが（二一八ページ参照）、やがて関のこちら側の駿河《するが》の国（静岡県）の治安もおだやかではなくなる。九五六（天暦《てんりゃく》十）年駿河の国司は、管内の郡司《ぐんじ》伴成正《とものなりまさ》、判官代永原忠藤《ほうがんだいながはらのただふじ》、駿河介橘忠幹《するがのすけたちばなのただもと》らが、公務や私怨《しえん》によってあいついで殺害されたことを訴えた。そして、

坂東《ばんどう》の暴戻《ぼうれい》の類《たぐい》、地を得《え》て往反《ゆきかえり》し、隣国の奸猾《かんかつ》の徒《と》、境《さかい》を占《し》めて栖集《あつま》る。侵害《しんがい》しばしば闘《たたか》い、奪撃《だつげき》おのずから発《おこ》る。百姓安《やす》からず、境内《きょうない》静《しず》かならず。

と、悲鳴に近いような口調《くちょう》で太政官に伺いを立て、国司・郡司の武装許可をもとめている。純友《すみとも》が滅びた後の九州でも、将門のいなくなった東国でも、その後継のつわものたちが、肥《ひ》馬《ば》にむち打ち武具を鳴らして、傍若無人《ぼうじゃくぶじん》にのし歩いていた。

遷都以来二百年をへて人口の集中した平安でも、治安の乱れが激しくなる。盗賊が獄を破って囚人をうばい取るような物騒なことも起こったし、狂女が待賢門《たいけんもん》の前で死人の頭をかじっている気味の悪い風景も見られた。大内裏《だいだいり》の中も安全でなく、右近衛府《うこのえふ》に侵入した賊が、右近衛少将の宿舎で少将の妻子の衣服をはぎとる事件さえ起こった。高級武官までがこんな目に会うようになったのである。

もっとも盗賊といっても、名もない者だけがなったのではない。醍醐《だいご》天皇の皇子式明《のりあきら》親王の子親繁《ちかしげ》王は、下級役人らからなる部下をひきい、受領《ずりょう》（国司）として巨富をたくわえた源満仲《みなもとのみつなか》の京の家に押し入った。満仲は源経基《みなもとのつねもと》（二三四ページ参照）の子で、摂津《せっつ》の国多田荘《ただのしょう》に本拠を置いた名だたるつわものだから、勇敢に立ち向かって王の部下を捕えた。部

下の白状から、親王家はとうとう逃げかくれた孫王《そんのう》を検非違使《けびいし》の手に引き渡さなければならなくなった。これは村上天皇の時代も終わりに近い九六一（応和《おうわ》元）年の事件である。

7　退廃の栄え

「経国の大業」だった詩文も閑文字に

天暦《てんりゃく》の親政の実態は弊害に満ちたものだったが、宮廷を中心とする文化には大きなはなやぎがみられた。次代の文化人たちが「天暦の治」と賞賛したおもな理由はそこにある。

村上《むらかみ》天皇は皇太子のときに、東宮学士《とうぐうがくし》大江維時《おおえのこれとき》らに命じて、詩集「日観集《にっかんしゅう》」を編集させた。これは平安時代初期の三勅撰詩集のあとをうけて、代々の代表的文人の作品を集めた二十巻の書物であるが、いまは伝わっていない。しかし天皇の好学によって、詩文がいちだんと盛んになった様子は、九五九（天徳《てんとく》三）年におこなわれた内裏詩合《だいりしあわせ》の記録によってもよくわかる。

この詩合は、村上天皇が十の勅題を出し、清涼殿《せいりょうでん》でもよおさせた行事である。貴族たちが左右に分かれ、代表的文人菅原文時《すがわらのふみとき》・大江維時《おおえのこれとき》や源順《みなもとのしたがう》・橘直幹《たちばなのなおもと》らにあらかじめ作らせた詩を一首ずつ組み合わせて勝負をきめる。左方・右方はファイトを燃やして準備に努めたが、みやびを競う行事だから、詩だけよくできていても勝てなかった。詩を書いた文字がまずりっぱでなければ判定に不利だから、当代一の名筆として誉れも高い小野道風《おののとうふう》の争奪戦がおこなわれたりした。道風はやや後の藤原佐理《ふじわらのさり》・同行成《こうぜい》とともに、やわらかなわが国独特の書風を完成させ、「三蹟《さんせき》」として有名な人である。

この詩合《しあわせ》が歌合《うたあわせ》の形式とそっくり同じだったところに、天暦の詩文の性格がよく現れている。和歌のような、もともと政治に縁のないものとちがって、詩文は本来「経国《けいこく》（国を治める）の大業《たいぎょう》」として、政治に役立つものとされていた。それがここにいたってそうした性格をまったく失い、むしろ後宮《こうきゅう》の和歌のあり方に近づいたのである。それだから、内裏《だいり》で男性がこのような詩合をしたのを見た後宮の女性たちは、お株をうばわれたように思い、翌年、歴史に残る大規模な「天徳歌合《てんとくのうたあわせ》」をもよおした。詩文と和歌の在り方がこういうふうに接近したのは、和歌が変わったのでなくて詩文のほうが変わったのである。詩文が国風化し、かつ閑文字《かんもじ》（実用にならないもの）化したのである。

「本朝文粋《ほんちょうもんずい》」という文集に、村上天皇の「散楽《さんがく》を弁《べん》ず」という戯文《ぎぶん》がのっている。「散楽」というのは、近衛の芸達者な者が宮廷行事の余興として舞やおかしなしぐさを演じてわらわせる芸能で、後世の能《のう》・狂言《きょうげん》のみなもとである。この散楽をおおいに好んだ村上天皇は、「対策《たいさく》」（文章道《もんじょうどう》の学生《がくしょう》に対する最高の国家試験）の問題とその答案という形式を借りて、散楽についてユーモラスな文をつづった。その文は、「俳優《はいゆう》が聖人孔子《こうし》のお国の魯《ろ》にはいると、足を断ち切られる刑罰にあったというが、そのばかなやつがいまこの日本にやってきて、人を吹き出させる演技をするわい。」といった調子で書きだされている。もっとも厳粛なはずの国家試験も、偉大な聖人孔子も、ここではたわむれの道具にされている。こんな戯文が帝王の作として現れるくらいだ。天暦の詩文と、平安初期のきまじめに唐風《とうふう》を学ぼうとしたころの詩文との違いは、ほぼ見当がつくだろう。

不遇をかこち恋を歌う「後撰和歌集」

九五一（天暦五）年に「後撰和歌集《ごせんわかしゅう》」という勅撰歌集が作られた。延喜《えんぎ》の「古今和歌集《こきんわかしゅう》」からちょうど半世紀を経た編集で、これまた天暦の文化を代表する事業である。その編集に当たる「和歌所《わかどころ》」が後宮の「梨壺《なしつぼ》」という御殿《ごてん》に設けられ、安子《やすこ》を擁して栄える師輔《もろすけ》一門を推進力として進められたことや、「古今和歌集」と違って、宮廷の「晴《は》れ」の場でよまれた歌よりも、むしろ貴族の私生活を詠んだ「褻《け》」の歌が多く収められたことに、時代の特色があざやかに見られる。とくに中・下級貴族が、身の不遇をなげき訴える歌と、恋の贈答の歌が多いことが特徴である。

不遇の嘆きが出るのは、藤原氏、とくに忠平《ただひら》一門の権力が確立し、また政治がむなしい形式主義におちいったために、他氏の人々が才能や功労によって、それにふさわしい地位にのぼることが困難になったからである。たとえば、純友追討《すみともついとう》のために西国へ派遣された小野好《おののよし》古《ふる》は、翌年正月の叙位《じょい》には当然五位から四位に昇進すると期待していた。ところが、都の友人からのたよりを見ると、

たまくしげ二年《ふたとせ》あわぬ君が身を　あけ（朱色《あけ》、年が明けるにかけた）ながらやはあら

んと思いし

という歌がしるしてあった。「二年もお会いしないあなたが、ことしも朱色《あけ》（五位の服の色）の服のままとは残念です。」という意味だ。好古は無念の涙にくれた。たとい謀反人追討に苦労していても、家柄がよく、また藤原氏主流に密着しないかぎり、その苦労がただちに報いられる時勢ではなかった。

「後撰和歌集」の編者の中心となった文人源　順《みなもとのしたがう》に、「無尾牛歌《むびぎゅうか》」という七言の雑詩《ざっし》がある。それは「我《われ》に一牛《いちぎゅう》あり、尾《お》はすでに欠《か》く。人々嘲《あざけ》りて無尾牛《むびぎゅう》となす」という句にはじまる。「牛」とはかれの持っている詩文の才能をたとえたもので、その才能がまったく出世の役に立たないことを「尾がない」と自嘲したのである。

無尾《むび》よ、無尾よ、汝《なんじ》聴取《き》け。我れいまだ汝を以って田疇《でんちゅう》（田畑）を耕さず。又東西に僦載《しゅうさい》（荷車を引かせる）することをなさず。一たびこれを僦載すとも賃《つぐのい》を収むることとなし。我が心是れ偏《ひとえ》に汝を愛するにあらず、家貧しく自《おのずか》らに農商の謀《はかりごと》（生計の手段）を忘れたればなり。老《おい》に臨み宮《みや》に居《い》て官俸《かんぽう》（役所からうける手当）薄く、一両《いちりょう》の僮僕《どうぼく》（一人二人の召使）も肯《あえ》て留まらず。草青き春にも肥馬《ひば》に乗らず、雪白き冬にも善裘《ぜんきゅう》（よい皮の衣）を擁《おお》い難し。纔《わずか》に汝に駕《の》ることを得《う》とも、何ぞ苦《くるしみ》を忘れむ。無尾よ、無尾よ、汝知れるや否や。明時《めいじ》（聖代）は忠《ちゅう》（誠実な人物）を用い富《ふ》

（財産つくりをする者）を用いず、所以《ゆえ》に夙《つと》に（早く）興《お》き夜は暫《しばら》く（ほんのすこし）休む。愚忠《ぐちゅう》（くそまじめな自分）若《も》し糠豆《こうとう》の贍《た》るに遇《あ》わば（お上に認められて、くらしが立つようになったら）、数年の汝が功《いさおし》に必ず将《まさ》に酬《むく》ゆべし。

ここに「明時は忠を用い富を用いず」（明君のおさめる代は、まじめな人間を重く用い、営利にたくみな者を用いない）というのは、権門にとりいって受領《ずりょう》となり、あくなき収奪を事とするような者がはびこる当代に対する、順の痛烈な皮肉・反語なのであろう。順が醍醐天皇の皇女勤子内親王の命によって、わが国最初の分類体の国語辞典「倭名類聚抄《わみょうるいじゅうしょう》」（略して「和名抄」という）をつくったことは前に述べたが（二五二ページ参照）、「源氏物語」に先立つ長編「宇津保《うつほ》物語」の作者ではないかともいわれている。詩文・和歌その他多彩な才能をもちながら、嵯峨源氏の末流に生まれたために、和泉《いずみ》・能登《のと》など小国の国司を経て五位にとどまったのである。

また、橘直幹《たちばなのなおもと》も詩文の才能がすぐれ、文章博士《もんじょうはかせ》になったが、そのとき、それまで帯びていた官職を解任された。そこで、民部大輔《みんぶのだいぶ》に兼任されたいという申文《もうしぶみ》（申請書）を差し出した。かれはその中で、故人・同僚・後輩が博士とほかの官職を兼任した例をいろいろあげて、「人によりて事を異にするは偏頗《へんぱ》（えこひいき）に似《に》たり。」と強調した。胸中の不平を吐き出す勢いが余って、時の政治を非難してしまったのだ。これはひどく村上天皇のごきげんを損じたが、数年後に内裏《だいり》が焼けたとき、天皇は、「あの直幹の申文は取り出したか。」と側近にたずねたという。

学問を好み、詩文を愛した天皇は、実は直幹の才能を高く評価していたのである。しかし天皇と中・下級貴族の間には、どうしようもない権門藤原氏の厚い壁があった。この壁を越えるには、上皇とその近臣の結びつきという形による、二百年後の院政《いんせい》時代を待たねばならない。

「色好み」の世界の虚実

こうして政治に対して情熱を失う貴族たちが多くなると、いきおい、かれらは政治の場をはなれて趣味・娯楽、あるいは男女の愛情におぼれこんでいく。ここに現れたのが、「色好《いろごの》み」の世界である。百年前に生きた在原業平《ありわらのなりひら》をモデルとした「伊勢物語《いせものがたり》」の主人公が色好みの理想像として形作られ、また多くの色好みのゴシップを集めた「大和物語《やまとものがたり》」がまとめられたのは、いずれもこのころである。「伊勢物語」の主人公は数々の恋の冒険によって貴族社会から疎外され、やがてみじめに老いさらばえる悲劇の人物として描かれた。その中にこんな話がある。

ある藤原氏の貴族を主賓とする宴会で、人々がみごとな藤の花房《はなぶさ》を題にして歌をよんでいると、こじきのような老人が現れて、

咲く花の下にかくるる人を多《おお》み　ありしにまさる藤《ふじ》のかげかも

と詠んだ。人々に歌の意味を問いつめられると、老人は藤原氏の全盛をうたっただけで他意はないと、弁解した。――

しかし、この歌は「昔にまさって咲き誇る藤の花の下にかくれてしまう人が多い。」という意味で、明らかに藤原氏の高まりゆく権力によって不遇におちいった人が多いことを風刺した歌であろう。それは、人々を「色好み」に走らせた一つの原因を、明らかに語っている。

「伊勢物語」の主人公とともに、色好みの典型としてクローズアップされたのは「平中《へいちゅう》」である。平中は本名を平貞文《たいらのさだぶみ》という桓武《かんむ》天皇の子孫で、延喜《えんぎ》のころに実在していた五位の貴族であるが、かれを主人公として村上朝《むらかみちょう》のころに作られた「平中物語《へいちゅうものがたり》」は、一口にいえば「伊勢物語」のパロディである。

平中は、自分より地位の高い男と一人の女性をあらそって、恋には勝ったが恋敵の中傷に悩まされる。ある高貴の女性にしつこくいいよってうるさがられる。二人の男を手玉に取るしたたかものの女に振り回されて、ほとほと愛想をつかす。やっとのことである女と会うチャンスができたのに、ばかばかしい事故によってチャンスはだめになる。こういった失敗ばかりくり返すこっけいな男として描かれている。

これらの話には、色好みの世界もとかく思うようにならないものだという風刺がよくきいている。そういえば、物語の祖といわれる「竹取物語《たけとりものがたり》」にも、色好みと評判をとった五人の皇子《おうじ》・公卿《くぎょう》がかぐや姫《ひめ》のあたえた難題に四苦八苦するあわれな姿が、おもしろおかしく描かれている。

「物語」という文学の新しい形式がこのころに成立した原因は、仮名文字が自由に使いこなされるようになっただけでなく、停滞と硬化を深めていく貴族社会の中で、いたずらに退屈をもてあます人々が、社会の壁に挑戦して敗れた「伊勢物語」の主人公にロマンチックなあこがれを寄せたり、あわれな三枚目にしかなれない「竹取物語」や「平中物語」の人物の中に、自分たちとそっくりな姿をみつけて慰められたりしたところにあった。

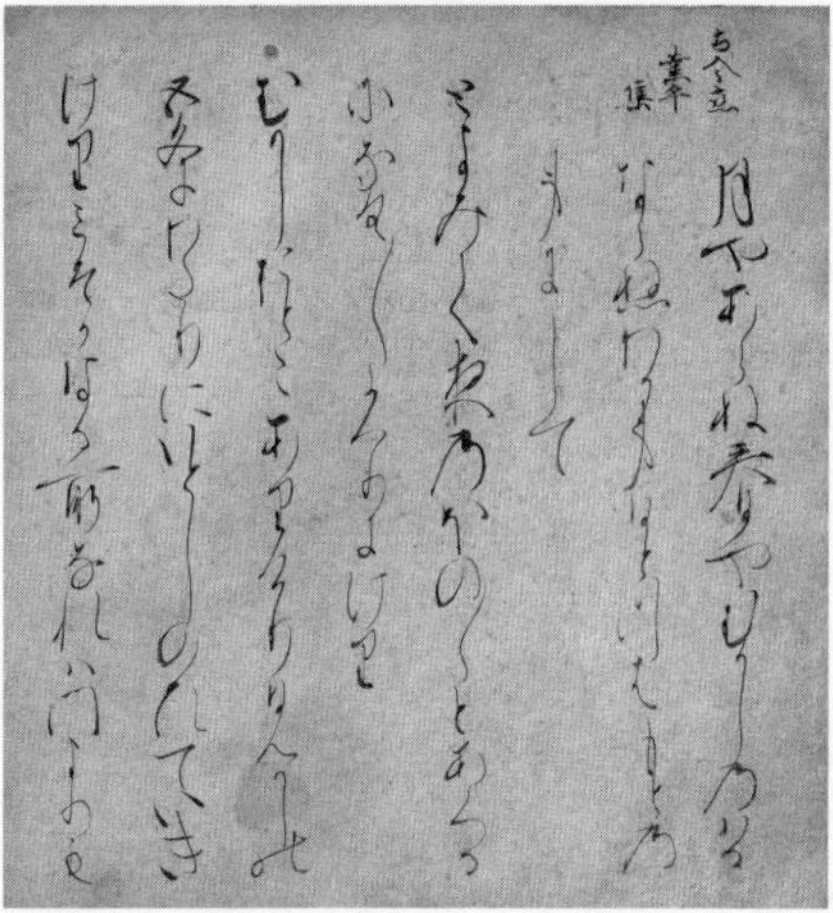

伊勢物語。有名な「月やあらぬ春や昔の春ならぬ……」の歌が見える（国文学研究資料館蔵）

　物語の中だけでなく、現実に色好みを唯一の生きがいとした男女が多く現れた。それは親王や上級貴族だけに限らない。ただ身分・血統の固定化につれて、身分の高い人の場合はその恋愛も理想化して語られ、劣った者のそれは嘲笑《ちょうしょう》の的にもなりかねない傾向が出てきた。物語の平中はその傾向の犠牲者だが、しかし、その平中にしてもれっきとした五位の王孫で、その日の暮らしに追われる庶民とは天地のへだたりがあった。

成長をつづける地方および庶民層からしだいにへだたりながら、平安京《へいあんきょう》はまだまだ繁栄をつづけ、色好みの貴族社会は偸安《とうあん》の夢をむさぼりつづける。

8　藤原氏の時代へ

宮廷の衰微を象徴する内裏の火事

九五七（天徳《てんとく》元）年四月にもよおされた右大臣師輔《うだいじんもろすけ》の五十歳の賀《が》の盛儀（二五六ページ参照）は、村上朝《むらかみちょう》の繁栄の転機となった。そのわずか一ヵ月後に、師輔の妻の康子内親王がお産で亡くなった。師輔は、妻が死を予感して手ずから縫った烏帽子《えぼし》と襪《しとうず》（くつ下）を見るにつけても嘆きをおさえかねていたが、九六〇年五十三歳で世を去った。

また、九六〇年九月二十三日の夜、内裏が炎上した。

村上天皇の日記に、この夜のさまがくわしく記されている。天皇は侍臣《じしん》の走り叫ぶ声で目をさまし、おどろいて「何事か。」と問うと、少納言兼家《しょうなごんかねいえ》（師輔《もろすけ》の子、道長《みちなが》の父）が、火はすでに左兵衛陣《さひょうえのじん》の門を焼きつつあると報告した。

天皇は剣璽《けんじ》（三種の神器の剣と玉）の箱をささげた左近衛中将を従え、紫宸殿《ししいでん》の庭に出て火勢を見守っていたが、煙が承明門《しょうめいもん》（紫宸殿正面の門）まで押しよせてきたので、「心神迷《ま》惑《ど》いて、あたかも夢裏《ゆめのうち》」のような状態で内裏の陰明門《いんめいもん》を出て、神嘉殿《じんかでん》（神をまつる御殿）へのがれた。

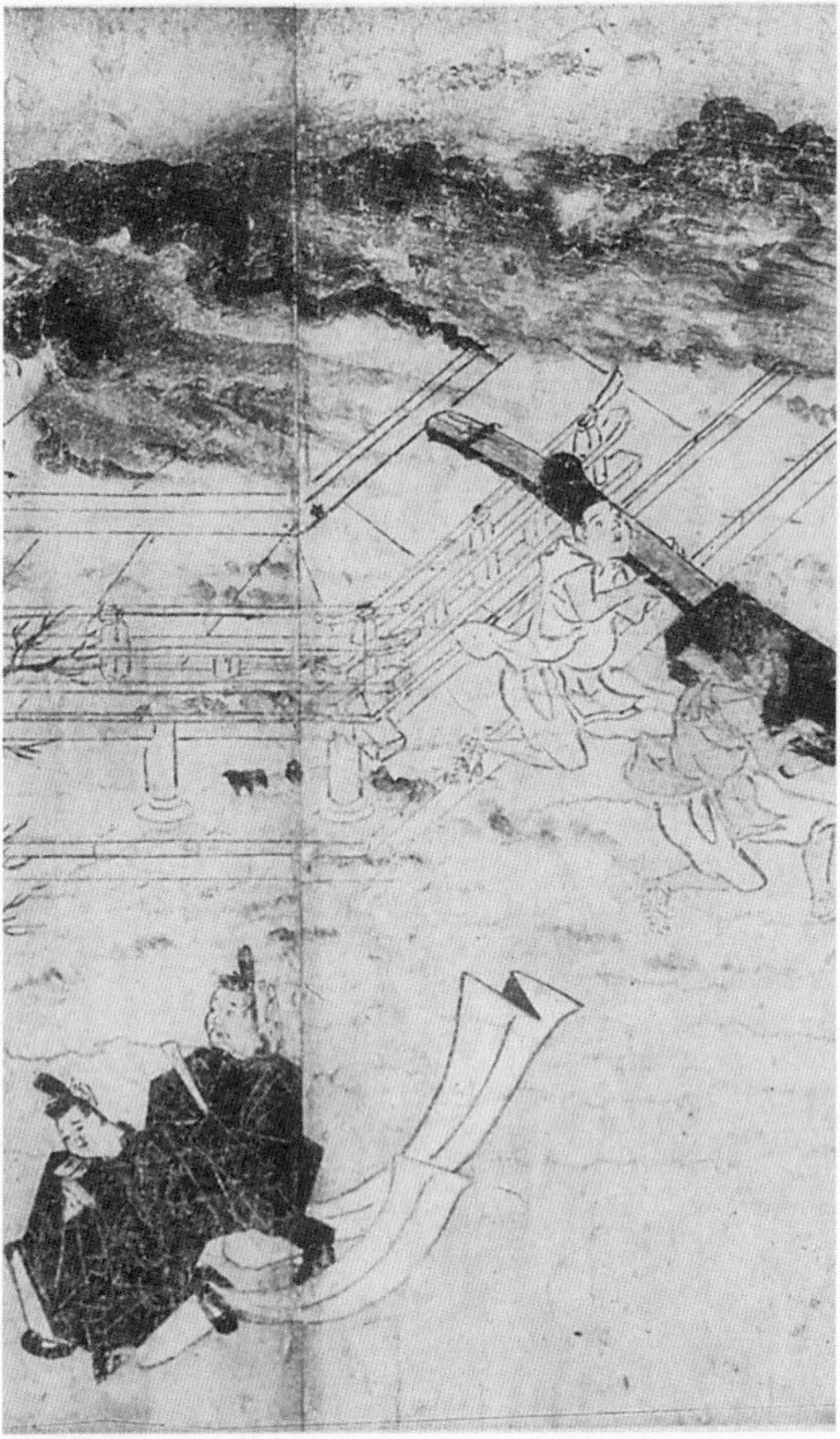

内裏炎上（「橘直幹申文絵」より。部分拡大図。東京出光美術館蔵）。内裏の炎上、朝廷の衰え、藤原氏の隆盛……歴史はゆるやかに、しかしたしかに次の時代へと流れていく

紫宸殿以下の宮殿、宜陽殿《ぎようでん》に納められた代々の宝物、温明殿《うんめいでん》の神鏡などまでみな焼けた。幸いなことに神鏡はほとんどそこなわれずに焼け跡から見つかった。しかし、平安遷都の後百七十年目にはじめて内裏を焼いたことに対して、天皇は、「天下の災《わざわい》これに過《す》ぐるものなく、後代の譏謝《そしりしゃ》するところを知らず。」と嘆いた。

内裏再建の計画はただちに着手され、修理職《すりしき》の担当する紫宸殿、木工寮《もくりょう》の担当する清涼殿《せいりょうでん》の二つの主要宮殿のほかに、後宮《こうきゅう》や各宮殿、門廊《もんろう》を諸国の国司《こくし》に割り当てて、工事をいそがせた。こうして翌年末、小野道風《おののとうふう》の名筆による額をかかげて新しい宮殿が完成した。しかしその宮殿の柱に虫食いがあって、それが、「造《つく》るとも又《また》も焼《や》けん　菅原《すがわら》や棟《むね》の板間《いたま》の合わぬかぎりは」と読めたという、不吉なうわさが流れた。もっともこれは後の、円融朝《えんゆうちょう》あるいは一条朝《いちじょうちょう》に内裏が焼けたときのことともいわれる。いずれにしても後世の作り話にちがいないが、そういう作り話ができても不思議はないほど、この後の内裏は、造れば焼け、造ればまた焼け、やがて天皇は内裏を見捨てて、外戚《がいせき》の家などを「里内裏《さとだいり》」として住むことも起こる。このようにして天皇は摂関《せっかん》の傀儡《かいらい》となっていくのである。

摂関政治への準備ととのう

内裏《だいり》の度重なる火災の原因は、もとより和歌が風刺している道真《みちざね》の怨霊《おんりょう》のたたりなどではない。儀式や遊宴が夜更けまで盛んにおこなわれ、しかも宿直・警備がないがしろにされたためであり、あるいは政治的暗闘による放火でもあった。したがって、内裏の最初の炎上は、本書でたどった光仁《こうにん》・桓武朝《かんむちょう》から村上朝《むらかみちょう》にいたる宮廷全盛の二世紀と、つづく摂関政治の時期とを区分する、象徴的な事件である。

九六四（康保《こうほう》元）年四月、まだ三十八歳の安子がお産のために亡くなった。村上天皇の日記によれば、安子がすでに絶命した後も、まだはだにぬくみがあるとか、息がわずかに通っているなどと、むなしい報告を二度も三度も蔵人《くろうど》が天皇のもとにもたらしていて、そこに天皇の心の動揺がまざまざと映し出されている。

九六七（康保四）年二月、皇太子憲平《のりひら》親王（冷泉《れいぜい》天皇）にはじめて精神異常の症状が現れた。その異常をなおすための修法《すほう》が盛んにおこなわれている最中に村上天皇は発病し、五月二十五日清涼殿で四十二歳の生涯《しょうがい》を閉じた。いまや病の新帝を擁して、新しい「藤原氏の時代」が展開しようとする。兼家《かねいえ》・道隆《みちたか》・道長《みちなが》・頼通《よりみち》らの、一世紀にわたる栄華がもう目の前にきている。その藤原氏の栄華に対して批判的だった「大鏡」は、

かように物の栄《は》えうべうべしきことどもも（儀式などがりっぱにおこなわれたのも）天暦《てんりゃく》の御時《おんとき》までなり。冷泉院《れいぜいいん》の御世《みよ》になりてこそ、さはいえども、世は暮れ塞《ふた》がりたる心地《ここち》せしものかな。世の衰《おとろ》うることも、その御時《おんとき》よりなり。

と述べている。

そのころ、諸国をめぐって修行していた念仏聖《ねんぶつひじり》の空也《こうや》が、口に休みなく「南無阿弥陀仏《なむあみだぶつ》」

の名号《みょうごう》を唱《とな》えつつ、京の市中に特異な姿を現した。「世の衰うること」を予感し、むしろ現《げん》世《せ》をいとうて永遠の彼岸《ひがん》に生きようとする思いが、ようやく人々の心をとらえはじめる。藤原道長の望月《もちづき》の欠けたるところのない栄華に象徴されるように、貴族文化は次の世紀でピークに達するが、精神世界の深みにはすでに「中世」が音もなくしのび寄っていた。

皇室・源氏・平氏系図

（代数は皇統譜による）

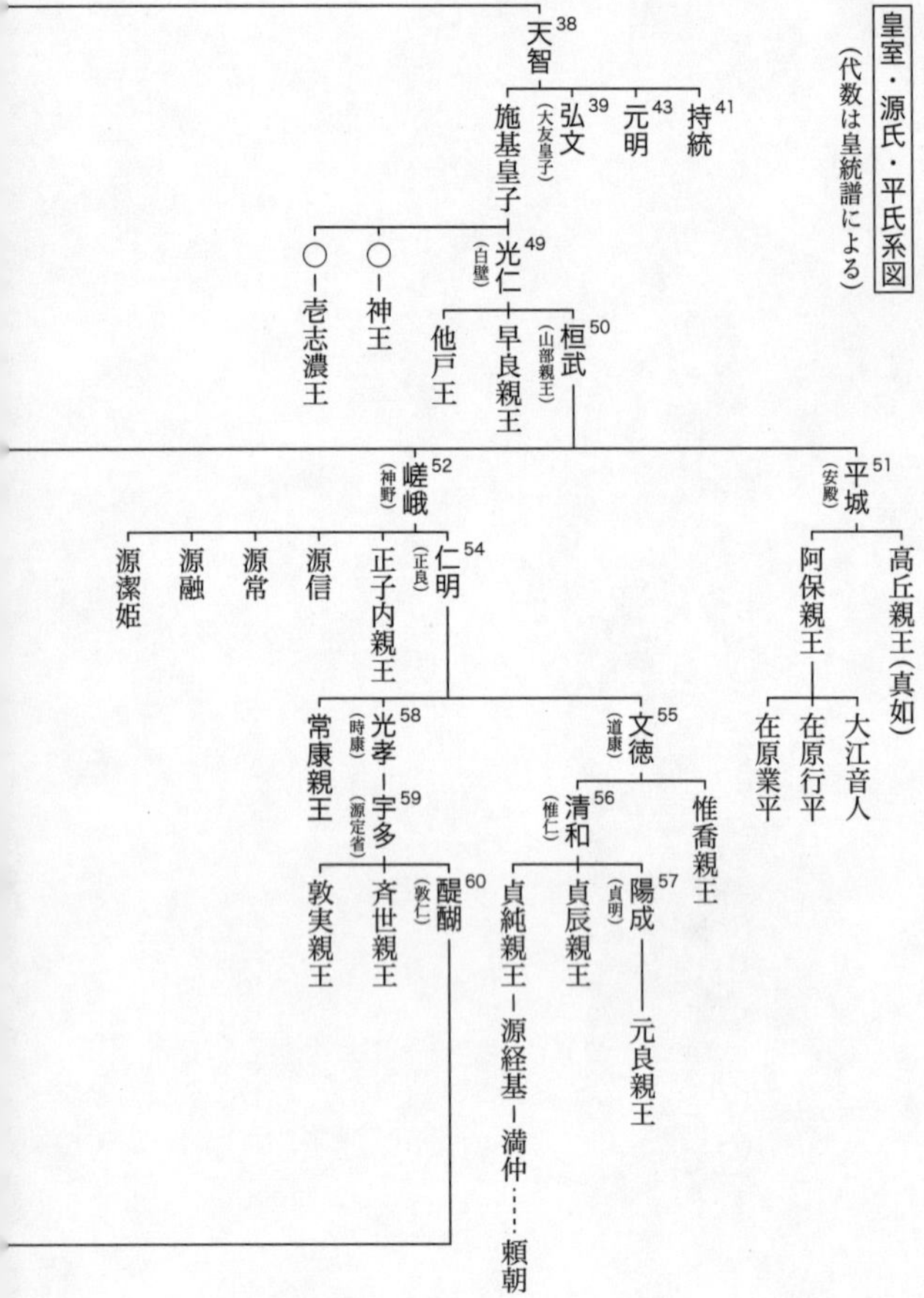

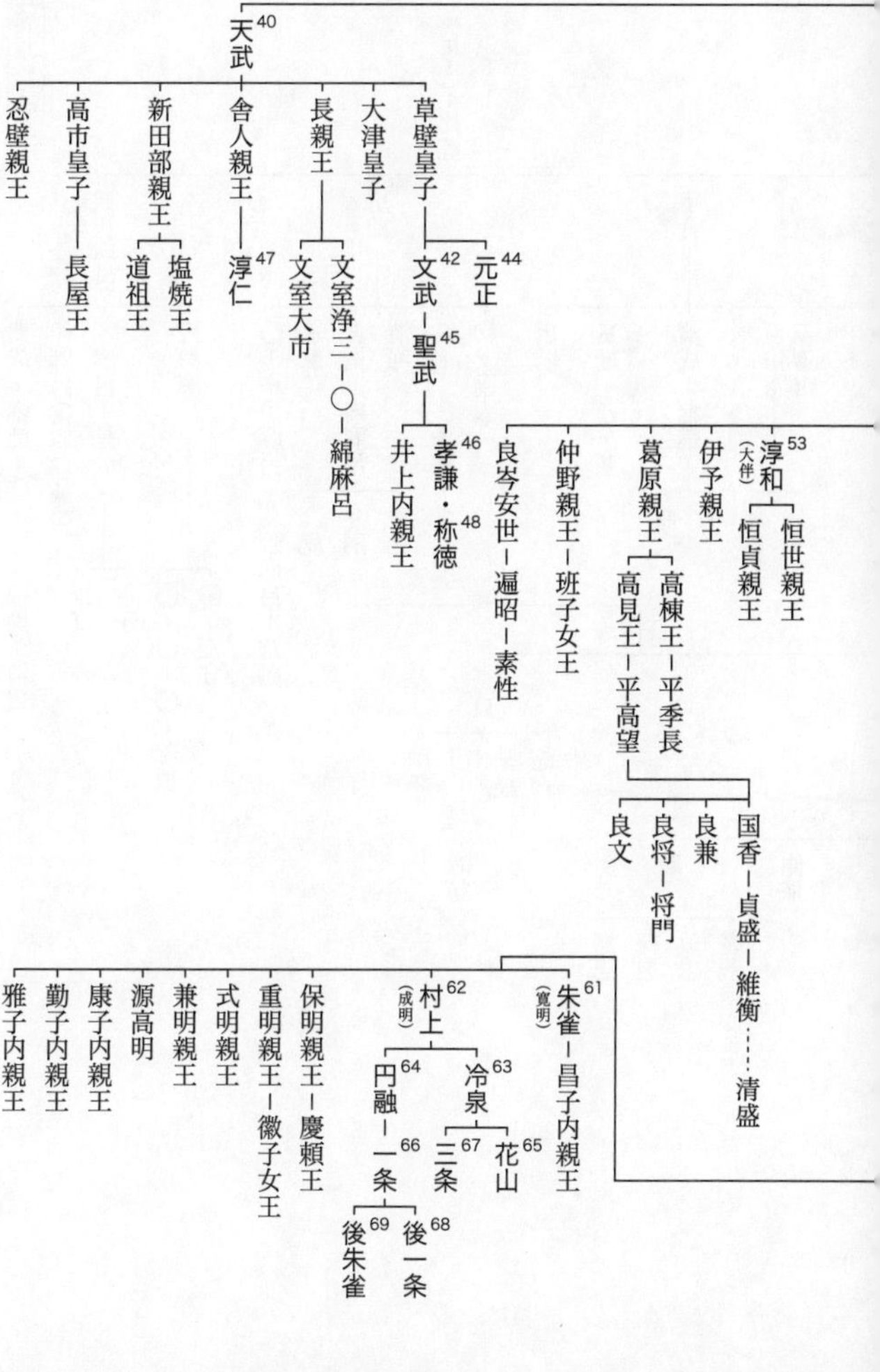
天武 40
忍壁親王
高市皇子
長屋王
新田部親王
塩焼王
道祖王
舎人親王
淳仁 47
長親王
文室浄三
文室大市
○
綿麻呂
大津皇子
草壁皇子
元正 44
文武 42
聖武 45
孝謙・称徳 46 48
井上内親王
淳和 53
(大伴)
恒世親王
恒貞親王
伊予親王
葛原親王
高棟王
平季長
高見王
平高望
国香
貞盛
維衡
清盛
良兼
良将
将門
良文
仲野親王
班子女王
良岑安世
遍昭
素性
朱雀 61
(寛明)
昌子内親王
村上 62
(成明)
冷泉 63
花山 65
三条 67
円融 64
一条 66
後一条 68
後朱雀 69
保明親王
慶頼王
重明親王
徽子女王
式明親王
兼明親王
源高明
康子内親王
勤子内親王
雅子内親王

藤原氏系図

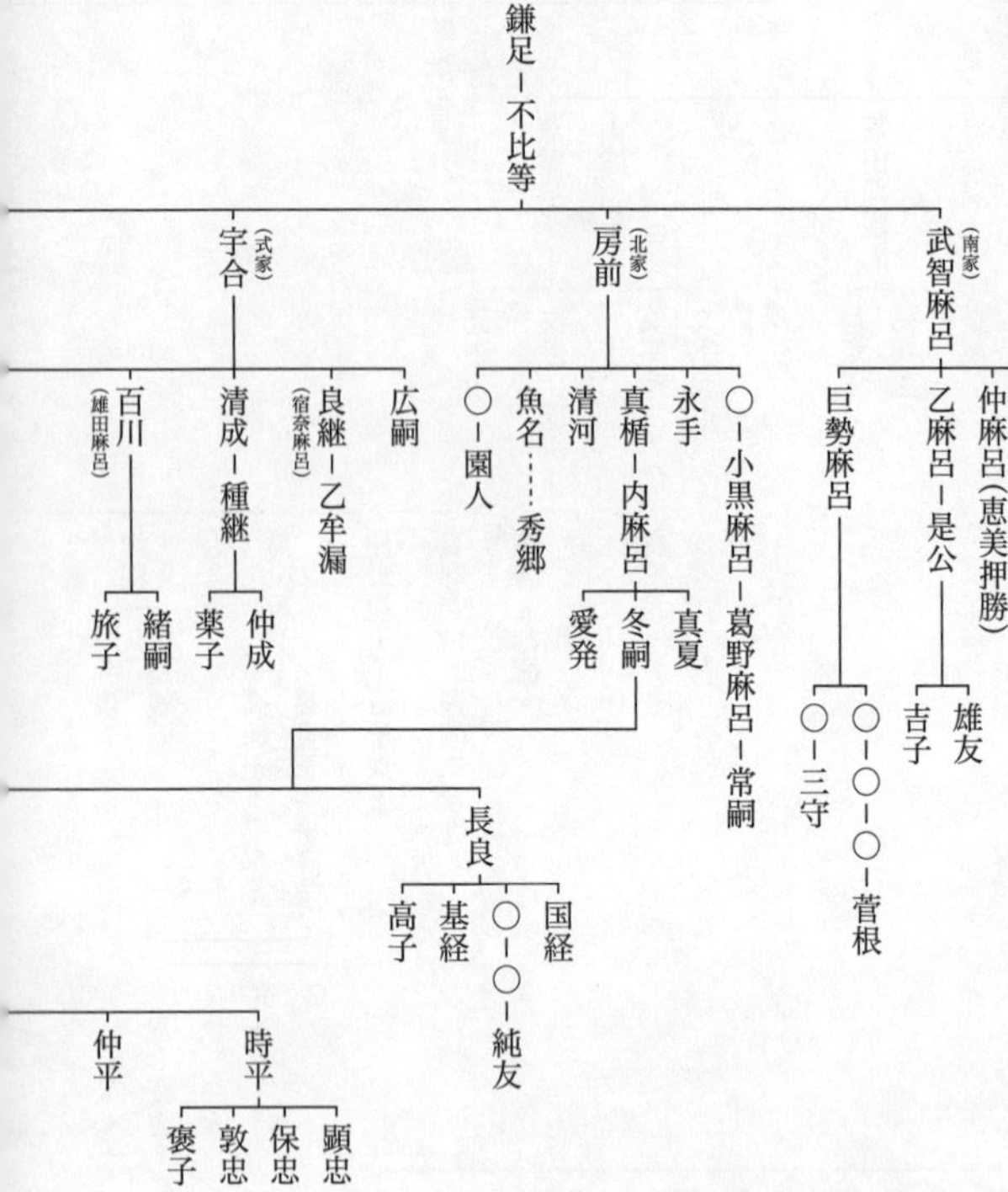
鎌足—不比等
(南家)
武智麻呂
豊成—継縄—○—○—保則—清貫
仲麻呂(恵美押勝)
乙麻呂—是公
雄友
吉子
巨勢麻呂
○—○—○—菅根
○—三守
(北家)
房前
○—小黒麻呂—葛野麻呂—常嗣
永手
真楯—内麻呂
真夏
冬嗣
愛発
清河
魚名……秀郷
○—園人
長良
国経
○—○—純友
基経
高子
時平
顕忠
保忠
敦忠
褒子
仲平
(式家)
宇合
広嗣
良継(宿奈麻呂)—乙牟漏
清成—種継
仲成
薬子
百川(雄田麻呂)
緒嗣
旅子

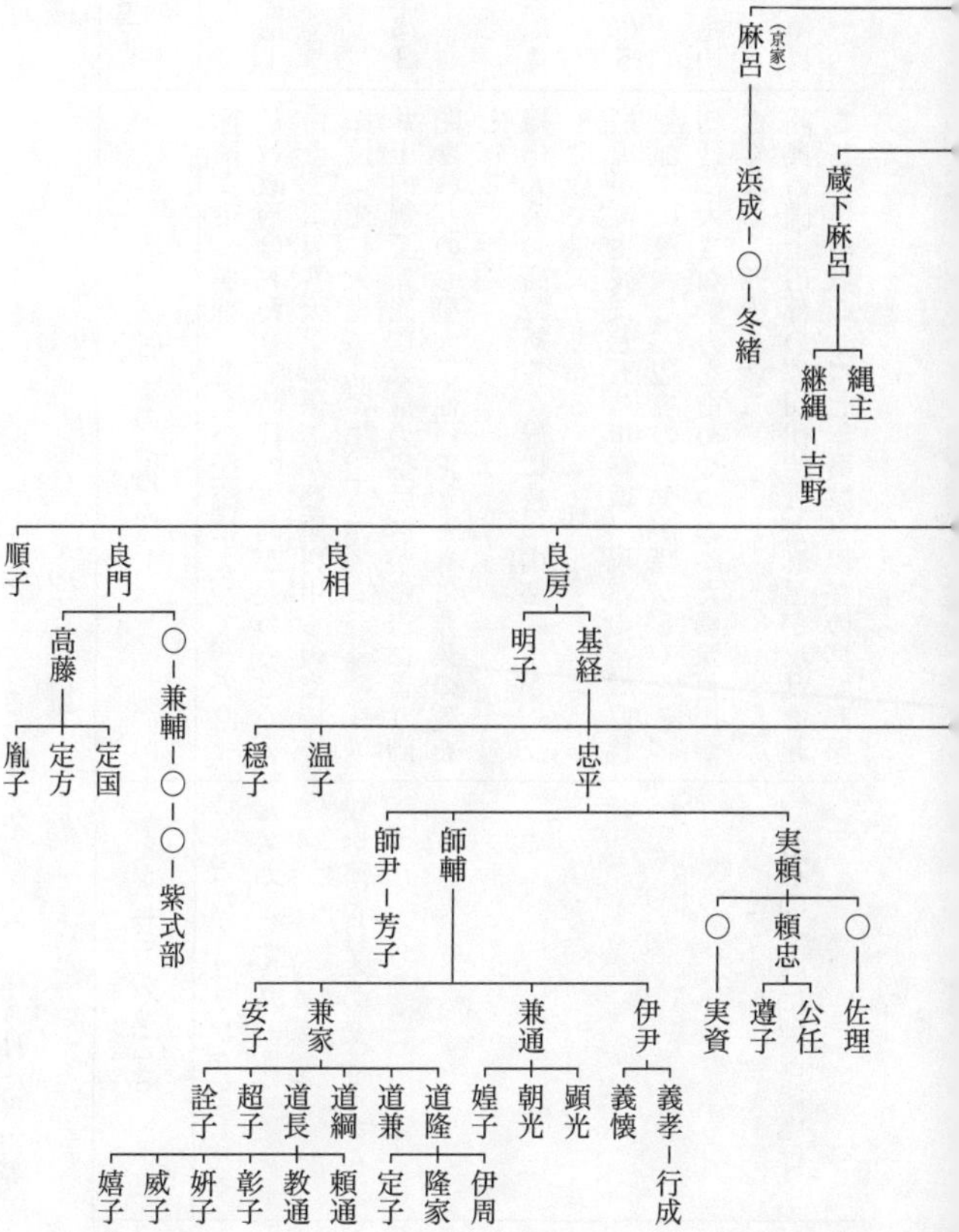

(京家)
麻呂
浜成
○
冬緒
蔵下麻呂
縄主
継縄
吉野
順子
良門
良相
良房
高藤
○
兼輔
○
○
紫式部
胤子
定方
定国
明子
基経
穏子
温子
忠平
師尹
芳子
師輔
実頼
○
頼忠
○
安子
兼家
兼通
伊尹
実資
遵子
公任
佐理
詮子
超子
道長
道綱
道兼
道隆
媓子
朝光
顕光
義懐
義孝
行成
嬉子
威子
妍子
彰子
教通
頼通
定子
隆家
伊周

(本)は、その年（あるいは、そのころ）作られた書物等。
(人)は、そのころ活躍した人物。

西暦	天皇 年号	日本のあゆみ	世界のうごき
七七〇	光仁 宝亀1	称徳《しょうとく》女帝の崩御、道鏡《どうきょう》の配流によって、異常な仏教政治はおわり、時代の方向が変わる。白壁王《しらかべ》（天智《てんじ》天皇の孫）が藤原百川《ふじわらのももかわ》らの支持で即位（光仁《こうにん》天皇）。時に六十二歳。	▽七六八　フランク王チャールス即位（〜八一四）。▽渤海《ぼっかい》と日本の交通さかん。
七七二	宝亀3	井上内親王《いのえ》（光仁天皇の皇后）が密告により幽閉され、のち皇太子他戸《おさべ》王とともに非業の死をとげる。	
七七三	宝亀4	帰化人系の高野新笠《たかののにいがさ》を母に持つ山部《やまのべ》親王が、三十七歳で皇太子となる。	
七七四	宝亀5	蝦夷《えみし》が桃生《ものお》城（七五八年築城。現在の宮城県桃生郡）に侵入し、辺境の情勢が騒がしくなる。	
七七九	宝亀10	朝廷に大きな勢力を占めつつあった藤原百川が亡くなる（四十八歳）。	
七八〇	宝亀11	陸奥の国上治郡の郡司伊治公呰麻呂《いじのきみあざまろ》が反乱を起こし、伊治《いじ》城（七六七年築城。現在の宮城県栗	▽七八〇　唐《とう》に両税法施行。

		原郡）を襲って按察使《あぜち》紀広純《きのひろずみ》を殺す。辺境の情勢が破局に達する。道鏡時代の乱脈政治の改革を進めていた光仁朝は、員外国司の解任、中央役人の削減などを実施し、律令体制の再建を図る。
七八一	桓武 天応1	山部親王が即位し（桓武天皇）、弟早良《さわら》親王が皇太子となる。このころ、寺院・僧尼にあいつぐ禁令を発し、仏教界の粛正を図る。浮浪人がふえるいっぽう、富有な有力農民が現れ、貧富の差が目立つ。班田収授の実施も乱れる。
七八二	延暦1	氷上川継《ひがみのかわつぐ》（天武《てんむ》天皇の孫）の謀反が発覚し、遠流に処せられる。
七八四	延暦3	藤原種継《ふじわらのたねつぐ》（百川の甥《おい》）らが造宮使となり、都を平城京から長岡（山背の国乙訓郡）に移す。
七八五	延暦4	藤原種継が、藤原氏と対立する大伴・佐伯両氏によって暗殺される。中心人物は大伴家持《おおとものやかもち》（七八二年按察使・鎮守将軍。種継暗殺の一ヵ月前に病死）とされた。早良親王も捕えられ、淡路

		へ護送の途中自殺。安殿《あて》親王（天皇の第一皇子）が皇太子となる。	
七八六	延暦5	国司を監督するため、基準十六条が定められる。	▽七八六　サラセン帝国のハルン＝アル＝ラシッド即位（〜八〇九）。帝国の全盛時代。
七八八	延暦7	征東大使に参議紀古佐美《きのこさみ》を任じ、多賀城を根拠にして征夷を計画。	
七八九	延暦8	征夷軍大敗北。紀古佐美以外の諸将はそれぞれ処罰される。	▽七八九　ノルマン人のイングランド侵入はじまる。
七九二	延暦11	農民を兵士にすることをやめ、郡司の子弟を健児として選抜採用する。	
七九三	延暦12	早良親王の怨霊のたたりを恐れた天皇は、和気《わけの》清麻呂《きよまろ》の進言を入れて遷都を決意。以後十余年にわたる都造りの大工事はじまる。	
七九四	延暦13	十月、天皇は新都に移り、「平安京」の名が定められる。征夷大使大伴弟麻呂《おおとものおとまろ》、副使坂上田村麻呂《さかのうえのたむらまろ》らが征夷に出発。	
七九五	延暦14	公出挙の利息を軽減する。	
七九七	延暦16	勘解由使《かげゆし》を置いて国司交替を監督させる。坂上田村麻呂、征夷大将軍に任ぜられる。	

		㊍「続日本紀《しょくにほんぎ》」（菅野真道《すがののまみち》ら）「三教指帰《さんごうしいき》」（空海《くうかい》）	
八〇一	延暦20	田村麻呂、胆沢《いざわ》（現在の岩手県）にすすみ、蝦夷《えみし》を完全に制圧。	▽八〇〇　チャールス王、西ローマ皇帝となる。
八〇二	延暦21	胆沢城を築き、蝦夷支配の根拠地とする。	
八〇三	延暦22	国司交替に関する法令集「交替式」を編集。	
八〇四	延暦23	遣唐使藤原葛野麻呂《ふじわらのかどのまろ》出発。最澄《さいちょう》（翌年帰国）・空海（翌々年帰国）ら随行。	㊇柳宗元《りゅうそうげん》・韓退之《かんたいし》・白楽天《はくらくてん》
八〇五	延暦24	参議藤原緒嗣《ふじわらのおつぐ》の、平安京造営と蝦夷征討が天下の民を苦しめているという意見を入れ、都造りの工事を打ち切る。	
八〇六	平城 大同1	桓武天皇崩御。安殿親王即位（平城《へいぜい》天皇）。勘解由使に代わって、民生安定と国司監督のため六道観察使を置き、参議をこれにあてる（八一〇年廃止）。	
八〇八	大同3	役所の統廃合、技術者・職人の整理、人員配置の合理化、待遇改善など積極的な改革をおこなう。	
八〇九	大同4 嵯峨	平城天皇は「風病」をわずらい、位を神野《かみの》親王に譲る（嵯峨《さが》天皇）。平城上皇は薬子《くすこ》とその兄藤原仲成《ふじわらのなかなり》以下多くの役	

八一〇	弘仁1	人を連れて、もとの平城京に移る。藤原冬嗣《ふじわらのふゆつぐ》らふたりを蔵人頭に任じ、天皇と太政官との連絡にあたらせる（蔵人所の起源）。平城上皇と嵯峨天皇の対立が激化し、上皇の平城に遷都せよとの命令に嵯峨天皇の朝廷は強く反対する。上皇は東国に向かうが、天皇側の坂上田村麻呂の軍にさえぎられ、引き返す。上皇は出家、薬子は自害、仲成は切られる（薬子の変）。以後約三十年間（嵯峨《さが》・淳和《じゅんな》・仁明《にんみょう》の三代）、太平の世が続く。	
八一四	弘仁5	嵯峨天皇の皇子たちに、「源《みなもと》」の姓を賜わる。(本)「凌雲集《りょううんしゅう》」（小野岑守《おののみねもり》ら）	
八一六	弘仁7	このころ、平安京の治安警察のため検非違使を任命。	▽サラセン文化全盛時代
八一八	弘仁9	(本)「文華秀麗集《ぶんかしゅうれいしゅう》」（藤原冬嗣《ふじわらのふゆつぐ》・菅原清公《すがわらのきよただ》ら）唐風の流行。	
八一九	弘仁10	空海が高野山に金剛峰寺《こんごうぶじ》を創建。	
八二〇	弘仁11	弘仁格式《こうにんきゃくしき》を定め、律令にのっとりながら実情にそう政治を推進する。	

八二一	弘仁12	藤原冬嗣《ふじわらのふゆつぐ》が勧学院を創立。宮中の年中行事を定めた「内裏式《だいりしき》」が完成（八三三年に改定）。	
八二二	弘仁13	最澄没。叡山に戒壇建立の勅許おりる（天台宗の独立）。㊍「日本霊異記《にほんりょういき》」（景戒《きょうかい》）	
八二三	弘仁14	小野岑守の建議で大宰府管内九ヵ国に公営田が設けられる。東寺を空海に賜わり、東寺は真言宗の中心寺院となる。	
八二四	淳和 弘仁15 天長1	嵯峨天皇は弟の大伴親王（淳和天皇）に譲位し、上皇として宮廷の奢侈と文化をリードしていく。	
八二五	天長2	桓武天皇の皇子に、「平《たいら》」の姓を賜わる。	
八二七	天長4	㊍「経国集《けいこくしゅう》」（良岑安世《よしみねのやすよ》ら）	
八二八	天長5	畿内に班田をおこなう（以後五十年間、班田おこなわれず）。空海が綜芸種智院《しゅげいしゅちいん》を創立。	▽八二九　エグバートがイングランドを統一。
八三三	仁明 天長10	清原夏野《きよはらのなつの》らにより養老令の注釈書「令義解《りょうのぎげ》」が完成し、令解釈の基準となる。	
八三八	承和5	遣唐使藤原常嗣《ふじわらのつねつぐ》が出発（最後の遣唐使）。円仁《えんにん》	

八四二	承和9	（八四八年帰国）ら随行。副使小野篁《おののたかむら》は渡航を断わり、遠流に処せられる。伴健岑《とものこわみね》・橘逸勢《たちばなのはやなり》らが反乱を企て、流罪となる（承和の変）。皇太子恒貞《つねさだ》親王は廃され、道《みち》康《やす》親王（藤原良房《ふじわらのよしふさ》の甥《おい》）が皇太子となる。良房政権確立の第一歩。	▽八四三　フランク王国を三分するベルダン条約成立。
八四四	承和11	嵯峨上皇崩御。太皇太后橘嘉智子が橘氏のために学館院を設置。	
八五〇	文徳 嘉祥3	道康親王即位（文徳《もんとく》天皇）。惟仁《これひと》親王（文徳天皇と良房の娘の間に生まれた）が皇太子となる。良房の権勢いよいよ強まる。	▽八四五　唐の武宗、仏教を弾圧。
八五五	斉衡2	(本)「続日本後紀」（藤原良房ら）	
八五七	文徳 天安1	藤原良房が右大臣から太政大臣になる。	
八五八	清和 天安2	文徳天皇急逝（三十二歳）。惟仁親王が九歳で即位し（清和《せいわ》天皇）、良房が政治を摂行する（摂政のはじまり）。	
八六六	貞観8	応天門が怪火によって炎上。それを機に大納言《だいなごん》伴善男《とものよしお》が左大臣源信《みなもとのまこと》を犯人としようとした	▽八六二　ノルマン人の族長ルーリックがノブゴロド王国（ロシアの起源）をたてる。

		が失敗し、かえって良房によって遠流に処せられる（応天門の変）。大伴・紀氏は没落、北家《ほっけ》藤原氏《ふじわらし》の隆盛は決定的となる。	▽八七〇　メルセン条約によって、後のドイツ・フランス・イタリアのもとができる。
八六九	貞観11	貞観格式のうち格が完成する（式は八七一年に完成）。	
八七二	貞観14	良房没。基経《もとつね》（良房の養子）の時代となる。	
八七六	貞観18	清和天皇が位を貞明《さだあきら》親王（陽成《ようぜい》天皇）に譲る。	▽八七五　唐に黄巣《こうそう》の乱《らん》はじまる（～八八四）。
八七九	陽成 元慶3	畿内に四千町歩の官田を設定。 ㊍「日本文徳天皇実録《にほんもんとくてんのうじつろく》」（藤原基経《ふじわらのもとつね》ら）	
八八一	元慶5	在原行平が皇室の子孫のために奨学院を設置。	
八八四	光孝 元慶8	太政大臣基経が陽成天皇を廃し、親友でいとこの時康《ときやす》親王（光孝《こうこう》天皇）を立てて、政治の実権をにぎる。	
八八七	宇多 仁和3	光孝天皇崩御。第七皇子 源　定省《みなもとのさだみ》、二十一歳で即位（宇多《うだ》天皇）。藤原基経に政務を関白させる。	▽このころ、ビザンチン帝国とその文化全盛。
八八八	仁和4	文章博士 橘　広相《たちばなのひろみ》の起草した勅答の「阿衡《あこう》」の意味をめぐって紛糾が起こる。	
八九一	寛平3	基経没。紀伝道の学者菅原道真《すがわらのみちざね》を、藤原時平《ふじわらのときひら》	▽このころから新羅《しらぎ》分裂。

八九三	寛平5	(基経の子)とともに蔵人頭に、また良吏藤原《ふじわらの》保則《やすのり》を左大弁に任じ、中央・地方の政治改革を進める(寛平の治)。 敦仁《あつぎみ》親王を皇太子とする。 ㊍「新撰万葉集」(菅原道真)	
八九四	寛平6	遣唐使に任ぜられた道真の建議で、遣唐使が正式に廃止される。	
八九七	醍醐 寛平9	宇多天皇が敦仁親王(醍醐《だいご》天皇)に譲位。「寛平御遺誡」を新帝に授ける。	
八九九	昌泰2	宇多上皇が仏門にはいる。上皇の腹心道真と、公卿の中心時平との対立が激化。	
九〇一	昌泰4	道真、大宰権帥に左遷される。 革命のわざわいを避けるために、年号を延喜と改める。 ㊍「日本三代実録」	
九〇二	延喜2	院宮・権門・王臣らの大土地所有に対し、政府は荘園整理令を発する。	
九〇五	延喜5	紀友則《きのとものり》・紀貫之《きのつらゆき》ら、「古今和歌集」を編集(勅撰和歌集のはじめ)。	
九〇七	延喜7	延喜格式のうち格が完成する(式は九二七年に	▽九〇七　唐滅ぶ。

		完成)。	朱全忠、皇帝と称す。これより五代。
九〇九	延喜9	時平没（三十九歳）。このころから、華麗な宮廷文化が展開し、宇多上皇がその中心となる。	▽九一六　契丹《きったん》（後に遼《りょう》）おこる。
九二三	延喜23	皇太子保明《やすあきら》親王急死（二十一歳）。菅原道真の怨霊のためとされ、道真の流罪の詔書を破棄。 (本)このころ、「和名抄《わみょうしょう》」（源　順《みなもとのしたがう》）	▽九一八　高麗《こうらい》の王建《おうけん》即位。
九三〇	朱雀 延長8	醍醐天皇、病気のため八歳の朱雀《すざく》天皇に譲位、一年後崩御。 藤原忠平《ふじわらのただひら》が摂政となる。	▽九二六　契丹、渤海を滅ぼす。
九三一	朱雀 承平1	宇多上皇崩御。時平一門は衰え、忠平一門が全盛を迎える。 このころから班田収授にかわる新しい地方政治がすすめられる。荘園の寄進が増大する。地方の治安が乱れ、武力をたくわえた武者が活動する。	
九三五	承平5	平　将門《たいらのまさかど》、常陸大掾　源　護《みなもとのまもる》一族と争い、その味方をした自分のおじ　平　国香《たいらのくにか》を殺す（〜九四一　承平天慶の乱）。 (本)「土佐日記」（紀貫之）	▽九三五　新羅滅ぶ。
九三六	承平6	将門、おじの良兼《よしかね》、国香の子貞盛《さだもり》らと戦う。	▽九三六　高麗、朝鮮半島を

九三七	承平7	伊予守紀淑人《きのよしひと》が瀬戸内海の海賊を治める。前伊予掾藤原純友《ふじわらのすみとも》も淑人とともに海賊追捕にあたる。 良兼は常陸・下総国境の子飼の渡しに将門を襲撃する。	統一。 東フランクのオットー一世即位（～九七三）。
九三九	天慶2	将門、常陸の国司藤原維幾《ふじわらのこれちか》を攻め、ついで坂東諸国の国印や鍵を奪う。 純友の部下藤原文元《ふじわらのふみもと》が摂津の国で備前介藤原子《ふじわらのさね》高《たか》を襲撃。	
九四〇	天慶3	二月、将門は坂東支配三ヵ月にして、平貞《たいらのさだ》盛《もり》・藤原秀郷《ふじわらのひでさと》（俵藤太《たわらとうた》）のため討ち死に。 純友は讃岐の国を襲い、周防の国の鋳銭司を焼き、大宰府を侵す。	
九四一	天慶4	純友、博多津で小野好古《おののよしふる》軍に大敗、伊予にのがれ、そこで討たれる。 太政大臣忠平が摂政を辞し、関白となる。	
九四六	村上 天慶9	朱雀天皇は、母穏子《やすこ》（醍醐帝のきさき、忠平の妹）の希望によって、弟成明《なりあきら》親王（村上《むらかみ》天皇）に譲位。	▽九四六　契丹、後晋《ごしん》を滅ぼし、国号を遼と改める。
九五一	天暦5	和歌所を梨壺に置く。	

		㊍「後撰和歌集」（源順・紀時文ら） このころ、忠平、朱雀上皇、太皇太后穏子がつづいて亡くなり、村上天皇の親政が始まる。藤原師輔《ふじわらのもろすけ》が政治の実権を握る。	
九五二	天暦6	醍醐天皇の冥福を祈って穏子の発願した醍醐寺の五重塔が、二十年をかけて完成。	▽契丹文字が作られる。
九五四	天暦8	太皇太后穏子崩御。 中央では儀礼・文化が発達し、一方地方政治への関心は空白の度を加える（天暦の治）。 ㊍このころ、「竹取物語《たけとりものがたり》」（作者不詳）「伊勢《いせ》物語《ものがたり》」（作者不詳）「大和物語」（作者不詳）「平中物語《へいちゅうものがたり》」（作者不詳）	
九六〇	天徳4	藤原師輔没（五十三歳）。 平安遷都以来はじめて内裏炎上。代々の宝物を焼く。	▽九六〇　宋《そう》おこる。 ▽九六二　オットー一世、教皇より帝冠をうけて、神聖ローマ帝国が成立する。
九六七	冷泉 康保4	村上天皇崩御。狂気の新帝冷泉《れいぜい》天皇即位。 藤原氏の政権独占はじまる。	

解説　透徹した目、柔らかなまなざし

佐藤全敏

一般読者向けに書かれる歴史書は、いつも新しい研究成果をとりいれて、どんどん多彩になっていく。何を強調するかは、著者の個性であり、また、その本が書かれる時代が何を歴史書に求めているのかによっても決まってくる。

では、平安時代について、「人」と「文学」に比重を置いたらどういう歴史書になるか？　それへの回答が本書である。大きく変化していく社会と国家体制を描きながら、この時代の「人」と「文学」が、その光と陰のもと、色鮮やかに浮かびあがってくる。そうした本は、この本以外にはほぼ皆無である。なにより「文学」を的確に、しかもその香りを消さずに扱える研究者が、普通、歴史学者にはいないからである。

本書は、二〇〇〇年に、多くの人に惜しまれて亡くなった目崎徳衛氏の著作である。原版の刊行は一九六九年、その後、加筆されて、一九七五年に文庫化されている。事実からみれば、五〇年以上前の概説書である。だが、内容と文章はいまも古びず、それどころか、これから述べていくように、二一世紀の現在、平安時代をあらためて考えてみたい人にとっては、実に魅力的な、新鮮で先鋭的なアイデアとイメージの詰まった書物となっている。あらためて復刊される理由は、そこにある。

著者目崎氏は、名文家で知られた。本書ではとても軽い文体が選ばれ、さらさらと読めるようになっている。難しい単語には、簡潔でわかりやすい説明もつけられる。たとえば仏教用語では、内典《ないてん》（仏教経典）、外典《げてん》（仏教以外の書物）、檀越《だんおち》（寺院の経営を助ける有力者）、大乗仏教（自己の悟りをめざす小乗仏教に対して、広く多数の救済をはかる仏教の意味）、などといったように。読む者は自然に言葉になじみ、気づくと自分のものになっている。

さらには、平安時代の基本知識がコンパクトにまとめられ、ビジュアル化されている。大内裏の官司の位置やその難しい官司名のよみ方、あるいは内裏の殿舎の位置やそれぞれのよみ方が、一目でわかるように図示されている（五一、二〇一頁）。さらに、一人の貴族が特異な昇進をしたことを示すグラフ（一二二頁）や、藤原氏北家が公卿のなかで占める割合を示したグラフ（二五五頁）など、直感的に史実をとらえられるような工夫がなされている。平安時代における中央官職の統廃合を一目でわかるようにした図（七三頁）は、研究者にとっても誠にありがたいものだろう。

とはいえ、やはり本書の最大の特徴の一つは、「歴史」と「文学」のからみあいを、シャープに解き明かしているところにある。

本書は、和歌に代表される王朝文学の生成過程と、その魅力の秘密を語ってやまない。この時代、和歌や漢詩文といった「文学」を担ったのは、天皇や貴族といわれる人々であり、彼らはまた「政治」の世界を生きる人々でもあった。その意味で、当時は「文学」と「政治」は不即不離の関係にあった。この本を読み通せばわかるように、この時代、「文学」の変化と「政治」形態の展開は、みごとなまでに符合している。その両者の関係を、その変化のメカニズムをふくめて、たしかな事実にもとづいて透視できたのは、おそらく現在まで著者一人である。

歴史学と国文学の分野は、通常、大学では研究室が別々で、学生時代から学問的トレーニングの場が分かれている。そのため、たとえば、律令体制が維持されている朝廷社会のなかから、どのように和歌が浮上して盛んになっていくのかという基本的な問題すら、現在まで、実はどちらの分野でもしっかりとはよくわかっていない。しばしば耳にする説明は、貴族たちが天皇の外戚となるために競って娘を後宮に入れ、そのため後宮文化が発達し、そこから後宮文化の一つである和歌が貴族社会全体にひろまっていったというものであるが、これは、歴史学が扱う「摂関政治」と、国文学が扱う「和歌」の接点として、ひとまず「後宮」しか発見できなかったという、研究上の方法的限界によるものである。

これに対し著者は、当時の貴族たちの「私生活」の場、たとえば上皇・皇太后などが住む「院」、あるいは「政治」に深く傷つかざるをえなかった人々のグループといった場で、「和歌」などの新しい文化が発展していく様子を具体的に解き明かす。後宮のある天皇の内裏なども、そうした「私生活」の場の一つにすぎない。そして著者は、そうした私生活の場が、いつからどのように発達してくるのかを、歴史学者として、国家体制の変容という観点から明快に指し示す。

そこから見えてくる景色は、背後の実証的研究に裏づけられていながら、実に斬新である。九世紀における和歌は「漢詩とは比較にならないほど低俗なものとみられていた」（一九九頁）という記述に、あるいは驚かれる読者もあるかもしれない。たとえば以下のような理解も、ようやく二〇〇〇年代に入ってから、すぐれた文学研究者があらためて詳しく研究し、現在学界でひろまっている事実認識である。

・十世紀を境として文化全体が唐風から国風へ転換したなどと考えることは、前代の唐風を純粋に中国的なものと考えることと同様に誤りである。和歌や仮名文の世界は、詩文の世界、つまり男性の公的活動の場のかたわらに、それと表裏し並行しつつ展開したのである。それはあくまでも貴族の私生活と、その中から生まれるなまの感情の表現だった。「古今和歌集」は、勅撰とすることと詩文を模倣することとによって和歌を晴れの場に引き出そうとした野心的な試みであったけれども、結局は、このような和歌の本質を変えることはできなかった（二〇六〜二〇七頁）。

・国風への歩みは、唐風文化への傾倒に反対する自覚として現れたわけではなかった。貴族の才能がもっぱら漢詩文によって評価されることは、この後も数百年間まったく変わらなかった（一〇一頁）。

それにしても、著者の『古今和歌集』に対する理解の深さは並々ではない。著者が指摘するように、和歌はたしかに最後まで「私生活」の場の文学であった。ただそれでも、『古今和歌集』は一〇〇〇年以上もの間、和歌の最高の古典として仰がれてきたし、またそれだけの文学的価値のあることを、著者はわかりやすく説明してくれる。

しかし、実は明治時代以降、本書が刊行されるころまで、『古今和歌集』の文学的評価は完全に失墜《しっつい》していた。これは明治時代に、正岡子規が口をきわめて『古今和歌集』の歌風を非難したことに由来する。子規はかわりに『万葉集』をおおいにほめたたえた。同じ和歌でも、『古今和歌集』は「くだらぬ集」というのが世の常識となっていた。こうした世評に対し、昭和に入ってから一人敢然《かんぜん》と異議を唱えたのが著者であり、その最初の反論が本書であった（二〇四〜二〇五頁）。

その後、著者は、本書原版の刊行翌年にあたる一九七〇年に、名だたる詩人・評論家・作家たちにまじって、「日本詩人選」シリーズ（筑摩書房）の『在原業平・小野小町』の巻を担当し、子規の「古今集」理解がいかに表層的であるかをあらためて正面から論じた。時をおかずして、詩人・大岡信氏も、同じシリーズ中の『紀貫之』の巻で、著者と同じ方向性をもつ議論を全面的に展開し、これらによって、地に落ちていた紀貫之と「古今的なもの」の復権は大きく果たされていく。こうした事情により、一九七五年に本書が文庫化されるにあたっては、該当箇所に加筆がなされ、「(古今和歌集の)「古典」としての価値は、もう一度見なおさなければならないし、その気運はここ数年急速に高まりつつある」(傍点は解説者)と書き改められた。今回の文庫版もこれに従っている。

その後も著者は、さまざまな王朝歌人を考察し、そのため『戦後和歌研究者列伝』(笠間書院、二〇〇六年)において、著者目崎氏は、戦後の和歌文学研究に多大な功績を残した二五人のなかの一人としてとりあげられ、国文学者の手によってその伝記が書かれている。著者以外のだれが、歴史学者でありながら、このような待遇を得られよう。ここからも知られるように、著者による「歴史」と「文学」のからみあいをめぐる記述は、生半可のものではないのである。

本書では、選りすぐりの漢文が、漢詩文と歴史史料とを区別することなく、美しい訓読文となって本文にとりこまれている。著者の素養のなせるわざであるが、すみずみまで理解するのは難儀かもしれない。それでもゆっくりと、口に唱えて読んでみてほしい。言葉のリズムを味わえるとともに、この時代の濃厚な空気を吸えるはずである。なにより、本書全体を読み終わったあとの余韻がまったく違うことが約束されている。

ところで、本書のもう一つの大きな特徴は、「歴史」のなかを生きた「人」たちの切実な生涯を、愛惜《あいせき》をこめて描き出しているところにある。

著者の視線は、いつも、登場する人物たちの一人一人の個性と、そうした個性をもつ人間が、自分の意思ではどうすることもできずに置かれてしまった歴史的条件との、その双方に向けられる。そして、ときにそこで起こってしまう悲劇をも透徹した目でみつめる。そのせいか、本書では、不遇・敗北・反抗・憂愁・悲劇といった負の要素を強くもつことになってしまった人たちの姿が多く描かれている。描かれる人々は有名・無名さまざまであるが、彼らに注がれる著者のまなざしは、いつも柔らかい。

たとえば第三章には、阿保親王という、けっして著名とはいえない人物の木彫像の写真が掲載されている（一二一頁）。このような写真を載せる歴史書は、まずほかにないだろう。しかしこの阿保親王こそが、歌人在原行平・業平の父親であり、この父の「承和の変」におけるふるまいと悲劇が、この若い兄弟をして「権力」に背を向けさせ、「風流」に走らせる原因になったのであった。しかもこの阿保親王は、「薬子の変」で敗者となった平城上皇の皇子であり、若いころすでに、「薬子の変」のせいで手痛い政治的挫折を経験していた。そうした阿保親王の写真をのせるところに、著者の思いが込められている。この写真と、その子・業平がその後も「政治の世界」に背を向け、激しい情熱のまま行動したこと、あるいは彼の和歌が華やかながらも複雑な抒情をもつことなどを結び合わせて考えたとき、本書の叙述は、いいようのない重さをもって迫ってくることになる。

あるいは平将門。著者は、ある一定の価値観から人を断罪することに慎重である。むしろ、何かをふりかざしての断罪に、反発する。そういったときだけ、著者の言葉は少し強くなる。敗北後、無残にもさらし首にされた将門は、生前に「新皇」を名のったと史書に記され、そのため後世になると、今度は儒教の道徳思想に反するとして、反臣だ、逆賊だと、あらためて非難された。そのことに触れる著者は、しかしそれにつづけて次のように言い放つ。

それは将門の知ったことではあるまい。将門は、律令体制が崩壊し、武士が擡頭《たいとう》する長い歴史の上に、現れるべくして現れた先駆者である。それ以上でもそれ以下でもない（二三八頁）。

著者は一言も説明しようとしないが、この将門についての頁にかぎらず、本書に収められた風景写真の多くは、鎮魂の写真になっている。紀夏井《きのなつい》という、一人の国司が職務に邁進していた讃岐の国府の跡の写真（一六四頁）など、なんの変哲もない、鬱蒼《うっそう》とした草木にかこまれた石碑が写っているだけである。しかし、第三章第5節全体を読んでからこの写真をみると、石碑は突如私たちに何かを語りかけてくる。もしできることなら、本書を読む際には、写真と本文とをじっくりつきあわせながら読み進めてみてほしい。本書の奥行きが、何倍にもひろがって感じられるはずである。

著者は、人間の弱さ、それぞれがかかえるコンプレックス、あるいは病気についても、丁寧に記している。たとえば桓武天皇と宇多天皇がそれぞれもっていた消しがたいコンプレックス。平城天皇の、追い詰められた果ての「風病」の再発。あるいは天皇位をおりた後、三一歳で死にいたるほどの激しい仏道修行に没頭した清和上皇。大きな歴史のなかで、彼らもまた、個性をもつ一個の人間として生きていたことを、本書は教えてくれる。

さて、ここまで本書の特徴として、「人」と「文学」を中心に紹介してきたが、もちろん本書には、社会と国家体制の変容過程をどのようにとらえるかという、純粋に歴史学的な観点からみても興味深い、重要な視角が提示されている。

この本の基調にもなっているように、日本の律令体制は、平安時代にはいってから衰退していく。その原因としてしばしばとりあげられるのは、民衆が税をおさめなくなったこと、不法な荘園が増えたこと、そしてそれらにより国家財政が解体していったことなどである。そうした見方は一面では正しい。しかし実際は、それほど単純ではない。

著者は、この時代の変化のメカニズムを精緻に観察し、そこにもう一つの大きなファクターがあったことを指摘する。「政治責任」があるはずの天皇や院宮王臣家《いんぐうおうしんけ》という為政者たち自身が、あるいは地方に移り住んだ彼らの子孫が、律令体制を率先して壊していったのである（一五七、一八六～一九三頁）。

そもそも平安時代にはいってから少したったころ、律令体制の頂点にいるはずの天皇が、天皇としての公的な地位よりも、親子の私的関係を優先させるような行動をとりはじめる。また役人たちも、役所に勤務せず天皇の住む内裏に出仕するだけで、正式な勤務として認められるようになる（八四～八六頁）。

著者の目は、そうした為政者たちの日常のなかで起こりはじめた価値観の変化を見逃さない。律令体制の解体、摂関政治の成立、そして中世への転換へとつながっていく「さまざまな兆し」が、的確にピックアップされていく。為政者たちの価値観の変化とは、いってみれば、天皇や貴族たちの「私生活」の重視ということになるが、ここにいたって、気づくとテーマは、「和歌」の発展の問題に接続することになるのである。国家体制の変容という問題と「和歌」の浮上という問題が、驚くほど深いところから密接につながっていることが、こうしてはっきり示されるのである。

＊

それにしても、著者はどうしてこのような本を書けたのであろうか。目崎徳衛とは、いったい何者なのか。著者の残した『散木抄』『鄙とみやび』や各種資料からたどってみよう。

著者目崎徳衛氏は、大正一〇年（一九二一）、現在の新潟県小千谷《おぢや》市で生まれた。母の曾祖父は、近世後期に越後最大の家塾で知られた儒者の藍沢南城《あいざわなんじょう》であった。幼いころの著者のまわりには、その家風のようなものが残っていたようである。昭和一三年（一九三八）、旧制四高に入学。入学まもない一年生の春、同校出身の哲学者、西田幾多郎の講演を聴く。のちにこのときのことを次のように回想している。

はじめから終りまで理解できない話を二時間全身で傾聴した体験は、この時だけだ。

……しかし、その講演が終ったあとで、いいようのない昂奮《こうふん》におそわれ、学校に近い兼六園を何かに憑かれたように歩き回った。……それはたしかに、私の人生に決定的な影響を与えた。(『散木抄』)

少年のころより短歌や俳句を作っていたものの、高校では哲学から歴史哲学へ、そして歴史学そのものへと関心を移す。なお高校では陸上競技部に入り、二年生の夏、インターハイに出場している。

昭和一六年(一九四一)、四高を卒業すると、すぐに東京帝国大学文学部国史学科に入学。しかし、ここから著者の人生は暗転する。

大学に入ってまもない二〇歳の五月、肺結核をわずらって床につき、秋から休学。翌年の一〇月に復学するが、激化する戦争にともなっての制度変更で、周囲より二学年遅れることになった。翌昭和一八年(一九四三)、学徒出陣で入隊。ただし健康問題のためか、ただちに帰郷を命じられる。大学では坂本太郎助教授の指導をあおぎ、ある時には坂本博士のゼミを一対一で受けたという。翌一九年、飛行機工場に勤労動員される。だが翌年には、また体調不良で帰郷。そしてそのまま東京帝国大学を卒業。戦争により卒業論文なし。卒業式も欠席。歴史学を志して大学に入学しながら、著者の大学生活は以上のようなものであった。卒業は昭和二〇年(一九四五)九月。著者二四歳のときである。

戦争がおわると、世の価値観はいっきにひっくりかえった。そうしたなか、それまでと言うことを一変させる周囲の人々に、著者はついていけなかった。むしろ、ついていこうとしなかった。もっともそうした姿勢は、常識的に考えれば、けっして得策ではなかった。四高時代、陸上部をともにし、その後も手紙のやりとりをしていた友人が、戦争中にある立場にあったことの責任を感じて、敗戦の数日後、海軍部の一室で切腹自殺をしていた。「少なくとも彼は時勢の大変化に対して、てのひらを返すような軽薄な対応をしなかった」（『散木抄』）。戦後の価値観からみて、彼の「自決」を突き放して批判するのは容易であったが、この「友」のとった行動へのさまざまな思いは、著者をひどく混乱させ、その後、長い間、著者の人生に濃い影をおとした。

大学を卒業してすぐ、著者は、故郷の小千谷中学校（のちに新制高校）の社会科教員となる。全国規模の俳句結社に参加し、「志城柏《しじょうはく》」を名のるようになる。しかし、すぐに結核が再発、地元の病院に二ヵ月入院する。それでも回復して、翌年二六歳で結婚。少しの間、安定した生活を送るが、結核は離れず、ついに二八歳にして長期療養に入る。二九歳の年に正式に休職、三一歳、休職期限切れのため退職。この年、母を亡くしている。父親は高校生のときに亡くしていた。

病状は悪化していった。と同時に、ものの見方や価値観、そして思想がいくつかに分かれて対立しあい、たえず新しい言葉でお互いの立場を否定しあうような世情のなかで、何をもって「真実」としてよいのか、なお苦しみ続けていた。「世の言論が余りにどれも似寄った事を説き、しかもその内容が幾か月も経ぬ中に又余りに甚しく変ってゆくその流れ方」に強い「不信」を感ずると、二九歳の著者は病床のなかで書いている。そして自分に言い聞かせるかのように、こう続けている。「そこから流行を拒絶した彼自身の歩みを始めるがよい」「誰のものにも似ない孤独な自分の思想以外には、自分にとって信ずべきものはない」(『散木抄』)。

大学を卒業してからの十数年間は、経済的に「凄まじいどん底生活」であったという(『鄙とみやび』)。それは肉体的にも精神的にも同様であった。この間、日本史の研究にもなお思いを抱いていたが、近くに専門的な文献史料もなく、「研究」らしいことといえば、『群書類従』におさめられた平安・鎌倉時代の貴族・僧たちの「私家集」(個人歌集)を、病床のなかで読み、ノートをとることだけであった。しかしこの「どん底」での経験が、本書の著者、目崎徳衛を形成していく。ずっとあとになってから、「一介《いっかい》の史学の徒《と》」が、なぜ文学との縁を深めるにいたったか、その背景について次のように回想している。

私の結核療養は大学における二学年間の休学にはじまり、終戦と同時に卒業して帰郷した直後から、さらに十余年の長期にわたった。学問の基礎作りをすべき時期をそっくり空白にしたわけだから、致命的である。しかもその間に、歴史学ほどはげしく揺れ動いた学問はなかった。左右のイデオロギーのいずれにも同調することができず、さりとて堅固な実証を貫くに必要な基礎学力も史料文献も無い所で、私は自然に詩歌を主として和漢の古典に親しむ日を送り、……(『鄙とみやび』)

これは著者が生きながらえたからこそ語れたことである。実は著者は、無職になった翌年の三二歳のとき、意を決して大きな手術をうけた。激しい手術であったが、これにより命をとりとめ、幸運にも病気は快方に向かうこととなる。この手術の前後、病室をおとずれた、新潟県内の句作する療養仲間たちに頼み込まれ、俳句雑誌『花守《はなもり》』を創刊、その主宰になっている（この俳句結社の活動は、その後、四五年間続けられた）。起き上がれるようになった三四歳の年、以前つとめていた小千谷高校の時間制講師の職を得ることができた。そして三六歳、同校での正式な教諭への復職が認められる。当時、結核退職者を再雇用する例のほとんどないなかでの、異例の人事であった。

著者は高校で教えながら、王朝歌人についての論文を書いてみた。たまたまではあるが、そのころ、大学の同級生がひょっこり著者を訪ねてくる機会があり、書きためていた論文二本をもって東京に帰った。二つの論文は日本歴史学会などにもちこまれた。すると、たちまちそれらは高い価値を認められて学術雑誌に掲載され、まもなく文部省は、「古今集成立に関する研究」を奨励するとして、著者に対する科学研究費の支給を決定した。三九歳となるこの年、著者は、調べごとのために上京、東京大学史料編纂所に足を踏み入れる。大学を卒業して以来、一五年ぶりのことであった。

論文が印刷掲載されるのに前後して、日本歴史学会は著者の能力をきわめて高く評価し、学会として、著者に『紀貫之』の伝記執筆を依頼する。このとき著者は、引き受けるべきかどうか逡巡《しゅんじゅん》している。研究・執筆するには、あまりに史料が乏しい環境にあったからである。しかし著者は執筆することを選んだ。のちにこう記している。

いろんな条件を慎重に考えたら引き受けられるものではなかったが、垂死《すいし》の病床でこの世に一つの足跡ものこさずに果てるのかと歯噛みした無念が、悪条件のすべてに眼をつぶらせた……。窮すれば通ず、救いの手もいろいろ差し伸べられた。新潟県立図書館が、私以外に利用する者もないと思われる特殊な文献を購入して貸与された篤志などは、今も忘れることができない。(『鄙とみやび』)

翌年、『紀貫之』が刊行されると、歴史学界はもちろん、国文学界でも想像外の賛辞がわき起こった。私たちの知る目崎徳衛は、ある意味、このときデビューしたのであった。著者四〇歳。遅い遅いデビューであった。

刊行の翌年、新たに開校された新潟県の長岡工業高等専門学校の専任講師に採用される。まもなく助教授に昇進し、さらに四四歳の昭和四〇年(一九六五)、文部省の教科書調査官に抜擢される。著者らしく、調査官就任をうけるにあたっては、心のなかで二ヵ条の「憲法」を立てたという。第一条「与野党を問わず政治家と接触しないこと」、第二条「個人的見解を一切筆あるいは口にしないこと」。特に第一条は、簡単ではなかったはずである。しかし著者はこれを守りきったという。

なお著者は、調査官として文部省につとめるときのことを、「勉強しなおすつもりで上京した」と述べている。この言葉を裏づけるように、長岡高専に移って以降、著者はそれまでの憂さを晴らすかのように、平安時代の政治と歌人についての実証的論文を次々と発表している。数えてみると、わずか四年ほどの間に一〇本以上になる。いずれも手堅く、それでいて、いまみても驚くほど先鋭的なものばかりである。

これらの論文は、四七歳になる昭和四三年（一九六八）、『平安文化史論』と題して一書にまとめられた。そしてこれと相前後して、講談社より、「日本歴史全集」のなかの一巻を執筆担当してほしいとの依頼が届く。これをうけて書かれたのが、本書『平安王朝』であった。著者を執筆者に指名したのは、大学の恩師、坂本太郎博士。刊行は著者四八歳の年、文部省教科書調査官になってから四年目のことであった。職業がら、ミスが少ないのは当然である。

なぜ本書のようなものを著者は書けたのか、また、なぜいまにいたるまで著者しか書けていないのか。以上にみてきた著者の生まれと経歴が、その理由の一端を教えてくれているように思われてならない。

＊

その後の著者は、二回目の生をうけたかのように研究の道を進み、平成一二年（二〇〇〇）に七九歳で逝去するまで、単著だけで合計一九冊を著した。若いころの思想的苦しみを決算した『漂泊―日本思想史の底流―』（一九七五年）、本書『平安王朝』と前後して書かれた珠玉の短編をまとめた『王朝のみやび』（一九七八年）、著者のテーマと実証性がいかんなく発揮された大著『西行の思想史的研究』（一九七八年、第一回角川源義賞受賞）、いまなお平安・鎌倉時代研究の最前線に位置づけられる論文集『貴族社会と古典文化』（一九九五年）、そして、評価の浮き沈みの激しい後鳥羽院の魂に寄り添うかのような『史伝　後鳥羽院』（二〇〇一年、絶筆）など、その幅はひろい。ほかにも、平安時代の内裏の世界を研究する際の根本史料となる『侍中群要』の校訂・解説も刊行している（一九八五年）。

最後になったが、著者は、本書刊行の四年後、五二歳の年に、教科書調査官を退官して聖心女子大学教授になっている。温かく高潔な人柄は学生に慕われ、いくつものエピソードが伝えられている。二〇〇〇年の逝去の際は、多くの卒業生が告別式に参列したという。

現在、小千谷市立図書館の三階の一画には、寄贈された著者の蔵書九八〇〇冊以上が、市民の利用のために並べられている。名を「目崎徳衛文庫」という。

（さとう・まさとし　東京女子大学教授）

ま 行

や 行

ら 行

わ 行

た　行

さ 行

索　引

あ　行

KODANSHA

本書の原本は、一九六九年刊「日本歴史全集」第四巻を元に改訂された「日本の歴史文庫」第四巻として、一九七五年に講談社より刊行されました。

本文中に精神疾患への差別と結びつく、現在では不適当な表現が含まれています。しかしながら、著者は故人であり、改稿は不可能であること、当該記述が差別を直接助長するものではないことを考慮し、そのままといたしました。

目崎徳衛（めざき　とくえ）

1921-2000年。新潟県生まれ。東京大学国史学科卒業。長岡工業高等専門学校助教授，文部省教科書調査官，聖心女子大学教授を歴任。同大学名誉教授。専攻は，日本古代・中世文化史。文学博士。第一回角川源義賞，第三回やまなし文学賞を受賞。俳句同人誌「花守」を主宰した。『紀貫之』『平安文化史論』『王朝のみやび』『西行の思想史的研究』『史伝 後鳥羽院』など著書多数。

講談社学術文庫

定価はカバーに表示してあります。

平安王朝《へいあんおうちょう》

目崎徳衛《めざきとくえ》

2021年11月9日　第1刷発行

発行者　鈴木章一

発行所　株式会社講談社

東京都文京区音羽2-12-21 〒112-8001

電話　編集（03）5395-3512

販売（03）5395-4415

業務（03）5395-3615

装　幀　蟹江征治

印　刷　株式会社広済堂ネクスト

製　本　株式会社国宝社

本文データ制作　講談社デジタル製作

Printed in Japan

落丁本・乱丁本は，購入書店名を明記のうえ，小社業務宛にお送りください。送料小社負担にてお取替えします。なお，この本についてのお問い合わせは「学術文庫」宛にお願いいたします。

ISBN978-4-06-525010-5

「講談社学術文庫」の刊行に当たって

これは、学術をポケットに入れることをモットーとして生まれた文庫である。学術は少年の心を養い、成年の心を満たす。その学術がポケットにはいる形で、万人のものになることは、生涯教育をうたう現代の理想である。

こうした考え方は、学術を巨大な城のように見る世間の常識に反するかもしれない。また、一部の人たちからは、学術の権威をおとすものと非難されるかもしれない。しかし、それはいずれも学術の新しい在り方を解しないものといわざるをえない。

学術は、まず魔術への挑戦から始まった。やがて、いわゆる常識をつぎつぎに改めていった。学術の権威は、幾百年、幾千年にわたる、苦しい戦いの成果である。こうしてきずきあげられた城が、一見して近づきがたいものにうつるのは、そのためである。しかし、学術の権威を、その形の上だけで判断してはならない。その生成のあとをかえりみれば、その根は常に人々の生活の中にあった。学術が大きな力たりうるのはそのためであって、生活をはなれた学術は、どこにもない。

開かれた社会といわれる現代にとって、これはまったく自明である。生活と学術との間に、もし距離があるとすれば、何をおいてもこれを埋めねばならない。もしこの距離が形の上の迷信からきているとすれば、その迷信をうち破らねばならぬ。

学術文庫は、内外の迷信を打破し、学術のために新しい天地をひらく意図をもって生まれた。文庫という小さい形と、学術という壮大な城とが、完全に両立するためには、なおいくらかの時を必要とするであろう。しかし、学術をポケットにした社会が、人間の生活にとってより豊かな社会であることは、たしかである。そうした社会の実現のために、文庫の世界に新しいジャンルを加えることができれば幸いである。

一九七六年六月　　野間省一

内藤湖南《こなん》著（解説・桑原武夫）
日本文化史研究（上）（下）

日本文化は、中国文化圏の中にあって、中国文化の強い影響を受けながらも、日本独自の文化を形成してきた。著者はそれを深い学識と日中の歴史事実とを通して解明した。卓見あふれる日本文化論の名著。

76・77

平泉《ひらいずみ》　澄《きよし》著
物語日本史（上）（中）（下）

著者が、一代の熱血と長年の学問・研究のすべてを傾けて、若き世代に贈る好著。真実の日本歴史とは何か、正しい日本人のあり方とは何かが平易に説かれ、人物中心の記述が歴史への興味をそそる。（全三巻）

348〜350

ニコライ著／中村健之介訳
ニコライの見た幕末日本

幕末・維新時代、わが国で布教につとめたロシアの宣教師ニコライの日本人論。歴史・宗教・風習を深くさぐり、鋭く分析して、日本人の精神の特質を見事に浮き彫りにした刮目すべき書である。本邦初訳。

393

下村寅太郎著
東郷平八郎

日本海海戦大勝という「世界史的驚異」を指揮した東郷平八郎とは何者か。秋山真之ら幕僚は卓抜な能力をどう発揮したか。哲学者の眼光をもって名将の本質を射抜き、日露海戦の精神史的意義を究明した刮目の名著。

563

若槻《わかつき》禮次郎《れいじろう》著（解説・伊藤　隆）
明治・大正・昭和政界秘史　古風庵回顧録

日本の議会政治隆盛期に、二度にわたり内閣総理大臣を務めた元宰相が語る回顧録。明治から昭和激動期まで中央政界にあった若槻が、親しかった政治家との交流や様々な抗争を冷徹な眼識で描く政界秘史。

619

和田英松著（校訂・所　功）
新訂**官職要解**《かんしょくようかい》

平安時代を中心に上代から中近世に至る我が国全官職の官名・職掌を漢籍や有職書によって説明するだけでなく、当時の日記・古文書・物語・和歌を縦横に駆使してその実態を具体的に例証した不朽の名著。

621

日本の歴史・地理

福沢諭吉著（解説・小泉　仰）
明治十年丁丑公論《ていちゅうこうろん》・瘠我慢《やせがまん》の説

西南戦争勃発後、逆賊扱いの西郷隆盛を弁護した「丁丑公論」、及び明治維新における勝海舟、榎本武揚の挙措と出処進退を批判した「瘠我慢の説」他を収録。諭吉の抵抗と自由独立の精神を知る上に不可欠の書。

675

金達寿《キムタルス》著
日本古代史と朝鮮

地名・古墳など日本各地に現存する朝鮮遺跡や、記紀に見られる高句麗・百済・新羅系渡来人の足跡等を通して、密接な関係にあった日本と朝鮮の実像を探る。豊富な資料を駆使して描いた古代日朝関係史。

702

金達寿著
古代朝鮮と日本文化　神々のふるさと

高麗神社、百済神社、新羅神社など、日本各地に散在する神々は古代朝鮮と密接な関係があった。神社・神宮に関する文献や地名などを手がかりにその由来をたどり、古代朝鮮と日本との関わりを探る古代史への旅。

754

朝河貫一《あさかわかんいち》著（解説・由良君美）
日本の禍機《かき》

世界に孤立して国運を誤るなかれ――日露戦争後の祖国日本の動きを憂え、遠く米国からエール大学教授の朝河貫一が訴えかける。日米の迫間で日本への批判と進言を続けた朝河の熱い思いが人の心に迫る名著。

784

石村貞吉著（解説・嵐　義人）
有職故実《ゆうそくこじつ》（上）（下）

国文学、日本史学、更に文化史・風俗史研究と深い関係にある有職故実の変遷を辿った本書には官職位階・平安京及び大内裏・儀式典礼・年中行事・服飾・飲食・殿舎・調度輿車・甲冑武具・武技・遊戯等を収録。

800・801

直木孝次郎著
日本神話と古代国家

記・紀編纂の過程で、日本の神話はどのような潤色を加えられたか……。天孫降臨や三種の神宝、ヤマトタケルなどの具体例をもとに、文献学的研究により日本の神話が古代国家の歴史と形成に果たした役割を究明。

928

《講談社学術文庫　既刊より》